HUMANITIES AND SOCIETY

康德与现代政治哲学

Katrin Flikschuh

[英] 卡特琳·弗利克舒 著 徐向东 译

译林出版社

图书在版编目（CIP）数据

康德与现代政治哲学／（英）卡特琳·弗利克舒（Katrin Flikschuh）著；徐向东译 . —— 南京：译林出版社，2024.4
（人文与社会译丛／刘东主编）
书名原文：Kant and Modern Political Philosophy
ISBN 978-7-5753-0076-6

Ⅰ.①康…　Ⅱ.①卡…　②徐…　Ⅲ.①康德(Kant, Immanuel 1724–1804) – 哲学思想 – 研究 ②政治哲学 – 研究　Ⅳ.①B516.31 ②D0-02

中国国家版本馆 CIP 数据核字（2024）第 045968 号

康德与现代政治哲学　　[英国] 卡特琳·弗利克舒／著　徐向东／译

责任编辑　刘　静
装帧设计　胡　苨
校　对　王　敏
责任印制　董　虎

原文出版　Cambridge University Press, 2000
出版发行　译林出版社
地　　址　南京市湖南路 1 号 A 楼
邮　　箱　yilin@yilin.com
网　　址　www.yilin.com
市场热线　025-86633278
排　　版　南京展望文化发展有限公司
印　　刷　江苏凤凰通达印刷有限公司
开　　本　890 毫米 ×1240 毫米　1/32
印　　张　8.125
插　　页　2
版　　次　2024 年 4 月第 1 版
印　　次　2024 年 4 月第 1 次印刷
书　　号　ISBN 978-7-5753-0076-6
定　　价　58.00 元

版权所有·侵权必究

译林版图书若有印装错误可向出版社调换。质量热线：025-83658316

主编的话

刘 东

总算不负几年来的苦心——该为这套书写篇短序了。

此项翻译工程的缘起，先要追溯到自己内心的某些变化。虽说越来越惯于乡间的生活，每天只打一两通电话，但这种离群索居并不意味着我已修炼到了出家遁世的地步。毋宁说，坚守沉默少语的状态，倒是为了咬定问题不放，而且在当下的世道中，若还有哪路学说能引我出神，就不能只是玄妙得叫人着魔，还要有助于思入所属的社群。如此嘈嘈切切鼓荡难平的心气，或不免受了世事的恶刺激，不过也恰是这道底线，帮我部分摆脱了中西"精神分裂症"——至少我可以倚仗着中国文化的本根，去参验外缘的社会学说了，既然儒学作为一种本真的心向，正是要从对现世生活的终极肯定出发，把人间问题当成全部灵感的源头。

不宁惟是，这种从人文思入社会的诉求，还同国际学界的发展不期相合。擅长把捉非确定性问题的哲学，看来有点走出自我圈闭的低潮，而这又跟它把焦点对准了社会不无关系。现行通则的加速崩解和相互证伪，使得就算今后仍有普适的基准可言，也要有待于更加透辟的思力，正是在文明的此一根基处，批判的事业又有了用武之地。由此就决定了，尽管同在关注世俗的事务与规则，但跟既定框架内的策论不同，真正体现出人文关怀的社会学说，决不会是医头医脚式的小修小补，而必须以激进亢奋的姿态，去怀疑、颠覆和重估全部的价值预设。有意思的是，也许再没有哪个时代，会有这么多书生想要焕发制度智慧，这既凸显了文明的深层危机，又表达了超越的不竭潜力。

于是自然就想到翻译——把这些制度智慧引进汉语世界来。需要说明的是，尽管此类翻译向称严肃的学业，无论编者、译者还是读者，都会因其理论色彩和语言风格而备尝艰涩，但该工程却绝非寻常意义上的"纯学术"。此中辩谈的话题和学理，将会贴近我们的伦常日用，渗入我们的表象世界，改铸我们的公民文化，根本不容任何学院人垄断。同样，尽管这些选题大多分量厚重，且多为国外学府指定的必读书，也不必将其标榜为"新经典"。此类方生方成的思想实验，仍要应付尖刻的批判围攻，保持着知识创化时的紧张度，尚没有资格被当成享受保护的"老残遗产"。所以说白了：除非来此对话者早已功力尽失，这里就只有激活思想的马刺。

主持此类工程之烦难，足以让任何聪明人望而却步，大约也惟有愚钝如我者，才会在十年苦熬之余再作冯妇。然则晨钟暮鼓黄卷青灯中，毕竟尚有历代的高僧暗中相伴，他们和我声应气求，不甘心被宿命贬低为人类的亚种，遂把移译工作当成了日常功课，要以艰难的咀嚼咬穿文化的篱笆。师法着这些先烈，当初酝酿这套丛书时，我曾在哈佛费正清中心放胆讲道："在作者、编者和读者间初步形成的这种'良性循环'景象，作为整个社会多元分化进程的缩影，偏巧正跟我们的国运连在一起，如果我们至少眼下尚无理由否认，今后中国历史的主要变因之一，仍然在于大陆知识阶层的一念之中，那么我们就总还有权想象，在孔老夫子的故乡，中华民族其实就靠这么写着读着，而默默修持着自己的心念，而默默挑战着自身的极限！"惟愿认同此道者日众，则华夏一族虽历经劫难，终不致因我辈而沦为文化小国。

一九九九年六月于京郊溪翁庄

目 录

致　谢

本书的计划一直伴随着我在三个不同院系的教职：曼彻斯特大学政府管理系、布里斯托大学哲学系以及我现在的任职机构埃塞克斯大学哲学系。我要感谢所有这些院系的同事在学术、智识和其他方面给予我的支持。不同的人已经阅读了个别章节的初稿并提出了宝贵意见。他们包括尼克·布宁（Nick Bunnin）、菲奥娜·休斯（Fiona Hughes）、奥诺拉·奥尼尔（Onora O'Neill）、托马斯·博格（Thomas Pogge）、汤姆·索雷尔（Tom Sorell）、希勒尔·斯坦纳（Hillel Steiner）、罗杰·沙利文（Roger Sullivan）、克里斯蒂安·范登安克尔（Christien van den Aanker）、厄修拉·沃格尔（Ursula Vogel）、肯·韦斯特法尔（Ken Westphal）以及霍华德·威廉斯（Howard Williams）。感谢他们所有人。我要特别感谢鲍勃·古丁（Bob Goodin），自从我还是政治哲学专业本科生的那些日子以来，他就不断给予我在学术上的建议和支持；还要感谢奥诺拉·奥尼尔，我有幸请她指导我的博士论文，而本书是在博士论文的基础上发展而来的，我从奥诺拉那里获得的关于康德哲学的学识，比我有可能从任何其他人那里获得的都要多。我还要感谢我的编辑希拉里·加斯金（Hilary Gaskin），她自始至终提供了高效友好的帮助。最后，我要感谢我的父母温弗里德·弗利克舒（Winfried

Flikschuh)和伊丽莎白·弗利克舒（Elizabeth Flikschuh），还有我的伴侣迪亚穆德·科斯特洛（Diarmuid Costello），没有他们，本书几乎不可能完成。最后，但并非最不重要的是，我要感谢我们的小儿子约施卡（Joschka），他好心地将降临这个世界推迟到本书原稿完成之后。

正如我在导论中所说，本书中的许多想法最初都孕育于在西非（特别是布基纳法索和加纳）度过的时光。长期以来，非洲因政治动荡、人道主义灾难和持续不发达而名声不佳。至少在个人层面上，我在非洲的经历与这幅图景并不相符，尽管我遇到的个人和他们的家庭忍受了无数似乎永无止境的苦难，但他们的热情、优雅、好客和彻底的坚毅让我在下面这件事情上留下了持久的印象：当我们谈到人类尊严时，其可能的含义究竟是什么。本书谨献给他们。

康德作品与缩写

主要作品：

The Critique of Pure Reason（*CPR*） 《纯粹理性批判》

Groundwork of the Metaphysics of Morals（*Groundwork*） 《道德形而上学基础》

The Critique of Practical Reason（*CprR*） 《实践理性批判》

The Metaphysics of Morals（*MM*） 《道德形而上学》

MM, Part 1: *The Metaphysical Elements of Justice*（*Rechtslehre*）《道德形而上学》，第一部：《法权论的形而上学初始根据》

MM, Part 2: *The Metaphysical Elements of Virtue*（*Tugendlehre*）《道德形而上学》，第二部：《美德论的形而上学初始根据》

Rechtslehre（*RL*） 《法权论》

Tugendlehre（*TL*） 《美德论》

政治与历史论文：

Idea for a Universal History with a Cosmopolitan Purpose（*Universal History*） 《关于一种世界公民观点的普遍历史的理念》

On the Conjectural Beginnings of Human History（*Conjectural*

Beginnings）　《人类历史揣测的开端》

　　An Answer to the Question: What is Enlightenment?（*Enlightenment*）
《回答这个问题：什么是启蒙？》

　　On the Common Saying：*'This may be true in theory but it does not apply in practice'*（*Theory and Practice*）　《论俗语：这在理论上可能是正确的，但不适用于实践》

　　Towards Perpetual Peace（*Perpetual Peace*）　《论永久和平》

所使用的英译本：

The Critique of Pure Reason, trans. Norman Kemp Smith, London, Macmillan, 1933, second impression（1990 reprint）.

Groundwork of the Metaphysics of Morals, trans. H. J. Paton, New York, Harper Torchbooks, 1964.

The Critique of Practical Reason, trans. Lewis White Beck, New York, Macmillan, 1956（1993 reprint）.

The Metaphysics of Morals（Parts 1 and 2）, trans. Mary Gregor, Cambridge University Press, 1991.

ix　*Kant's Political Writings*, trans. H. B. Nisbet, edited by Hans Reiss, Cambridge University Press, 1970.

　　在脚注中所引用的康德著作的页码，指的是普鲁士学院版相关卷的页码，除了赖斯选编的《康德的政治著作》外，这些页码都重印在英译本边缘。对《纯粹理性批判》的引用标记了第一版和第二版的页码，分别以A和B指明。

　　在没有另外指出的情况下，所引用的德语二手文献的译文都是我
x　自己翻译的。

导　论

一　康德与当代自由主义

　　这本书背后的想法最初出现在1987年，当时我正在布基纳法索的萨赫勒地区旅行——尽管当时我不知道我会写一本关于康德政治哲学的书。事实上，萨赫勒之旅是一件很偶然的事情。当我抵达瓦加杜古机场时，我的行李在运输途中丢失了。虽然机场工作人员向我保证一周内就能拿回来，但它再也没有出现过。然而，这次损失却变成了一件好事，因为它给了我信心，让我开始向北行驶，前往尼日尔。萨赫勒并不像我指望的那样。我想象的更像是"真正的"沙漠。萨赫勒是介于草原和沙漠之间的半干旱过渡地区。它由石质地面和低矮多刺的灌木组成，中间有一些发育不全的树木，到处都是奇形怪状的巨大猴面包树。偶尔会有陡然从地面升起的山脉，但萨赫勒大部分地区是平坦、广阔、炎热和寂静的。起初，我不愿意向别人求助，但我很快意识到，在这样的环境中，每个人都依赖于与其他人的合作。在我的记忆中，在这里过夜总得到一种不加质疑的殷勤款待，遵循同样的基本模式：首先，人们会用一杯水来热情欢迎你，然后在你坐下来后，他们会询问你的"任务"，最后他们将你带到户外，烧一桶水给你洗澡。最终，他们会请你吃晚餐，往往是一个人进餐，因为别人不应该看着你吃东西。我对这些人的优雅和老练感到惊讶，在我看来，他们在周围环境中的生存似乎依赖于他们自己和自然之间的微妙平衡。

在一本关于康德政治哲学的书的开头讲述旅行趣闻，似乎不太合适。然而，我在萨赫勒的经历有三个方面影响了我对康德《法权论》(*Rechtslehre*)的解读。第一个方面关系到自然对人类能动性所施加的约束的重要性。第二个方面围绕着人类有限性的概念，以及作为行动者的个体之间不可避免的相互依赖。第三个方面不太具体，涉及形而上学在政治思想中的作用。所有这三个主题——自然的约束、人类的有限性以及形而上学的作用——构成了对康德权利学说的后续解释的焦点。除此之外，我还应该加上第四个方面，即自由的观念。不出所料，自由的观念是康德政治哲学的核心。这并不奇怪，不仅因为康德是一位启蒙思想家，对他来说，人类自由的观念构成了其整个批判哲学的"基石"，而且因为自由的观念在当前自由主义政治哲学对康德的接受中得到了特别强调。在被忽视多年后，康德现在加入了自由主义传统其他伟大思想家的行列，甚至超过了这些思想家，例如霍布斯、洛克、卢梭和约翰·斯图尔特·密尔。在英美世界，康德被主流自由主义所同化，而这几乎完全要归功于罗尔斯的《正义论》。[①]在德国，也许在更广泛的欧洲大陆传统中，康德重新进入自由主义政治阵营这一事实并没有那么引人注目，因为对康德的忽视从来就不彻底，时常只是出于历史原因。例如，在于尔根·哈贝马斯的社会和政治著作中，康德一直占有一席之地（尽管哈贝马斯对康德政治哲学的评价多年来一直在发生变化）。此外，在德国自由主义思想的经典论著中，康德式法权国家(*Rechtsstaat*)的观念历来具有根深蒂固的地位。

本书的一个核心主张是，当代自由主义对康德政治思想的吸收充

---

① John Rawls, *A Theory of Justice* (Oxford University Press, 1973).

其量是部分的。在许多方面，康德对当代自由主义的背离相比二者之间的交会点，在哲学上更有趣，在政治上也更有启发性。自由的观念就是一个很好的例子。诚然，罗尔斯对自由平等的道德人的康德式设想对传统自由主义对于个人自由的理解产生了重大影响，特别是在它与政治辩护有关的功能方面。如果说古典自由主义倾向于将个人自由视　2 为每个人在面对每个其他人时所拥有的一种不受约束的选择和行动的自然权利，那么罗尔斯对康德的运用则确认了自由、实践推理和政治辩护之间的一种有力联系（我将在第一章中澄清我所说的"古典自由主义"及其与当代自由主义的关系）。自由主义者现在认为个人自由是一种道德能力，而不是一种自然权利；个人自由被视为个体之间可能的社会合作的一个先决条件，而不是从个人选择的合理性的角度来狭隘地解释。这里有一种转变，即从对自由的一种主要是对立性的、政治性的理解，到一种主要是合作性的、道德性的论述的转变，而这种转变在某种程度上是康德式的。然而，有两个限制是恰当的。首先，目前主流自由主义对康德的吸收几乎完全是立足于他的**伦理**著作，即《道德形而上学基础》，以及在更小的程度上立足于《实践理性批判》。康德的政治著作，特别是其权利学说，继续被当代自由主义者所忽视。其次，当前对康德的接受是以明确地拒斥其实践形而上学为前提的。着重点是一种去除了康德式形而上学的康德式道德哲学。

采纳或改编康德哲学的某些方面而忽视或拒斥其他方面，这种做法在原则上并没有错，但它可能会助长对康德政治思想及其与当代自由主义的关系的一种扭曲看法。关注康德对自由的道德理解而忽略他对政治自由的论述，这种做法会产生这样一个后果：在当前的自由主义中，两种不相容的自由理论之间最终会产生张力。这一点可以通过罗尔斯的公平正义观的两个正义原则来说明。罗尔斯对其第一正义原则的详细规定涉及个人作为公民的平等地位，这些规定与他所描述的康德式道德人的概念大体一致。然而，与分配正义有关的第二原则预设了对自由能动性和个人选择的合理性的一种论述，这种论述在一种深层的意义上是非康德式的。至少在个别国家的范围内，人是自由平等的这一道德观念采纳了一种广泛意义上的康德式的合理性和公共审议观点，[②]而对作为差别原则的驱动力的经济自由的论述则接受了标准经济理论的动机假设，这些假设在其基本取向上是"霍布斯式"的。[③]人们经常指出罗尔斯的理论的这两个动机方面（一个是道德的，另一个则是自利的）之间存在张力。这里的问题是，一种康德式的道德自由概念是否能够支撑关于经济自由的霍布斯式假设？正如接下来的章节将会表明的，我相信这个问题的答案是"不能"。在这种情况下，从自由主义角度对社会正义和分配正义的许多理论分析如今可能不像它们所声称的那样那么具有康德意味。

康德也从政治和经济的角度来考虑个人在选择和行动方面的自由，而忽视这一点的后果把我带到了前面提到的第二点，即对康德式形而上学的拒斥。当然，这并不是什么新鲜事。对康德道德理论的赞赏总是被对其根本的形而上学预设的不安所缓和。把自由看作纯粹实践理性的一个观念的想法再一次导致了这种不适感。康德在其道德哲学中对实践推理的本体立场与现象立场的区分，就像他在认识论中对现象和物自体的区分一样，遭到了同样程度的抵制。的确，康德的先验观念论长期以来对许多哲学家的影响就类似于红布对公牛的影响。但是，目前自由主义对形而上学的拒斥更为普遍，不只是针对康德的先验

② 对罗尔斯的康德主义的有限范围的一个批评，参见 Onora O'Neill, 'Political Liberalism and Public Reason: A Critical Notice of John Rawls, *Political Liberalism*', *The Philosophical Review*, 106(1997), 411—428。

③ 我有点犹豫地使用"霍布斯式"这个说法，意思是指目前对霍布斯的政治思想的接受，而不是指霍布斯自己。像康德一样，霍布斯的思想往往是以一种比它应得到的解释更片面的方式被解释的。尽管当代的理性选择和决策理论自以为偏离了霍布斯对个人行动者的动机提出的假设，但它对行动者追求和满足欲望的心理提出的假设可以说受到了边沁的功利主义和霍布斯的唯物主义形而上学同样多的影响。

观念论。在当代哲学中，有许多其他分支复兴了对形而上学的兴趣，与此相比，在政治哲学内部，这种拒斥似乎被加剧了。在我看来，不论是针对康德的政治思想，还是更一般地针对政治哲学的任务，这种拒斥都是错误的。我之所以认为对形而上学的敌意是错误的，其中一个缘由就体现在前面指出的张力中，即在当代自由主义中两个不相容的自由概念之间的张力。如果康德式的道德自由不符合（比如说）关于政治选择和经济选择的个人合理性的霍布斯式假设，那么人们就应该问，它们究竟是因为什么而变得不相容。如果两种不同理论的各个方面不能随意地结合在一起，这就表明每一种理论都构成了一个更广泛的理论框架的一部分，而这个理论框架在某些方面限制了它，以至于只有通过扭曲自己，它才能从这个框架中解脱出来。康德式的道德自由与霍布斯式的政治自由和经济自由的不相容表明，前者受到后者所不承认的根本假设和预设的约束，而后者没有受到这样的约束。这条推理路线可能相当于对形而上学提出一种负面捍卫，即认为形而上学是不可避免的。任何从事理论建构的人都被迫离开**一些**关于其研究对象的假设和预设，但是没有这些假设和预设，理论建构就无法起步，而对这些假设和预设的承诺不可避免地限制了可以被连贯地包含在理论中的内容。就此而论，即使是那些否认形而上学的人，也不可避免地会做出一些形而上学假设，至少在理论建构的初始阶段是这样。对本质上同样的捍卫路线的一个积极的表述是，形而上学假设不仅是不可避免的，而且也是必不可少的。在这条积极的捍卫路线上，形而上学**促进了**（比如说）对正义问题的连贯的理论分析。它通过提供一个根本的概念和规范框架来实现这一点，在这个框架的约束下，就可以进行一致的、实际上可行的理论分析了。

　　本书采取了积极的捍卫路线：康德对形而上学的明确认可就是将其政治哲学与当代自由主义区别开来的一个特征。然而，通过采用斯蒂芬·柯尔纳最近按照"范畴框架"的概念提出的更一般的形而上学概念（尽管这个概念仍然可以被认为是康德式的），我将避免先验观念论的复杂性及其有争议的地位。④柯尔纳的范畴框架概念使我能够强调康德形而上学的那些对其政治哲学来说极为重要的方面，同时又不会让我无条件地认同先验观念论。总而言之，第一章联系一般而论的政治思想来介绍和发展柯尔纳的范畴框架概念。第二章将这一概念应用于康德对自由的形而上学论述，即把自由视为纯粹实践理性的一个观念。第三章考察了康德对自由的一般形而上学论述对于其政治自由观的意义。在这里，我只想回顾一下自然的约束和人类有限性概念，我在上面叙述我在萨赫勒的经历时提到过这一点。康德对正义的形而上学论述建立在这样一种设想的基础上：他一开始就把对自由的主张和自然的约束并列起来，最终通过一种实践性的政治判断行为在它们之间实现和解，而这种和解反映了康德对人类有限性的积极理解。换句话说，自由的观念、自然的约束以及针对实践性的政治推理的对人类有限性的特殊设想，构成了康德的权利学说的根本的范畴框架。正是这种根本的范畴框架或者说形而上学框架的存在塑造了康德的政治思想，并最终使其截然不同于当代自由主义的政治思想。

二 《法权论》

前面的评论想必暗示了本书标题"康德与现代政治哲学"背后的缘由。在接下来的章节中，我对康德《法权论》的关注受到了我所认为的当代自由主义的一个核心缺陷的影响，即它拒绝认真对待形而上学在政治思想中不可或缺的积极作用。我已经通过提及康德的自由概念（即自由是纯粹实践理性的一个观念），指出了这种反形而上学态度的

---

④ Stephan Körner, *Metaphysics: Its Structure and Function* (Cambridge University Press, 1984).

一些消极的实践含义，而这个自由概念不仅不同于关于个人对自由的自然权利的更为传统的论述，而且也可以表明二者实际上是不相容的。从某种意义上说，本书前三章的论证路线是为后三章提出并捍卫的关于自由、个人财产权和政治义务之间关系的核心主张做准备。（更确切地说，第一章和第二章是预备性的：它们分别讨论了康德式形而上学在当代自由主义中的接受情况，以及康德在《纯粹理性批判》中对自由的形而上学论述。这两章并未直接触及《法权论》。第三章是过渡性的：主要讨论康德在其伦理著作中对道德自由的论述与他在《法权论》中对政治自由的理解之间的对比。）如果读者期望在康德晚期的政治著作 6 中找到对这么多的主题和话题的一种更全面的处理，那么如此之多的"铺垫"可能会让读者失望。我对《法权论》的探讨是高度选择性的：我几乎只关注第一卷（其标题为"私人法权"）第一篇和第二篇。我完全绕过了第二卷（其标题为"公共法权"）第一章，它所讨论的是各国政府权力的划分。另一方面，关于"世界公民法权"的第二卷第三章对于本书所追求的解释路线来说则极为重要。

　　我之所以采取这种选择性的探讨，一个明显的原因是篇幅有限。《法权论》不是一本厚书——事实上，它相当薄；但它是一部内容丰富且复杂的作品。它的论证也极其模糊，这一点我一会儿再谈。不管怎样，篇幅的原因排除了对文本进行更包容的处理的可能性。第二个原因是选择：在我看来，更可取的是少覆盖而不是多覆盖，但要覆盖得更彻底。这部分是因为我相信，若不对康德的一般哲学思想的独特性至少有所认识，就无法欣赏其政治思想的独特性——因此，有必要进行一定程度的初步铺垫。有很多关于《法权论》的评注，它们提供了对康德政治思想的考察。其中许多评注都是对康德政治著作的介绍，以及对其思想在西方政治理论传统中的地位的历史解释。然而，许多人对康德的解释往往是以国家为中心的；他们往往将大部分时间花在康德对个别国家内部政治组织的论述上。造成这种情况的部分原因，与第一卷中讨论"私人法权"的那个部分的晦涩论证有关，在过去两百多年的岁月里，许多读者认为康德的论证是错误的和令人困惑的。对康德的世界主义的忽视更难以解释，尽管这可能是由于历史原因：直到最近，全球正义问题才成为西方政治理论中的一个重要问题。这就引出了我采取这种选择性探讨的第三个原因，那就是重要性。虽然我只关注《法权论》中的几个部分，但我声称我关注的是最有意义的部分。关于世界公民法权的那个部分从明显的政治原因来看很重要——尽管当代主流自由主义在这方面经常表现出奇怪的短视。关于私人法权的那个部分，特别是康德的财产论证，从康德思想的发展历程来看也很重要。在这里，我需要再多说一下，直到最近，人们还普遍忽视这样一个事实：《法权论》是康德最后一部主要的哲学著作。

7　　我已经两次提到康德在《法权论》中的论证路线是晦涩的，特别是在第一卷"私人法权"中。这种隐晦表现在几个层面上。当然，整个论证都是晦涩的，部分原因在于它所处理的题材的复杂性——康德惯常用那种严厉的、几乎是精简的方式来介绍其思想，他的那几部更著名的主要著作相比较而论也因此显得有点散乱，但这种复杂性并不是他的写作方式造成的。题材的复杂性只构成了可能解释的一小部分。事实上，最初出版的文本给几代康德学者留下了这样的印象：康德的论证不只是晦涩难懂，还彻头彻尾地令人困惑。特别是在关于合法占有概念的所谓"演绎"部分，混乱盛行，显示出各个段落之间缺乏逻辑顺序，还把与主题无关的材料包含在内，甚至完全没有任何可能接近于演绎的论证。简而言之，哪怕是对很多耐心的读者来说，康德的论证方式也因为涣散和含混，甚至是语无伦次而令人沮丧。著名的"衰老说"，以及由此而来的对《法权论》的几乎完全忽视，都源于这些文本的扭曲以及由此产生的挫败感。人们逐渐产生了这样一个共识：文本之所以受到"糟蹋"，是因为康德智力衰退和日渐衰老。很遗憾，衰老说不仅对文本的状态给出了一个解释，而且也为忽视康德在其中提出的论证提供了一个理由。

　　尽管有个别人尝试为康德恢复名誉，[⑤] 但衰老说在很长一段时间内仍然站稳了脚跟，并得到了康德政治哲学专家的认可。[⑥] 只是在最近几十年里，人们对《法权论》的兴趣才惊人地复苏，才开始寻求针对衰老说的另一种解释，以说明文本的可悲状况。贝恩德·路德维格在《法权 8 论》1986年修订版中提出了一个颇具影响力（即便不是无可争议）的替代方案。[⑦] 路德维格认为，文本扭曲并不是反映了康德在写作时的心理健康状况，而是印刷阶段编辑错误的结果，这方面的错误是康德无法控制的。按照路德维格的说法，文本的编辑和印刷商要对这部作品糟糕的文本组织负主要责任。限于篇幅，在这里我们无法讨论路德维格（经过充分研究的）历史主张的合理性。[⑧] 在目前的背景下，重要的一点是，路德维格将其历史发现与他的哲学论点结合起来，即康德在第一卷第2节中提出的"实践理性的法权公设"构成了《法权论》的"批判性创新"：它为个人财产权问题提供了一种全新的探讨。这一主张的结果是将关于财产权的那个部分从几乎被遗忘的地方转移到舞台中央。本书第四章针对康德对个人财产权的辩护提出的解释，就是基于路德维格的做法，即在《法权论》的修订本中将第2节（那个公设原来出现的位

---

⑤　特别参见 Gerhard Buchda, 'Das Privatrecht Immanuel Kants. Ein Beitrag zur Geschichte und zum System des Naturrechts' (Unpublished dissertation, Jena, 1929)。

⑥　例如，参见 Christian Ritter, *Der Rechtsgedanke Kants nach den frühen Quellen* (Frankfurt, 1971)；亦可参见 Hannah Arendt, *Lectures on Kant's Political Philosophy*, Ronald Beiner, ed. (University of Chicago Press, 1982), 7—8。

⑦　Bernd Ludwig, ed., Immanuel Kant, *Metaphysische Anfangsgründe der Rechtslehre* (Hamburg, Felix Meiner Verlag, 1986).

⑧　不过，参见 Bernd Ludwig, *Kants Rechtslehre* (Hamburg, Felix Meiner Verlag, 1988)，尤其是维尔纳·斯塔克（Werner Stark）那篇讨论康德的这部文本的历史来源的文章，在该文集7—28页。

置)迁移至第6节(那个下落不明的演绎的位置)。⑨然而,我的解释声称康德对个人财产权的辩护与他对个人随后的正义义务的世界主义构想之间存在直接联系,因此就超越了路德维格的解释。因此,尽管第四章关注的是作为政治义务基础的个人对财产权的主张,但第五章认为,正义义务本身在范围上是世界性的,而且,之所以如此,是因为它们直接来自康德对财产权的具体探讨。最后,第六章考察了康德的形而上学和世界主义的法权概念对当代关于全球正义的思考的一些含义,特9 别关注全球分配正义。

三　康德式术语

　　每本书都有其所设想的主要读者。读者现在可能会怀疑,在这方面,本书在两头都会落空:一方面是政治理论家和哲学家,另一方面是康德学者。事实确实如此,我所采取的研究进路有一个危险,即无法让双方都满意。一方可能会觉得本书过于关注详细的文本阐释,而尽管这种阐释可能引起康德学者的兴趣,但与实际的政治问题无关。另一方可能会发现文本阐释不够详细,不足以令人信服地说明康德在何时何地说了什么,又是什么意思。同样,一边的人可能会发现自己被不熟悉的康德式术语压得喘不过气来,而另一边的人可能会对这样一个事实感到恼火:将大量不必要的篇幅花费在熟悉的康德式术语和思想上。

　　我意识到了这些困难。要是我能另写一本书,我可能就会这样做了。然而,本书目前的设计实际上很难两全其美。正如我所说,我自己

----

　　⑨　除了对第2节重新定位外,从格哈德·布赫达的发现(参见本章注释⑤)来看,原来第6节的4—8段也被忽略了。有兴趣的读者可能想对比一下玛丽·格雷戈尔1991年出版的《道德形而上学》第一部的英译本与她1996年出版的《正义的形而上学原理》英译本(二者都由剑桥大学出版社出版),前者遵循原始文本,而后者遵循贝恩德·路德维格的修订本。

对《法权论》的解读受到了当前政治哲学中一些问题的影响，这些问题对政治思想的重要性在我看来被忽视了，但它们确实使康德的著作在今天显得尤为重要。此外，尽管康德学者对《法权论》重新产生了令人惊叹的兴趣，但即便是那些公开承认一种康德式自由主义的政治哲学家，也继续忽视康德的政治著作。我认为后者与这部文本表面上无法理解有很大关系，其中就包括与西方政治理论中更明显地属于经典的文本相比，这部文本对政治辩护问题采取了不同寻常的探讨。本书的主要目的是通过将前者明确地与后者联系起来，并通过表明这部文本实际上确实在谈论当代关注的事务，来缓解它与当代关注的事务的疏远感。

　　我尽量避免大量使用康德式专业术语。当然，完全避免是不可能的，不过，对于广为熟悉的康德式术语，比如他的"纯粹实践理性"原则的"先验有效性"概念，我并未给出特别的解释，这样或许会让大量使用康德式术语的状况有所改善。虽然这些术语的确切含义本身是康德学者研究的主题，但大多数读者会将纯粹实践理性原则的先验地位与康德的如下主张联系起来：这些原则不依赖于偶然给予的经验考虑，它们以理性存在者的理性能力为基础，因此它们对所有有限的理性存在者来说都具有普遍有效性和权威。其他的康德式术语，如"理知性占有""现象占有"，或者"实践理性的法权公设"，都是根据《法权论》的论证来解释的，而不是通过与康德其他著作的交叉参考来解释的。我希望，在将特殊术语保持在必要的最低限度的情况下，不太熟悉康德哲学的读者不会对他的政治思想感到反感。

　　有一个术语约定是我一开始就应该澄清的，即"法权的概念"（the concept of Right）中那个首字母大写的词。我并没有用大家更熟悉的"正义的概念"来取代这个说法。众所周知，Recht这个德语术语很难译为英语，尤其是因为与英美传统相反，德国的法哲学是由罗马法而不是由普通法来塑造的。Recht这个术语依赖于先例和解释，因此就具有普通法传统中所缺失的数学精确性的内涵。*Recht*是将每个人的应得（这可以被精确地确定）赋予他的那个东西——它既不是由*Gesetz*（通常指的是成文法）来完全把握的，也不是由*Gerechtigkeit*（这个术语或多或少与正义同义，而且通常与社会正义相联系）来完全把握的。与*Gesetz*或*Gerechtigkeit*（这两个术语都容易受到语境修饰的影响）相比，*Recht*的准确性使其具有与语境无关的先验有效性。由于先验有效性主张将康德所说的*Rechtsbegriff*与当前的正义观区分开来，我遵循玛丽·格雷戈尔的约定，将*Recht*译为**法权**而不是正义。最后，尽管在提到"法权的概念"或"法权的原则"时我使用"法权"这个术语，但"权利"（right或rights）指的是从法权概念中衍生出来的个人的特定权利。

11

第一章
当代自由主义中的康德式形而上学

> 人类理性有这样一种特殊的命运：在它的一种知识中，它背负着由理性本身的本质来规定的问题，因此它就不能忽视这些问题，另一方面，既然这些问题超越了它的一切能力，它也就无法回答这些问题。
>
> ——《纯粹理性批判》，Avii

一　引　言

本章有两个主要目的。第一个目的是评估当代自由主义对形而上学的接受，特别是对"康德式形而上学"的接受。第二个目的是勾勒出一个形而上学框架来分析康德在《法权论》中对政治义务的论述。关于第一个目的，我主要关注约翰·罗尔斯[1]和于尔根·哈贝马斯[2]的自由主义理论，这两位思想家不仅是当今自由主义思想的主导人物，而且

---

① Rawls, *A Theory of Justice*. 亦可参见他后来的著作：Rawls, *Political Liberalism* （New York，Columbia University Press，1993）。

② Jürgen Habermas, *Faktizität und Geltung*（Frankfurt，Suhrkamp，1992）.

他们对正义和政治辩护的探讨也深受康德影响，尽管是以极为不同的方式。然而，我不提供他们各自理论的详细讨论；我的目的仅仅是考虑他们对形而上学在政治思想中的作用的看法。

关于本章的第二个目的，我借鉴了斯蒂芬·柯尔纳最近对一般意义上的形而上学的结构和功能的分析。[3]在将柯尔纳的分析适应于政治语境时，我首先将他对形而上学的论述与罗尔斯最近的观点进行对比：柯尔纳认为形而上学是一个人的范畴框架，罗尔斯则认为形而上学

12 表达了个人关于世界的私人信念。然后我将考虑这样一个问题：被理解为一种范畴框架的形而上学，如何避免了由于内在性和超越性之间的传统并置（这种并置影响了哈贝马斯和迪特尔·亨利希最近关于形而上学的交流[4]）而产生的一些困难？

在通过分析上述两种自由主义观点来发展范畴框架的概念时，我希望得出一份可捍卫的大纲，来处理对康德形而上学的一种可能探讨。这将为后面各章提出的解释性论证提供一个统一的结构。在没有过度预期的情况下，总体思路是围绕康德的两个核心概念或观念之间的关系来构建对康德正义理论的分析。其中一个是自然的概念，另一个则是自由的观念，它们影响了康德的整个哲学思想。在康德看来，他的整个批判哲学的"基石"就在于调和自然的因果关系与人类自由的观念；因此，这也是充分理解其法权哲学的核心。我在这一章的最后会说得更多。然而，本章大部分篇幅并不用来讨论康德的形而上学本身，而是用来讨论自由主义者对康德形而上学的接受。我首先概述目前对这个主题的看法，其中对社群主义立场提出一些评论，而这种立场对罗尔斯产生了很大的影响。然后，我分别对罗尔斯的"回避策略"和哈贝马斯

---

③ Körner, *Metaphysics: Its Structure and Function*.

④ Dieter Henrich, 'Was ist Metaphysik — was Moderne？ Zwölf Thesen Gegen Habermas' in *Konzepte*（Frankfurt, Suhrkamp, 1987），11—39; and Jürgen Habermas, *Nachmetaphysisches Denken*（Frankfurt, Suhrkamp, 1992），11—60.

的后形而上学批判进行更详细的分析。

二　对"康德式形而上学"的不同构想

正如我在导论中所说，尽管其他哲学分支对形而上学重新产生了兴趣，但政治哲学对形而上学的拒斥或多或少继续有增无减。在自由主义圈子里，罗尔斯关于多元主义事实的论点为针对形而上学的怀疑论注入了新的动力。按照这个论点，自由社会中普遍存在的对善的各种**个别**构想，使得对**社会善**的一种全面性理解变得不可能，在这里，全面性被认为包括了对于特定的形而上学预设的公共承诺，而这些预设支持了对社会善的特定解释。既然在多元主义条件下，并非所有个人都认同或都能认同同样的形而上学预设，形而上学在成熟的自由社会中就失去了其辩护力量。

在政治思想中，多元主义的事实已经成为避免形而上学的一个经常被引用的理由。与此同时，即使将多元主义接受为一个关于成熟的自由社会现状的社会论点，这本身是否构成了这种回避的充分理由，实际上也是不明显的。从表面上看，人们也可以同样貌似有理地认为，多元主义的事实使得对这样一种形而上学预设的哲学研究更加迫切，即在其具体设想上足够抽象，因此具有普遍有效性的形而上学预设。因此，可以论证的是，自由主义者对形而上学的怀疑更深，以至于甚至在没有多元主义论题的情况下，这种怀疑也会占上风。在这里，我暂时不考虑多元主义的事实，以便思考在当前的自由主义和社群主义思想中普遍存在的反形而上学态度的一些更深层的原因。为了便于讨论，我进一步区分了"古典自由主义者"和"批判性自由主义者"。

我所说的古典自由主义指的是这样一种政治传统：它最初是由古典社会契约理论（特别是霍布斯、洛克和卢梭的理论）以及英国经验主义（包括休谟和约翰·斯图尔特·密尔等非契约主义思想家）所塑造

13

的。虽然后来的罗尔斯更接近美国实用主义传统，但他仍然是古典契约论自由主义在当今最著名的代表。当然，古典自由主义也有其内部划分，即以权利为基础的契约主义和以目的论为导向的功利主义。尽管罗尔斯最初试图调和这两种自由主义传统，但它们之间的差异仍然很深，而且往往是决定性的。鉴于主要是契约主义者声称与康德实践哲学具有特殊的亲缘关系，在这里，我集中讨论古典自由主义中的契约主义分支。

14　　社群主义的思想背景更加多样化。社群主义作家从亚里士多德、黑格尔和晚期维特根斯坦的哲学中汲取灵感。⑤将他们联合起来的是对哲学抽象和"宏大的理论叙述"的共同厌恶。与此相反，社群主义者强调对细节的关注、对环境的敏感性以及对社会和文化多样性的欣赏。大体上说，社群主义是一种"消极的哲学"，它更多地是由对自由主义思想的普遍拒斥统一起来的，而不是由一种积极地阐述的政治规划统一起来的。社群主义者的哲学信念在于决心**抵制**抽象分析和理论建构的诱惑，而不是在于努力提供社会正义和政治正义的替代方案。⑥

最后是批判性自由主义。它在欧洲大陆更有影响力，但它提供了一个与古典自由主义对康德式形而上学的接受相对应的有趣观点。顾名思义，批判性自由主义是从批判理论发展而来的，借鉴了卡尔·马克思、马克斯·韦伯、西奥多·阿多诺和马克斯·霍克海默等人的思想。在此基础上，批判性自由主义又补充了法权国家的观念，而正是这个观念将其与康德的政治哲学联系起来。批判性自由主义最杰出的支持者是哈贝马斯，他捍卫了一种后形而上学立场，而为了满足成熟的自由主义的后形而上学社会的要求，他通过民主共识对政治合法化采取了一

---

⑤　对不同的社群主义观点的优秀综述，参见 Stephen Mulhall and Adam Swift, *Liberals and Communitarians*（Oxford, Basil Blackwell, 1992）。

⑥　不过，参见 Michael Walzer, *Spheres of Justice: A Defence of Pluralism and Equality*（Oxford, Basil Blackwell, 1983）。

种话语伦理探讨。

对政治哲学中当前观点的这种粗略分类并不详尽。这也不是想表明它们之间不存在相互融合：有自由主义的社群主义者[⑦]、社群主义的自由主义者[⑧]和对批判性自由主义抱有同情的古典自由主义者[⑨]。然而，这三种观点确实享有对形而上学的一种共同关注，它们在相当程度上按照各自对康德式形而上学的态度而界定了它们自身的看法和对彼此的看法。在这三种立场中，古典自由主义的态度可能是最矛盾的。在整个20世纪，特别是自第二次世界大战结束以来，古典自由主义发现自己被康德的普遍主义道德理论所吸引，特别是被该理论中与古典自由主义自身的道德词汇产生共鸣的术语和原则所吸引。尽管康德的政治著作中所谓权威主义部分和自由主义部分之间的张力经常得到证实，[⑩]但古典自由主义也一直热衷于将康德纳入作为它的一个思想渊源的伟大契约论思想家的行列。然而，主要的焦点是康德的**道德**哲学，以及它如何丰富传统的自由主义-契约论框架。例如，洛克的个人权利和康德所谓"对人的尊重"之间经常有相似之处，或者密尔的"作为个人自决的自主性"和康德的"作为道德上的自我立法的自主性"之间经常有相似之处。康德和休谟之间最近的联系在直观上似乎不那么明显。

15

---

⑦　Joseph Raz, *The Morality of Freedom* (Oxford, Clarendon Press, 1986).

⑧　Michael Walzer, *Thick and Thin: Moral Argument at Home and Abroad* (Notre Dame, Indiana, University of Notre Dame Press, 1994).

⑨　Kenneth Baynes, *The Normative Grounds of Social Criticism: Kant, Rawls, and Habermas* (New York, State University of New York Press, 1992).

⑩　参见 Hella Mandt, 'Historisch-politische Traditionselemente im politischen Denken Kants' in Zwi Batscha, ed., *Materialien zu Kants Rechtsphilosophie* (Frankfurt, Suhrkamp, 1976), 292—330; 亦可参见 Howard Williams, *Kant's Political Philosophy* (Oxford University Press, 1983). 关于一种不同的观点，参见 Reinhardt Brandt, 'Die politische Institution bei Kant' in Gerhard Göhler, ed., *Politische Institutionen in Gesellschaftlichem Umbruch* (Opladen, Westdeutscher Verlag, 1990), 335—357.

罗尔斯的《正义论》将一位强调普通理智的休谟和一位被赋予了共同感性的康德结合起来，对"人"提出了一种理想的构想，即人既有正义**感**又有自由的**观念**。从表面上看，将作为卓越的反形而上学者的休谟和作为一种实践导向的形而上学的捍卫者的康德结合起来，这是一种不稳定的做法，因为康德所要捍卫的那种形而上学部分源于他对休谟的认识论的怀疑论的批判性回应。然而，这种结合反映了古典自由主义的支持者普遍持有的一个假设，即康德的道德理论的实质性内容可以与其形而上学基础分离开来。用更适度的经验主义假设来取代康德的形而上学前提，可以被指望产生一种更稳健的康德主义，而后者就构成了对康德理论的一种改进。

  适度和稳健描绘了古典自由主义的经验主义承诺及其最终对形而上学的态度。只要一个道德理论不打算超越常识的界限，而是把从对人类实际行为的仔细观察中收集到的对人性的一种概括性论述作为其道德规定的基础，它就是适度的。只要这样一个适度的道德理论对常识的探讨可能会产生更广泛的公共赞同，因此与承载形而上学负担的选项相比，可以确保获得更高程度的实际成功，它就是稳健的。这就使得形而上学思想变得自高自大，并因此而变得稀奇古怪。关于道德原则的先验地位的主张，关于独立于主体的有效性的主张，或者关于可以从第一原则中推演出这些东西的主张，都以这样一个理由而遭到拒斥：这些主张，在超越了感性经验的范围时，不可避免地涉及对真实观念的超感性世界的某种诉求，而这些所谓的道德真理在那个世界中有其根据。既然超越可以在感性上经历到的东西是非法的，形而上学在哲学上就声名狼藉。⑪

---

  ⑪ 这条有影响力的思想路线最著名的代表是：David Hume, *An Enquiry Concerning Human Understanding,* Part I, section IV, in L. A. Selby-Bigge, ed., *Hume's Enquiries*, 3rd edition（Oxford, Clarendon Press, 1987）, 25—31; Rudolf Carnap, 'The Elimination of Metaphysics through Logical Analysis of Language' in A. J. Ayer, ed., *Logical* （转下页）

古典自由主义者经常将康德在道德能动性的现象立场和本体立场之间所做的区分,解读为这种超验的形而上学冲动的一个例子。既然康德在其知识论中已经批判了理性主义的形而上学,这种冲动在康德伦理学中的出现被认为更令人反感。康德在其道德著作中对本体视角的引用被认为是一种不幸的失误,即陷入了他声称自己已经不再相信的一种理性主义研究方式。[12]由于相关的原因,有一种做法被认为构成了对康德的理论的一种改进,即把直观上更合理的道德谓词赋予个人,以此取代康德的超验主张。断言个人具有正义感或者具有自由的直观观念,这提供了一种将两个东西整合起来的合理方式:一个是难以捉摸的本体自我的道德能力,另一个是物理上具有身体、心理上受到激发、更加摸得着的现象自我。这种元伦理层面上的修正并未在规范层面上改变康德的普遍主义承诺,却使得这些承诺在直观上更有吸引力,从而提高了它们在实践上取得成功的机会。

古典自由主义的社群主义批评者分享了前者对康德式形而上学的怀疑态度。然而,他们是在不同的理论背景下这样做的,而且,他们对把康德式形而上学与其道德理论分开的可能性持不太乐观的态度。在社群主义者看来,当自由主义者接受了一种康德式的人的概念并确认他们对康德式的普遍道德原则的忠诚时,他们就无法避免接受一种康德 17 式形而上学。对于一些社群主义作家来说,自由的自我是康德的本体自我的直接后裔。这是迈克尔·桑德尔在《自由主义与正义的局限》一书中提出的指控。[13]桑德尔将罗尔斯对无知之幕背后的理性选择者的描述比作康德在《纯粹理性批判》中所说的统觉的先验统一。他发现康德的"我思"的形式概念是统一的、有意识的经验的一个必然预

(接上页)*Positivism*(New York, Free Press, 1959), 60—80; and A. J. Ayer, *Language, Truth and Logic*(Harmondsworth, Penguin Books, 1971), 13—29。

[12] 参见 P. F. Strawson, *The Bounds of Sense*(London, Routledge, 1966), 207—212。

[13] Michael Sandel, *Liberalism and the Limits of Justice*(Cambridge University Press, 1982).

设，是罗尔斯那种"裸露的"自我（即"先于其目的"而被给予的自我）概念的哲学前身。⑭康德对经验主体及其经验的分析性区分，据说为罗尔斯在一个人的自我同一性和对那个自我的同一性进行界定的目的之间所做的规范性区分提供了基础。

其他社群主义思想家并没有将康德的认识论与罗尔斯的自由主义紧密联系起来。许多人用对启蒙运动的一种普遍批评来解释他们所认为的自由主义的历史衰落，而康德哲学构成了启蒙运动的最高点。⑮从这个角度来看，康德式形而上学是启蒙运动理性主义的一种表现，它喜欢抽象和概括，并自命为一种"道德科学"，而这是对新建立的自然科学所取得的成功的不恰当模仿。尚不清楚社群主义者是否在康德的抽象普遍主义中发现了启蒙运动前对真实观念的超感性世界的依恋。总的来说，社群主义者更担心抽象本身，而不是抽象可能采取的任何特定的哲学表达。出于类似原因，并非所有社群主义作家都必须致力于拒斥**所有**形而上学思想。新亚里士多德主义者可以接受一种内在形而上学，只要后者被解释为一种对隐含在社会实践中的和谐意义的表达，而社会实践则构成了特定社会的生活形式。

最后，批判性自由主义者拒斥了康德式形而上学，理由是它在历史上已经过时了。哈贝马斯的后形而上学批判将一种理性主义形而上学归于康德，将本体领域比作柏拉图的理念论，并因为二者的非民主精英主义而对之加以谴责。⑯然而，与古典自由主义相比，批判性自由主义

18

---

⑭　Sandel, *Liberalism and the Limits of Justice*, 7—14.

⑮　参见 Alasdair MacIntyre, *After Virtue*（London, Duckworth, 1981）; Charles Taylor, 'Atomism' in *Philosophy and the Human Sciences. Philosophical Papers*, volume 2（Cambridge University Press, 1985）, 187—210; 亦可参见 Charles Taylor, *Sources of the Self*（Cambridge, MA, Harvard University Press, 1989）。

⑯　以下对哈贝马斯观点的概述立足于他的《后形而上学思想》第三章。在下面第五节中，我再更详细地考虑哈贝马斯的异议。

并不主张对康德的道德理论进行修正，而是主张对其进行改造。对哈贝马斯来说，这种转变的需要是由于西方思想史的具体发展。就像社群主义者一样，他将这些关键变化定位在启蒙运动中，但与他们不同，他用进步的措辞来解释这些变化。关键的哲学接合点在于自然科学的出现，自然科学分化为特殊的专业领域，它们在方法论上共同承诺了哈贝马斯所说的"可错性原则"。自然科学取代了形而上学的传统地位，使其失去了作为第一哲学（*prima philosophia*）的地位，从而削弱了形而上学的一个主张，即它是通往真理的特殊途径。一种以可错性认知的科学方法为基础的新型"程序合理性"是现代社会现实的特征。这是对合理性的一种历史上独特的、程序性的理解，它为在话语上实现并批判性地修改在民主政治互动原则上取得的共识提供了新范式。哈贝马斯仿照他所说的科学探究的非教条式方法，发展了他对程序合理性的理解。他将这种理解与一种形式的先验论证方法结合起来，这种方法用对话者的对话共同体，来取代康德对进行内省的本体自我的"独白式"阐述，而对话者对共同原则的隐含承诺则在他们彼此间的话语互动行为中体现出来。这就是先验语用主义（*tranzendental-pragmatische Wende*），或者说先验哲学中的语言学转向。它试图将康德的纯粹实践理性原则的那种难以捉摸的先验性，转化为对不可避免的道德承诺的一种论述，而个体之所以彼此进入这种承诺，是因为他们是语言使用者。

正如这个简短的概述所表明的，不同的政治观点强调康德形而上学的不同方面。古典自由主义者关注现象与本体的区别，这使他们将康德式形而上学解释为一种超验理性主义；社群主义者将康德的抽象普遍主义与他对形式和内容的区分联系起来；批判性自由主义者将先验观念论描述为一种历史上过时的意识哲学（*Bewußtseinsphilosophie*）。尽管这三种立场有不同的关注，但它们都把康德的形而上学与对一种超感性视角的诉求联系起来，而这种视角令人不安地接近于一种柏拉

19

图式的真实理念领域。它们基于这些理由而拒斥如下观点，即形而上学在政治思想中是可允许的，不过，并非所有这些立场都不允许一种内在的、从社会的角度来解释的形而上学，或者不允许一种关于个人反思的形而上学。这三种立场之间的这种部分共识可以概括为如下一般论点：

> 只要形而上学反思涉及对超验领域的诉求，那么，即便它在根本上是可允许的，也只有在私人领域中才是可允许的，在公共领域中绝对不允许。

本章其余部分将对这一论点提出异议。首先，我将表明形而上学思想不能被还原到单纯个人反思的层面——这是我反对罗尔斯的论证。其次，我认为，尽管超验视角对形而上学思想来说不可或缺，但这并不需要诉诸超感性世界——这是我反对哈贝马斯的论证。除了顺带一提，我不会再进一步探讨社群主义视角。

三 形而上学思想的私有化

社群主义者起初对罗尔斯的批评，主要集中在他的康德式自我概念以及他单薄的善理论上，这种批评为罗尔斯后来对其理论的重新表述带来了深远影响。如前所述，罗尔斯通过指出多元主义的事实来驳斥社群主义者对他提出的一个指责——他未经审视就承诺了康德的形而上学。在一个以个体成员之间激进的价值多元论为特征的社会中，就政治辩护的任务而论，对形而上学的任何诉求都是不可能的。这并不是要否认个人特殊的形而上学承诺对他们的重要性，也不是要断然否认任何形而上学体系有可能是真的。罗尔斯并没有对形而上学不屑一顾或公开反对，他只是提倡一种回避策略：一种关于正义和政治辩护的自由主义理论必须在哲学上停留于表面，"不是因为宗教观点和形而

上学观点不重要，而是因为它们太重要，因此不能通过协议在政治上解 　20
决"。[17]公民无须放弃他们的宗教信仰和形而上学信念，但他们在参与
公共政治审议的时候必须将它们放在一边。

　　罗尔斯的回应策略的巧妙之处就在于，他可以由此避免形而上学
指责，但又无须承诺一个社群主义理想，即对社会善采取一种全面性理
解。[18]按照经过修订的解释，无论是倡导采用任何特定的形而上学世
界观，还是对这种相互冲突的观点进行裁决，都不构成一个可捍卫的自
由主义理论的概要的一部分。然而，这个回避策略是有代价的。争论
的焦点极为明确：形而上学信念在政治辩护的背景下究竟有没有重要
性？相反的主张同样可以理解，即这些信念太重要了，不容忽视。但
是，这样说就有点古怪了：**既然**这些信念很重要，它们在政治背景下就
应该不予考虑。最后这个主张只有在这样一个假设下才有意义：形而
上学可以被降低到个人的私人信念的领域。有迹象表明这确实是罗尔
斯的观点，例如，他倾向于将形而上学思想与宗教信仰等同起来。他不
仅反复在相同的语境中提到这两者，而且还经常援引宗教改革的历史，
将宗教信仰从公共领域转移到私人领域。因此，罗尔斯以"新教模式"
来设想宗教信仰，即把宗教信仰看作一种关于上帝和信徒之间关系的
信仰的亲密表达。这表明他想到的是形而上学的一种私有化，类似于
宗教改革时期基督教宗派的私有化。[19]问题是，这样一种看待形而上学

---

　　⑰　John Rawls, 'Justice as Fairness: Political not Metaphysical', *Philosophy and Public Affairs*, 14(1985), 230.

　　⑱　汉普顿在如下文章中提出了这一点：Jean Hampton, 'Should Political Philosophy be Done Without Metaphysics？', *Ethics*, 99(1989), 794—814。

　　⑲　罗尔斯在如下文章中最明确地阐述了他将形而上学与宗教信仰等同起来的做法，以及理性多元主义的事实与宗教改革的类比：John Rawls, 'The Idea of an Overlapping Consensus', *Oxford Journal of Legal Studies*, 7(1987), 1—25; especially 1—5。但是，参照他的如下论著：'Justice as Fairness', 223 and 230; *Political Liberalism*, 125—129, and 150—158。

的观点是否站得住脚？我接下来的回答是：站不住脚。我首先概述罗尔斯对形而上学的构想，以及从他早期著作到晚期著作的发展。

21 就罗尔斯关于形而上学在政治思想中的地位的观点的发展而论，最引人注目的是这样一个对比：其中一方是对形而上学的一种相对固定的一般构想，另一方是针对这种构想对康德道德理论的更为不断变化的解释。罗尔斯的一般构想构成了古典自由主义的形而上学观的一个版本，即把形而上学看作一种超验的理性主义；罗尔斯对亨利·西季威克、G. E. 摩尔和W. D. 罗斯的理性直觉主义的理解，形成了他自己对那种观点的表述。他倾向于从他对英国直觉主义者的描述中概括出柏拉图、亚里士多德、斯宾诺莎和莱布尼茨的形而上学体系。[20] 因此，这样说是公平的：理性直觉主义构成了罗尔斯对形而上学的典型构想。[21] 这肯定会使他与康德的关系变得有点模棱两可。虽然罗尔斯显然对康德的道德理论深表同情，但他承认康德的实践哲学是形而上学的。既然他从理性直觉主义的角度来看待形而上学，他就必须抛弃康德道德理论中那些暗含形而上学承诺的方面，因为这些承诺被解释为理性直觉主义的一种形式。这种理解立即面临一个问题，即康德的形而上学，就像罗尔斯事实上认识到的那样，[22] 并不是由理性直觉主义来充分把握的。因此，康德的批评者和支持者都不会觉得罗尔斯对康德理论的修改特别有说服力。批评者抱怨说，对理性直觉主义的抛弃并没有使罗

---

[20] John Rawls, 'Kantian Constructivism in Moral Theory', *Journal of Philosophy*, 77（1980），557.

[21] 尽管罗尔斯批评直觉主义，但批评者往往已经指出直觉主义对他的影响。关于对罗尔斯和直觉主义的讨论，比较R. B. Brandt, *A Theory of the Right and the Good*（Oxford, Clarendon Press, 1979），chapter 1; Joel Feinberg, 'Rawls and Intuitionism' in Norman Daniels, ed., *Reading Rawls*（Oxford, Basil Blackwell, 1975），108—123; Gerald Gaus, *Justificatory Liberalism*（Oxford University Press, 1996），chapter 7, 85—111. 下面我会进一步讨论罗尔斯对直觉主义的阐述。

[22] 'Kantian Constructivism', 557—559.

尔斯的理论摆脱其康德主义,而康德主义者也拒斥他对康德的解释,认为这种解释是对康德的实际观点的扭曲。这些来自分歧双方的批评有助于说明如下事实:在罗尔斯对理性直觉主义、康德式形而上学和政治自由主义之间的关系的描述中,他的想法如何不断地发生变化。我们可以把罗尔斯对康德的解释分为三个大致的阶段:

第一,在《正义论》中将康德的形而上学同化在理性直觉主义下。

第二,在《康德式建构主义》一文中将理性直觉主义与康德式建构主义并列起来。

22

第三,在《政治自由主义》中将理性直觉主义和康德式建构主义与政治建构主义并列起来。

下面我将简要讨论这三个阶段。第一,如果说社群主义批评者比康德主义者更容易辨认出《正义论》中的康德,那是因为罗尔斯对康德形而上学的修改大体上符合古典自由主义的正统观点。通过用日常自由主义道德的直观想法来取代康德的形而上学预设,罗尔斯试图使康德的道德理论在直观上更加可信。为了与这一目标保持一致,罗尔斯按照当时在社会科学中占据主导地位的理性选择范式来重新解释康德的道德理论,从而在《正义论》中绕过了康德对现象和本体的区分,因为他在这个区分中发现了对理性主义形而上学的诉求。《正义论》中题为"对原初状态的一种康德式解释"的那一节,或许也可以同样以"对康德的一种原初状态解释"为标题。罗尔斯在这里将康德道德哲学概括为"对一个适当地定义的理性决策的概念和结果的研究",这项研究"从道德原则是理性选择的对象这一想法入手"。[23]在阐述这个描述的过程中,罗尔斯将康德的自主性概念解释为"对个人作为自由平等的理

23　Rawls, *A Theory of Justice*, 251.

性存在者的本质的一种表达"，按照他所说的"无知之幕"重新阐述了康德的本体立场，并将他的两个正义原则总结为"对绝对命令的直观表述"。这些调整导致他得出了如下结论：

> 原初状态可以被看作对康德的绝对命令的一种程序解释。……对这种状况的描述使我们能够说明究竟是在什么意义上，按照这些[正义]原则来行动表达了我们作为自由平等的理性人的本质。**这些[康德式]概念不再是纯粹超验的，也不再与人类行为缺乏明确的联系**，因为对原初状态的程序解释允许我们理解这些联系。㉔

简而言之，《正义论》中的这一模式遵循了上面概述的古典自由主义，它试图用日常道德概念来取代康德道德理论中的先验观念论要素。

第二，罗尔斯最初切除形而上学的尝试戏剧性地产生了适得其反的结果。当康德主义者否定他对康德道德理论的决策论解读时，㉕社群主义者则抱怨说，道德作为一种理性决策过程的观点，正是他们对康德形而上学觉得反感之处。在《康德式建构主义》一文中，罗尔斯试图将其康德主义与理性直觉主义进行对比，以便更仔细地界定其康德主义的范围。最重要的变化在于明确强调实践理性而不是理论理性：道德原则与其说是理性**选择**的产物，不如说是道德**慎思**和道德**判断**的对象。与此同时，《康德式建构主义》标志着罗尔斯走向实用主义：罗尔斯承认自己受到了约翰·杜威的影响，而杜威接着又受惠于黑格尔对道德提出的一种解释，即作为伦理生活（*Sittlichkeit*）的道德是社会本身固有

23

㉔ Rawls, *A Theory of Justice*, 255—257. 强调系笔者所加。

㉕ 例如，参见 Onora O'Neill, 'Kantian Ethics and Kant's Ethics' in *Bounds of Justice*（Cambridge University Press, 2000）；亦可参见 O'Neill, 'Idealisation in Ethics' in *Constructions of Reason*（Cambridge University Press, 1989），206—218.

的。罗尔斯的杜威讲座尽管明确地对实践推理采取了一种康德式的关注,但它们也因此标志着罗尔斯甚至放弃了对经过修改的本体立场的提及。

在《康德式建构主义》中,罗尔斯认为理性直觉主义的特征就在于它承诺了两个主要论点。按照第一个论点,"正当与善的基本道德概念不能用非道德概念来分析"。[26] 按照第二个论点,"道德的第一原则,在正确地表述时,就是关于正当与善的自明命题"。[27] 这两个论点表达了对形而上学的这样一种总结性构想:形而上学是对理性直观地把握到的真实观念秩序的具体化。第一个论点设定了超验道德真理的存在,第二个论点规定了我们理性地认识它们的方式。按照理性直觉主义:

> 在判断上达成的一致,建立在认识到关于可靠理由的自明真理的基础上。这些理由是什么,是由一种道德秩序来决定的,这种秩序先于和独立于我们对人以及道德的社会作用的构想,是事物的本性所给予的,并且不是通过感觉得知的,而是通过理性直观得知的。[28]

相比之下,康德式建构主义并没有将正当和善的观念看成是不依赖对人的某种构想就可以知道的先验真理。康德式建构主义采取了一种"对人的相对复杂的构想"。[29] 它从自己对人的构想以及对良序社会的某种构想中推出正当和善的原则。康德式建构主义并没有诉诸一个真实观念的超感性世界,而是从社会中潜在的价值和信念出发,并将它们整合成一个可以分享的正义观念。最重要的是,康德式建构主义并

24

㉖ Rawls, 'Kantian Constructivism', 557.

㉗ 同上。

㉘ 同上。

㉙ 同上, 560。

不声称对道德真理具有知识。它接受"对道德慎思进行约束的不可避免的限制",并满足于"可接受和可行的正义原则",[30]而不是超验真理。虽然理性直觉主义和康德式建构主义之间的对比是明显的和刻意的,但康德式建构主义和康德伦理学之间的差别,或者说康德伦理学和理性直觉主义之间的差别,仍然没有那么截然分明。一方面,罗尔斯在杜威讲座中对康德伦理学的解读更加细致入微,他对康德伦理学的理解比在《正义论》中更深入、更明确。对实践理性的首要地位的新强调以及对人类局限性的提及,都代表着向康德的迈进。罗尔斯也承认,康德的道德原则的先验性不在于对超验领域的诉求,而在于康德对实践理性本身的构想。另一方面,他自己按照社会的"潜在信念和价值"对慎思过程的解释,标志着对康德的偏离:就像他之前的杜威一样,罗尔斯觉得有必要"克服许多损毁康德的先验观念论的二元论"。[31]将一种理性主义形而上学的残余继续归于康德伦理学,这种做法让后者与康德式建构主义保持距离,并与理性直觉主义保持一致。

第三,罗尔斯最新的立场对于我的论点(即他将形而上学私有化)来说具有原则性的重要性。《政治自由主义》将理性直觉主义和康德式建构主义与第三种选项(即政治建构主义)进行对比。这种进一步的调整是由第二波的社群主义批评所推动的,这一次是针对罗尔斯的自由主义的**全面性**。按照这种批评,即使罗尔斯的理论没有预设康德式形而上学,它也仍然预设了对道德人和良序社会的一种特定构想。无论个人对善的构想之间有什么表面上的差异,罗尔斯式的推理者都必须分享一个关于价值和信念的根本的全面性方案,将它作为两个正义原则达成一致的基础。罗尔斯对理性直觉主义和康德式建构主义的重组,加上他对第三种替代立场的建构,表达了他试图强调个人之间的价

---

[30]　Rawls, 'Kantian Constructivism', 561.

[31]　同上,516。

值多元主义的程度。这样一来，形而上学就得到了部分恢复。理性直觉主义和康德式建构主义现在都被描绘为形而上学学说，表达了对善的两种不同的可能的全面性构想。只要它们不进入公共辩论领域，它们就都是可允许的。二者都必须被限制在个人对世界的私人看法的层面。相比之下，政治建构主义拥有理论上的自主性：它并没有提供对善的一种全面构想。政治建构主义被严格地限制为在对正义的某种**政治**构想上取得道德上的一致。于是，它表达了对这样一个事实的承认：在价值多元论的情况下，个人之间的道德一致至多只能是部分的。因此，理性直觉主义**和**康德式建构主义现在**都**表达了不同的形而上学立场，而政治建构主义占据了以前为康德式建构主义所保留的非形而上学立场。

这种重组产生了两个问题。第一个问题关系到一般的形而上学的地位。罗尔斯现在认为理性直觉主义和康德式建构主义是两种不同的形而上学学说，这一事实是否意味着他扩大了自己对形而上学的一般构想？或者是否意味着，就二者都表达了形而上学学说而论，（有别于康德伦理学的）康德式建构主义与理性直觉主义有某些共同特征，从而使得二者都是形而上学的？每一个答案都会给罗尔斯带来麻烦。如果理性直觉主义和康德式建构主义最终表现为两种**不同的**形而上学理论，那么罗尔斯最初完全按照对理性直觉主义的一种批评而对形而上学提出的批评在很大程度上就会变得无效。但是，如果理性直觉主义和康德式建构主义**分享**了某些使得它们都是形而上学理论的特征，那么如此一来，在个人之间必定会达成的某种程度的信念趋同就会破坏激进的多元主义论点。

罗尔斯对形而上学的修正看法中有一些模糊性，它们在他对这三种立场的讨论中凸显出来。除了理性直觉主义现在被认为具有的四个特征外，对它的描述并没有发生太大变化。这四个特征是： 26

第一，道德上的第一原则是关于一个独立的价值秩序的真陈述。

第二，道德上的第一原则是通过理论理性来得知的。

第三，道德动机在对第一原则的理性直观中有其根据。

第四，如果道德判断既是关于独立的道德价值秩序的判断，又符合这个秩序，那么它们就是真的。[32]

这四个特征与政治建构主义的四个特征形成了对比，这些特征是：

第一，政治正义的原则是一种理性慎思程序的结果。

第二，这个程序立足于实践理性。

第三，道德慎思预设了对人的一种复杂构想。

第四，政治建构主义规定了对合情合理的东西的一种构想，而不是对真理的一种构想。[33]

这种对比是合理地清楚的——问题是：这样一来，康德式建构主义被置于何处呢？毕竟，现在被赋予政治建构主义的那四个特征，以前曾被用来描绘康德式建构主义。那么，后者与前者的区别是什么呢？有趣的是，罗尔斯现在几乎将康德式建构主义与康德伦理学等同起来："康德式建构主义是一种基于个人自主性理想的全面性的道德观。"[34] 更具体地说，"构成性的自主性是康德的先验观念论的一部分"，这是一种形而上学学说。但是，如果它是一种形而上学学说，这是否会使得康德式建构主义在根本上成为理性直觉主义的一个版本呢？这似乎就是从罗尔斯最初将形而上学与理性直觉主义等同起来的做法中得出的东

---

[32] Rawls, *Political Liberalism*, 91—92.

[33] 同上，93—94。

[34] 同上，99。

西。但现在情况不再那么明朗了。罗尔斯指出，"直觉主义者独立地给定的价值秩序是康德以先验观念论来反对的先验实在论的一部分"。在这里，我们似乎有两种可能的形而上学概念，即先验实在论和先验观念论，而这暗示了一种比那个最初的等式更广泛的对形而上学的看法。但是，罗尔斯是否将康德所说的"对立"接受为真实的呢？罗尔斯不仅没有给出一个明确答案，而且态度仍然模棱两可：康德将先验观念论"看作"是与先验实在论相对立的。如果先验实在论和先验观念论表达了形而上学思想的两种不同形式，那么他可能就不得不修改他最初对形而上学的构想和拒斥，因为对超验理性主义提出的反对意见可能并不同样适用于先验观念论。但是，如果先验观念论只不过是先验实在论的一个版本，那么价值多元主义就不可能像政治建构主义所要求的那样表达了根本的分歧。

　　如果说理性直觉主义和康德式建构主义之间的关系不再是透明的，那么康德式建构主义与政治建构主义之间的关系则更加模糊。如前所述，政治建构主义在理论上的自主性是为了确保面对激进的价值多元主义时在政治上取得共识。它旨在使个人能够就正义的政治原则达成一致，尽管深刻的宗教分歧和形而上学分歧在他们之间持续存在。问题在于，政治建构主义既大于全面性学说，又小于全面性学说。政治建构主义比任何个别的形而上学学说都要大，因为它对任何形而上学学说所声称的真理的内容持不可知论的态度。如果一个理性直觉主义者声称，公平正义观的两个原则反映了一个独立地给定的真实观念秩序，那么政治建构主义既不会否认也不会肯定这一点。[35]同样，如果一个康德主义者确认，这两个原则是对构成性的自主性的一种表达，那么政治建构主义就会保持沉默。重要的是，每一种立场都能找到一些学

---

[35]　Rawls, *Political Liberalism*, 95.

说内部的理由来承认这两个正义原则的有效性。[36]在这里，政治建构主义之所以被描述为比理性直觉主义和康德式建构主义都要大，就是因为它可以**包含**这两种立场（以及更多的立场）。

另一方面，政治建构主义也比任何个别的形而上学学说都要小。作为一种局部的政治构想，政治建构主义可以**适应于**任何（合情合理的）全面性学说。[37]它可以被吸收和合并为更广泛的宗教、道德和哲学
28 信念的体系的一部分，而这些信念构成了一个形而上学学说。因此，一方面，政治建构主义需要变得更小，因为它需要从特定的全面性学说内部得到认同。另一方面，它需要变得更大，因为它必须能够在政治上汇集大量不同的学说。政治建构主义究竟是在进行迁就，还是受到迁就？是全面性学说确认了政治建构主义的有效性，还是政治建构主义确认了全面性学说的有效性？罗尔斯的回答充满了模糊性。他承认，“在确认对正义的一种政治构想时，我们最终可能至少要维护我们自己的全面性的宗教和哲学学说的某些方面”。[38]这里的含义是，政治建构主义小于全面性学说。在政治审议中，我们**能够**不考虑宗教和哲学信念的程度终究是有限的：最终，那些理由可能是我们在捍卫我们对正义的一种政治构想的承诺时所剩下的唯一理由。但罗尔斯的最终答案事实上是相反的。政治建构主义比个别的全面性学说更大：

> 这种政治构想可以被看作一个全面性学说的一部分，**但它不**

㊱ 参见Rawls，*Political Liberalism*，126：“许多公民，如果说不是大多数公民的话，可能想给正义的政治概念一个形而上学基础，将它作为他们的全面性学说的一部分；这包括对道德判断的成真条件的一种理解。那么，让我们说，当我们谈到一个政治概念的道德真理时，我们是从我们的全面性学说的观点来评价它的。”

㊲ 同上，140：“作为良心自由的一部分，应该由公民自己来决定他们如何看待政治领域的价值与他们的全面性学说中其他价值的关系。”

㊳ 同上，152。

是该学说的非政治价值的结果。宪政民主只有在某些合理地有利的条件下才是可能的，至少在这些条件下，**这种构想的政治价值通常超过与之对立的任何其他价值。**[39]

最终，只要一个人的宗教和形而上学信念支持政治建构主义，这些信念就是合法的。如果一个人的宗教和形而上学信念超出了从政治建构主义来看可以接受的范围，那么这种信念就不是合情合理的。以政治建构主义不符合自己的宗教和形而上学信念为理由，公开表达对政治建构主义的反对是不能容忍的。罗尔斯一再提醒其读者，这条推理路线构成了公共领域与私人领域的区分的典型界限。它反映了宗教改革和政治世俗化进程对基督教的影响。这样说可能说不上很牵强：如果私有化对基督教教派起作用，那么它也应该对形而上学起作用——我们应该"将宽容原则应用于［形而上学］本身"。[40]在下一节中，我将　29表明这种期望乃是立足于对形而上学思想的一种错误理解。

四　私人信念与范畴框架

罗尔斯吩咐我们继续停留于哲学表面，并"将宽容原则应用于哲学本身"，这种做法最令人困惑的一个方面涉及政治实践和政治辩护之间的关系。宽容原则只适用于自由主义实践的层面，还是也适用于自由主义辩护的层面？[41]罗尔斯大概认为宽容应该在两个层面上都得

---

[39]　Rawls, *Political Liberalism*, 155. 强调系笔者所加。

[40]　Rawls, 'Justice as Fairness', 231.

[41]　将宽容原则应用于哲学辩护的想法引发了关于自由主义中立性的争论。参照如下论著：Charles Larmore, *Patterns of Moral Complexity*（Cambridge University Press, 1987）, chapter 3, 40—68; Thomas Nagel, 'Moral Conflict and Political Legitimacy', *Philosophy and Public Affairs*, 16（1987）, 215—240; Joseph Raz, 'Facing（转下页）

到实行。只要私人行为和信念被限制在私人领域，我们就应该在这方面彼此宽容，即使我们不赞成其他人的私人行为和信念；而且，在思考用于公正的社会秩序的正义原则时，我们也应该抛开有争议的哲学分歧。后一个要求使我们很难看到职业形而上学家如何在罗尔斯的宪政民主中贯彻落实其使命。人们会期望职业形而上学家在法律的范围内讨论、捍卫和宣扬他们相互冲突的形而上学体系，并将彼此的观点作为一种良好的自由主义实践并加以宽容。但是，在涉及政治正当性和合法性问题时，人们能指望他们保持沉默，或者只是私下感到不安吗？[42] 形而上学思想就到此为止了吗？如果一个宗教教派的创始人自己就主张把属于恺撒的东西和属于上帝的东西分开，那么，期待宗教信仰私有化或许不是不合理的。同样的想法也适用于形而上学思想这一期望，则是预设了如下观点：形而上学就类似于（基督教）宗教信仰。在把形而上学描述为对一个真实观念的超感性世界的具体化的做法中，这种观点得到了充分支持，对那些观念的理性直观被认为类似于宗教启示。[43]

30

但是，这种观点并不是特别有启发性。正是形而上学的批评者，而不是形而上学的实践者，倾向于接受对形而上学真理的这样一种无差别的构想。在作为一门哲学推理学科的形而上学中，形而上学真理

（接上页）Diversity: The Case of Epistemic Abstinence', *Philosophy and Public Affairs*, 19（1990），3—46；Brian Barry, *Justice as Impartiality*（Oxford University Press, 1995），chapter 7, 160—190。

[42] 汉普顿在如下文章中提出了类似的异议：Jean Hampton, 'Political Philosophy without Metaphysics?', 809—812。

[43] 参见 Barry, *Justice as Impartiality*, 169："自然法思想传统的核心观念是，自然法的内容原则上是人类理性可以认识到的。（这只是一个奇怪的巧合：觉得这个想法有道理的人恰好是罗马天主教徒。）"赫费批评了将形而上学思想与宗教信念等同的做法：Otfried Höffe, *Kategorische Rechtsprinzipien*（Frankfurt, Suhrkamp, 1994），90—100。

的可能性和地位备受争议。[44]虽然对"绝对之物"、"存在之为存在"或"各个理念的理念"的提及都能唤起形而上学真理的理想,但把这条道路比作信仰的飞跃是具有误导性的。对形而上学真理的承诺不同于宗教信仰,因为这种承诺往往是暂时的。当然,宗教信徒也会产生怀疑,这可能会促使他们改变自己的信仰,甚至导致他们完全失去信仰。然而,这种怀疑并不是有意的:在信仰上产生飞跃就是做出超越理性的承诺。当怀疑出现时,信徒就会遭受信仰危机。对形而上学真理的承诺恰恰**不是**超越理性的承诺。[45]形而上学思想仍然受到一些标准的约束,例如理性一致性标准和公共可理解性标准。这意味着形而上学的方法本质上是公共的:对形而上学真理的承诺是暂时的,因为它仍然对公共辩论和批评开放。[46]

　　不仅仅是形而上学推理的方法和标准使它成为一项公共事业。就像 T. L. S. 斯普里格所指出的那样,形而上学家相信"如下问题会对世界的特征产生很大影响,即哪个形而上学体系[因为]倾向于期望一个形而上学理论与人类利益问题有关而是真的"。[47]一个形而上学体系的

---

　　[44]　例如,参见如下著作中对实在论者和唯名论者之间目前的争论的概述:Michael Loux, *Metaphysics: A Contemporary Introduction*(London, Routledge, 1998)。亦可参见 Reinhardt Grossmann, *The Existence of the World*(London, Routledge, 1992)。

　　[45]　罗尔斯在不加论证的情况下就提出如下说法,他太粗心大意了,*Political Liberalism*, 153:"对许多人来说,真理,或者在宗教或形而上学中具有充分根据的东西,超越了合情合理的东西。"

　　[46]　在形而上学中,特别是自康德以来,什么构成了推理的适当标准的问题就变成了一个有争议的问题。例如,参见如下论著:W. H. Walsh, *Metaphysics*(New York, Harbinger Books, 1963); Rüdiger Bubner, 'Metaphysik und Erfahrung' in *Antike Themen und Ihre Verwandlung*(Frankfurt, Suhrkamp, 1992), 134—150; Dieter Henrich and Rolf-Peter Horstmann, eds., *Metaphysik nach Kant?*(Stuttgart, Klett, 1987); Kenneth Baynes, James Bohman, and Thomas McCarthy, eds., *After Philosophy: End or Transformation?*(Chicago: MIT Press, 1987), Part II.

　　[47]　T. L. S. Sprigge, 'Has Speculative Metaphysics a Future?', *The Monist*, 81(1998), 525.

31 实质性承诺构成了形而上学中的问题不同于宗教信仰危机的第二个原因。这种承诺不是源于内省怀疑，而是源于哲学推理中的缺陷，这些缺陷具有一定的重要性，并且被认为对相关研究领域产生了影响，例如科学、道德和宗教。形而上学思想中的危机不只是影响了个别形而上学家的精神福祉，而且被认为还涉及"整个人类"的利益。

到目前为止，我已经说过，模仿宗教信仰来理解形而上学思想是诱人的，但却是错误的。对一个形而上学体系的承诺不是一件私事。形而上学，作为一门哲学反思学科，受到理性一致性标准、公共可理解性要求以及公共批评要求的制约。其次，既然形而上学思想对人类普遍利益问题具有规范性关注，那么，它不仅面向学识渊博的形而上学同行，而且也（即便不是那么直接地）面向广大公众。在这两个方面，我们都不能指望形而上学将自己限制到个人的私人关切的领域。在本节的剩余部分，我想更鲜明地界定形而上学的概念，将它看作一门对公共经验世界进行哲学反思的学科。在这里我依赖的是斯蒂芬·柯尔纳的范畴框架概念。

柯尔纳的论述之所以具有康德式特征，是因为他将人类描述为认知体验主体。按照这个观点，人类对世界的经历是以概念为中介的——他们对对象的体验取决于他们将对象概念化为对象的能力。[48]

---

[48] 康德的形而上学有时被描述为概念主义的一个版本，特别是在分析哲学界。概念论与传统形而上学的不同之处在于，它更接近认识论而不是本体论。卢克斯（Loux, *Metaphysics*, 9）对康德形而上学和传统形而上学之间的差别提出了这样的描述：前者是"对人类思想结构的探索"，而后者是"对思想所涉及的世界的结构的探索"。这表明，传统形而上学构成了一种更客观或更面向对象的形而上学思想。从某种程度上说，这可能是正确的：概念主义往往与关于根本上不同的概念图式的可能性的主张相联系。批评者指责这些主张忽视了我们思考世界的方式和世界独立于我们的思想而存在的方式之间的区别。然而，尽管康德的"哥白尼转向"可能为如此理解的概念主义打开了大门，但其根源在于后康德的绝对观念论，而不是康德的先验观念论。不管康德的"物自体"概念会碰到什么困难，他对这些困难的承诺表明，那个独立于我们的思想的世界在（转下页）

因此，对柯尔纳来说，我们接触经验实在的方式是认知的，需要对可感 32
经验的或许是离散的实例进行认知排序和分层："一个人之所以能够
组织他关于公共世界的信念，是因为他接受了一个逻辑上或非逻辑上
'必要的'最高原则的系统，这个系统或多或少是确定的，而这种组织就
构成了他的'范畴框架'。"[49] 更具体地说，主体对经验性经验（empirical
experience）的认知排序包括：

> 将［一个人的］经验区分为殊相和属性；对他用来将属性赋
> 予殊相或拒绝将属性赋予殊相的判断进行演绎组织；一种将主体
> 间性赋予主观上被给予的东西的方法；将主体间的殊相分类为最

（接上页）康德形而上学中并没有被忽略。被给予感官的世界"就其本身而言"可能是
不可知的，但它的确对人类思想的结构施加了先验约束。同样，我们不应将柯尔纳的范
畴框架概念与概念图式混为一谈。柯尔纳确实避免诉诸先验约束，他确实赞同一种适
度的形而上学相对主义，而这种相对主义承认有可能存在着不同的范畴框架。然而，柯
尔纳的探讨预设了一个由既定的对象组成的独立于心灵的世界，尽管这个世界的结构
可能会有不同的解释。此外，他的形而上学相对主义受到了他的一个主张的限制，即所
有范畴框架"作为一个经验事实问题"都分享了某些形式上的和实质性的特征（Körner,
Metaphysics, 45—47）。我之所以提到这一点，是因为：在分析康德的法权学说时，独立
于心灵的自然约束这一概念非常重要。康德的形而上学不应与概念主义相混淆，也不应
将范畴框架与概念图式混为一谈，至少因为与后者相比，前者确实维护心灵与世界的区
别，尽管它们对两者之间的关系持有不同的解释。再一次，与柯尔纳相比，康德不是一个
关于不同的可能范畴框架的相对主义者，他认为其先验观念论是我们所能得到的唯一可
辩护的哲学学说。关于对根本上不同的概念图式这一概念的批评，见 Donald Davidson,
'On the Very Idea of a Conceptual Scheme' in *Essays on Truth and Interpretation*（Oxford,
Clarendon Press, 1984）, 183—198。亦可参见他在同书中的 'The Method of Truth in
Metaphysics', 199—213。对这个概念的捍卫，参见 Michael Forster, 'On the Very Idea
of Denying the Existence of Radically Different Conceptual Schemes', *Inquiry*, 41（1998）,
133—186。斯特劳森概述了康德对当代形而上学的影响：P. F. Strawson, 'Kant's New
Foundations of Metaphysics' in Henrich and Horstmann, eds., *Metaphysik nach Kant?*

[49]　Körner, *Metaphysics*, 2.

大种属；将信念归类或分层为具有不同认知强度的种类。[50]

柯尔纳对一个人的范畴框架的阐述有明显的认识论倾向，反映了我在这里无法讨论的关于认知经验条件的特定假设。然而，在目前的语境中，柯尔纳所阐明的范畴框架的四个基本特征是有用的：

第一，一个人的形而上学来自他对世界的认知经验。

33　第二，一个人的范畴框架指称其经验的**公共**世界。

第三，一个范畴框架必须证明主体间有效性（或者证明对这种有效性的合理要求）。

第四，一个范畴框架构成了对一个人理论上和实践上的最高原则的组织。

第一个特征表达了反思性的经验关联的要求。柯尔纳不仅假设人类是认知经验主体，而且假设他们也意识到自己是这样的主体。范畴框架构成了一个人对自己所认为的经验结构的反思性重建。从这个意义上说，一个人对范畴框架的表述**来自**经验。在一种不同的、不过是互补的意义上说，范畴框架阐明了经验**的**必要条件。只有因为自己拥有这样一个框架，认知经验主体才能以一种他们所能理解的方式获得对世界的接触。在他们对世界的特定经验的基础上，认知经验主体因此回顾性地重建他们看作一般经验的必要结构的东西。

第二，对公共经验世界的指涉表达了客观性的一个要求。这种指涉预设了主体明确地认识到他们不同于作为其经验对象的世界。范畴框架旨在确定一个可以公共地访问的世界的总体结构，而不是主体的私人经验的想象世界。作为经验对象的世界必须被认为不同于经验

主体。

第三，与此相关的是对主体间有效性的要求，这种有效性要求一个人提出的范畴框架是可以与他人进行交流的。如果一个范畴框架声称要鉴定出主体对公共世界的经验的一般结构，那么它就不能简单地等同于一个人对这个世界的私人信念。一个人的范畴框架必须可以传达给其他人，他们原则上必须要能够理解以这个范畴框架的名义提出的主张。同理，范畴框架必须能够产生普遍同意。一个人仅仅**声称**其提出的范畴框架具有主体间有效性是不够的；他们必须能够证明这个主张是有根据的。如果一个范畴框架不能被相关的其他人理解，那么它就不能合理地主张它具有主体间有效性。

最后，第四个特征表达了内部连贯性和一致性要求。尽管经验上的相关性要求构成了罗尔斯对理性直觉主义的一个描述（即理性直觉主义对于经验性经验的超越）的最明显的对应，但柯尔纳强调理论理性和实践理性的互补特征，而这个强调与罗尔斯的一个假设（即它们是相互排斥的）形成了重要对比。罗尔斯将理性直觉主义对理论理性的关注与政治建构主义对实践理性的强调进行了**对比**，[51]而柯尔纳的阐述明确要求一个人在理论上的最高原则符合他在实践上的最高原则：一个人关于世界的结构的理论信念约束了他对可能的能动性所持有的实践信念。一个人视为经验实在的结构的东西会影响他对人类能动性的约束的判断。罗尔斯的建构主义认为，对理论理性的论述与政治哲学的实践问题无关，与此相比，柯尔纳对范畴框架的概述则认为，对理论理性的论述对于理解实践理性来说是不可缺少的。这个区别在后续章节中将会非常重要。

总之，按照范畴框架来理解的形而上学思想，构成了一个人对可以

34

---

[51]　参见罗尔斯对客观性的评论，*Political Liberalism*，116—125，在这里他暗示说，政治建构主义，作为一个实践理性理论，完全可以不考虑对理论理性的一种论述。

公共地认识的世界的认知经验的反思性重建,范畴框架旨在鉴定和阐明这样一个世界的主体间有效的结构,以指导思想和行动。问题是,这里所勾画的范畴框架概念是否足以阐明形而上学思想的特征。

五　内在形而上学与超验形而上学

　　批评者可能不同意对一个人的范畴框架的以上概述构成了对形而上学思想的一种充分描绘。柯尔纳和罗尔斯各自的论述有一个主要区别:柯尔纳根本上回避了对超验视角的提及,而罗尔斯则将对这种视角的诉求视为形而上学的一个规定性特征。实际上,柯尔纳明确指出,一个人的范畴框架定义了其**内在**形而上学。[52]因此,批评者可能会抱怨说,将形而上学理解为范畴框架思想无异于一种"回避策略"。说范畴框架表达了一个人对其认知上和实践上的最高原则的组织,并没有说出形而上学特有的任何东西。如此理解的范畴框架只是简单地**描述**了一个人偏爱的认识论与它所蕴含的道德理论之间的关系。这几乎说不上是一个形而上学学说。一个形而上学学说不只是满足于描述认知结构和道德原则之间的关系。它通常会对这种关系的本质提出实质性主张。

　　诚然,形而上学的目的不只是描述一个人在理论上和实践上的最高原则,因为它也关系到对这两种视角的整合。对整合的这种追求在一定程度上是规范性的。[53]它是由形而上学家的这样一个信念来塑造的:他们的学科与一般的人类利益问题有关。在柯尔纳的论述中,那个信念在如下假设中得到了表达:认知经验主体承诺了这两个视角,因为

---

[52]　Körner, *Metaphysics*, 2.

[53]　关于一种对比性观点,参见斯特劳森对"描述性形而上学"和"修正性形而上学"的区分: P. F. Strawson, *Individuals* (London, Routledge, 1959), 9—12。

他们需要这两个视角，以便通过公共经验的世界来进行协商。然而，这种规范承诺不需要被表达为外在于形而上学的研究过程本身的实质性主张。尽管寻求整合暴露了一个超越对经验结构的单纯描述的规范承诺，但这个承诺是在对那个结构的寻求和鉴定中表达出来的：它无须被认为是叠加在那个结构之上的。

但是，即便承认一个范畴框架的规范性**就在于**其结构，批评者也可以反驳说，关于它的一般有效性的主张超越了那个结构。声称一个范畴框架对每个人都有效，这必定是从那个框架之外提出的主张。它预设了某个额外的有利立场来肯定其一般有效性。这就是为什么相对于形而上学学说来谈论单纯的**主体间**有效性是具有误导性的。主体间有效性通常被认为指的是得到一致同意的辩护，其中一个特定原则或命题的有效性取决于每个人都承认它是有效的。但是，形而上学学说通常声称普遍有效性，而不管主体是否同意。对"不管每个人实际上是否同意，对所有人都有效"的这种解释，实际上相当于一种客观有效性主张，即"先验为真"或者"独立于主体对其真实性的同意而为真"。因此，即使一个人承认一个拟定的范畴框架的规范性是内在于其结构的，但以其名义提出的客观有效性主张是外在于那个结构的，而且闯入了超验的领域。

诸如此类的异议让人们怀疑，内在形而上学和超验形而上学之间的传统区别是否能够得到维护，或者内在性是否会不可避免地转变为超越性。这个问题并非不重要，因为形而上学思想的当代捍卫者经常将其捍卫建立在这种区别之上。他们和批评者一样，认为一种超验形而上学对真实观念领域的具体化是站不住脚的；然而，他们论证说，对人类经验的结构的内在形而上学反思仍然是一种合法的人类关注。当柏拉图的超验形而上学受到广泛否定时，亚里士多德式的内在形而上学却经常得到捍卫，因为它没有冒险超越经验性经验的领域。在这一点上，我应该明确指出，柯尔纳自己并没有将内在视角和超验视角看作

36

形而上学思想的可供取舍的方式。他的探讨之所以让人们很感兴趣，很大程度上在于他提出的一个论点，即**每一个**形而上学体系都包括一个内在视角和一个超验视角。因此，柯尔纳会同意，对一个人的内在形而上学的阐述只是故事的一半：任何持有一种内在形而上学的人都因此会承诺一种超验形而上学。㉗在下一节中，我将回到柯尔纳对内在性和超越性之间关系的看法。在这里，我想考虑一下迪特尔·亨利希和于尔根·哈贝马斯最近在这个问题上展开的一场辩论的各个方面，尽管只是间接地。㉘我的目的是要表明，超验视角对形而上学思想来说是
37 不可或缺的。

　　我在本章一开始就提到，作为我所说的批判性自由主义的主要支持者，哈贝马斯对形而上学的拒斥预设了他的如下观点：现代性是一个独特的历史和哲学纪元。在哈贝马斯看来，现代性在历史上的起点有些不清楚——事实上，对现代性的历史界定和哲学界定本身就是亨利希和哈贝马斯之间争论的焦点。对亨利希来说，德国观念论的意识哲学标志着现代性的哲学开端，而哈贝马斯则认为，摆脱对"主体"的哲学关注是实现现代性的一个必要的先决条件。按照哈贝马斯的说法，这需要一种哲学范式的转变，以便为一种特别属于后形而上学的哲学思想铺平道路。因此，就"现代性的计划"而论，意识哲学的地位就构成了他们之间交流的焦点。㉙我之所以会触及这个争论，只是因为它与内在性和超越性的区别的地位有关，而这是在目前的语境中我们最关注的东西。

㉔ Körner, *Metaphysics*, chapters 10—12, 114—148.

㉕ Henrich, 'Zwölf Thesen'; and Habermas, *Nachmetaphysisches Denken*.

㉖ 参见 Peter Dews, 'Modernity, Self-Consciousness and the Scope of Philosophy: Jürgen Habermas and Dieter Henrich in Debate' in *The Limits of Disenchantment*（London, Verso, 1996), 169—193。

在《形而上学与现代性：反对哈贝马斯的十二个论点》中，[57]亨利
希对其对手提出了两个主要抱怨。第一个是历史-哲学的抱怨，认为哈
贝马斯抛弃了意识哲学而转向语言分析哲学，因此背叛了"现代性未完
成的计划"。[58]第二个异议集中在亨利希对哈贝马斯的做法的更为普遍
的不安，即哈贝马斯将形而上学作为一种过时的东西而加以拒斥。在
哈贝马斯对哲学范式转变的呼吁中，亨利希发现了一种"新自然主义"
的出现，这种自然主义有可能会将亨利希认为现代性特有的形而上学
问题打入冷宫。尽管如此，亨利希还是小心翼翼地捍卫一种关于现代
性的形而上学。亨利希坚持认为现代形而上学不需要依靠一个超感性
世界的具体化，因此他就通过诉诸*Abschlußgedanken*这个概念来定义形
而上学思想，这个概念指的是在自我与世界之间的关系问题上"解决最
终辩论的想法"。现代形而上学的核心概念是"自由"、"生命"和"精
神"。对康德、亚里士多德和黑格尔的这种不同寻常的组合将着重点坚
定地置于内在形而上学反思上。亨利希赞同康德的观点，即形而上学
起源于人类理性，但他热衷于将形而上学与对理性的训练的一种**哲学**
构想分离开来。[59]他的论述是沉思性的，而不是批判性的："形而上学是
在每个人的自发思想中形成的，早在它最终以理论的语言来表述之前

38

---

⑤ 亨利希讨论哈贝马斯的这篇文章最近已由彼得·迪尤斯翻译出版，载于Peter
Dews, ed., *Habermas: A Critical Reader* (Oxford, Basil Blackwell, 1999)。我很感谢彼
得·迪尤斯允许我在引用中使用他的译文。相关页码指的是德文版中原来的页码。

⑤ 亦可参见 Dieter Henrich, 'The Origins of the Theory of the Subject' in Axel
Honneth, ed., *Philosophical Interventions in the Unfinished Project of Modernity* (Cambridge,
MA, MIT Press, 1992); Dieter Henrich, 'Die Grundstruktur der Modernen Philosophie' in
Selbstverhältnisse (Stuttgart, Reclam, 1982)。

⑤ 关于"理性的训练"，见*CPR*, A707—794/B735—822。对相关段落的一个特
别有启发性的讨论，参见Onora O'Neill, 'Vindicating Reason' in Paul Guyer, ed., *The
Cambridge Companion to Kant* (Cambridge University Press, 1992), 280—308。

就形成了。"[60]他也不赞同康德的观点，即人类理性"给自己提出了**它无法回答**的问题"。[61]对亨利希来说，形而上学反思的目的——自我与世界的和解——是众所周知的。然而，回应这个目的的见识可能无法用具有明确命题内容的陈述的形式来表达，但就其本质而论可能更类似于精神洞察。

尽管形而上学的来源是康德式的，但其任务是黑格尔式的。形而上学让主体去思考鲜活的经验："任何反思的人都已经明白，他不只是生活在一个世界里，他不能与这个世界无缝融合。"[62]主体对世界的疏离在他们作为主体的自我意识中有其根源，而这种疏离只能通过对产生疏离经验的意识条件进行内省反思来克服。对这些条件的自我反思的理解导致了经过增强的自我理解。这接着又导致了主体与经验世界的和解。随着主体将其自身理解为世界的不可分割的一部分，自我和世界之间那种感觉到的鸿沟就在这种经过扩展的理解中消失了。现代形而上学的任务是"发展最根本的，因而是调和性的观念[原文如此]，在这些观念中，有意识的生命最终能够认识自己"。[63]

当亨利希转而评估哈贝马斯对现代性的非形而上学探讨的相对缺陷时，他最重要的指控大概可以被称为对形而上学紧缩的指控。其目标是哈贝马斯的话语理论进路的"新自然主义"。如前所述，哈贝马斯的后形而上学范式转变将一种从自然科学中得来的程序主义合理性概念，与语言学和语言分析哲学的各个方面结合起来。然而，在亨利希看来，哈贝马斯的交往行为理论将复杂的哲学问题还原为这样一个问题：通过一种受规则制约的交际规则（*Sprachverständigung*）来寻求主体间的澄清。这种探讨通过事先确定辩论条件，原则上假设一切有意义的

---

[60]　Henrich, 'Zwölf Thesen', 14.

[61]　*CPR*, Avii. 强调系笔者所加。

[62]　Henrich, 'Zwölf Thesen', 19.

[63]　同上, 26。

问题都是可以回答的。它否认对那些本质上不允许有一个明确（即很容易公开验证的）答案的问题进行哲学反思是合法的。哈贝马斯"拒绝在哲学上进行思考"，[64]也就是说，拒绝赋予哲学反思一种既不同于科学话语又不同于日常话语的地位，而这种拒绝导致了对人类经验和自我理解的不可还原的精神维度的贫乏理解。

　　值得指出的是，亨利希不是在倡导形而上学的私有化。尽管亨利希有内省主义倾向，但他认为形而上学反思的任务本质上是公共的。这个想法并不是说，我们当中那些有这种冲动的人应该自由地沉迷于对自我的探索：逐渐理解主体性的本质是现代性的历史、哲学和政治任务。与罗尔斯相反，亨利希并不寻求在政治讨论中搁置有争议的形而上学问题：他认为这些问题应该被移到舞台中央。哈贝马斯意识到了这一点，因此担心亨利希的提议的"政治含义"。[65]哈贝马斯担忧的是隐含在亨利希对反思性终止的寻求中的那种寂静主义（quietism）。在哈贝马斯看来，那种在自我和世界之间渴望取得的和解意味着一种丧失，即丧失了一种用来看待与自我截然不同的世界的批判性视角。在目前的语境中，值得关注的是哈贝马斯面对亨利希的寂静主义对一种批判性视角的捍卫。至少按照一种可能的解释，这种捍卫相当于面对内在终止来支持一种超验视角。

　　我应该指出，哈贝马斯会对这样一个建议犹豫不决。下面我是在 40 解释而不是代表他的立场。然而，以所建议的方式来解释他对亨利希的回答并非不合理。这有两个相关的缘由。首先，哈贝马斯反对形而上学的一般论证，完全没有与亨利希对现代性的形而上学的具体构想相结合。其次，当哈贝马斯直接面对亨利希的论述时，他的反对暴露了一种柏拉图式的特征，即强调哲学批判而非沉思性的反思，而这可以说

64　Henrich, 'Zwölf Thesen', 40.

65　Habermas, *Nachmetaphysisches Denken*, 20.

与他公开宣称的后形而上学立场相冲突。回到第一点，哈贝马斯对形而上学的一般构想并非不同于罗尔斯的构想，尽管历史参考点有所不同。哈贝马斯将形而上学设想为一种粗糙的柏拉图主义，这种柏拉图主义涉及将真实观念的超验领域具体化："不考虑亚里士多德式的思想路线，我将'形而上学'定义为一种从柏拉图、笛卡尔、斯宾诺莎延伸到康德、费希特、谢林和黑格尔的哲学观念论。"[66]哲学观念论是按照如下三个超历史范畴来描绘的：

第一，"同一性思维"，它宣称看似不同的经验现象可以还原为某个单一的抽象观念，例如"存在之为存在"，从而将哲学真理还原为"太一"（the unity of one）。

第二，"观念论"，它将那个单一的观念转变为所存在的一切的来源，从而使"世界的真实本质是概念性的"。

第三，"一种强的理论概念"，它将沉思的生活置于积极的生活之上，"要求摒弃对世界的自然态度，以换取理论与非凡的东西相接触的希望"。[67]

就像罗尔斯对理性直觉主义的阐述一样，对形而上学的这种一般构想是为拒绝形而上学量身定制的。事实上，哈贝马斯否定形而上学的理由与罗尔斯给出的理由在很大程度上重叠，尽管侧重点有所不同。[68]在这里，特别相关的是，对形而上学的这种描绘和哈贝马斯提出

41

---

[66] Habermas, *Nachmetaphysisches Denken*, 35.

[67] 同上，36—40。

[68] 罗尔斯强调，理性直觉主义更强调理论理性而非实践理性，而哈贝马斯则指责形而上学犯了"精英主义"错误，因为它声称自己有"通往真理的特殊途径"。而且，当罗尔斯倾向于将形而上学与宗教信仰混为一谈时，哈贝马斯将它看作一种过时的哲学思想方式。一个更系统的差异在于：哈贝马斯坚持认为我们需要一种范式转变，要求个人对后形而上学思想有一种共同承诺，与此相比，罗尔斯则对私人持有的"形而上学信念"表示宽容。

来反对形而上学的考虑，甚至没有触及亨利希的内在形而上学。通过忽视"亚里士多德式的思想路线"，哈贝马斯忽视了这样一个事实：亨利希之所以发展那种内在的亚里士多德式选项，恰好是因为他旨在避免哈贝马斯对超验形而上学提出的标准指控。因此，哈贝马斯对超验形而上学的普遍反对无助于评估他对亨利希的反思性终止的形而上学的疑虑。在哈贝马斯面对亨利希对自然主义还原论的指责来捍卫自己的尝试中，这些疑虑明显可见。尽管亨利希的指责带有挑起论战的口吻，但当他在哈贝马斯的话语伦理学中识别出自然主义的要素时，他并非完全错误。他同样正确地指出，哈贝马斯的一些核心概念，例如"生活世界"的概念，存在深刻的模糊性。哈贝马斯将生活世界描述为"作为始终存在的常识领域而被我们直观地、不成问题地遇到的非客观化、非理论化的统一体"，[69]这种描述说不上是一个顽固的自然主义者的语言。亨利希在这种说法中找到了对自己论点的支持，即哲学思想不可避免地具有形而上学维度。然而，在挖掘出这些哈贝马斯式的说法时，亨利希充其量只是部分地得到了辩护。即使对生活世界的描述与规范承诺相呼应，甚至可能与形而上学承诺相呼应（而这些承诺与哈贝马斯赋予哲学思想的那种明确地有节制的功能格格不入），但这些描述中所隐含的形而上学看法并不是沉思性的。相反，正是哈贝马斯的规范取向的普遍主义承诺最终助长了他对亨利希的内在反思的抵制。亨利希的政治静寂主义建立在他对自我与世界的和解的追求之上。至少按照一种可能的解读，这种和解要求自我将一个超越精神意义的主体赋予世界，以此来适应世界存在的方式。逐渐理解自己在世界上的位置，就是默认世界存在的方式。哈贝马斯认为，这种对**精神**和解的要求（和保证）在政治上是不可接受的。

尽管哈贝马斯对亨利希关于沉思性的反思形而上学提出的异议首

---

⑥⑨　Habermas, *Nachmetaphysisches Denken*, 46.

42　先是规范性的，但它们也因此调动了他自己的形而上学冲动。面对亨利希的内在论挑战，哈贝马斯几乎放弃了他一贯的告诫，即哲学必须放弃其作为第一哲学的角色，必须让位于科学，必须采用程序主义和可错性的科学推理标准。当受到追问时，哈贝马斯热情地捍卫他所认为的哲学思想的批判性功能：当哲学探究"固执地坚持它与具有普遍意义的问题的交锋"时，它就"处于最佳状态"，[70]而这些问题超越了自然科学的能力，并抵制反思性终止的压力。这种顽固的、规范的和普遍主义的坚持，与哈贝马斯信仰科学的自然主义冲动相抵触，**并且**表达了他对内在形而上学思想的拒斥。哈贝马斯不是没有在其后形而上学思想中意识到这种张力：

> 哲学继续保持它与前理论知识的联系，以及与生活世界背后的非客观化的意义总体的联系。哲学思想由此超越了科学方法论的界限，因此能够批判性地审视自然科学的论断。与形而上学能够获得"终极真理"的主张相反，这种哲学反思试图阐明科学理论在前科学实践中所获得的感官基础（*Sinnesfundamente*）。[71]

　　诸如此类的说法只会适得其反。对于哲学获得前理论知识的"特殊途径"的暗示，以及哲学能够"超越"科学的界限的说法，都倾向于支持一种超验视角。与此同时，对"终极真理"的拒斥，以及随之而来的对知识的"感官基础"的诉求，则强烈地否定了这种超验倾向。尽管如此，在不考虑哈贝马斯自己的矛盾心态的情况下，这两位思想家之间的交流对内在性和超越性这两种从事形而上学研究的不同方式之间的公认区别提出了质疑。之所以如此，不只是因为人们对许多内在观点

---

[70]　Habermas, *Nachmetaphysisches Denken*, 46.
[71]　同上, 57。

所隐含的静寂主义感到不舒服，因为人们也可能不会感到不舒服。这种质疑表达了一个更普遍的观点：如果一个形而上学体系对一般的可理解性的主张必须建立在经验的基础上，那么可理解性也要求这些主张在某种意义上超越经验。甚至形而上学反思的目的就在于调和自我与世界的主张，也会让人们超越内在视角。这个主张断言了一些关于内在视角的所谓目的的东西，而这些东西是那个视角本身无法断言的。关于内在反思的基础和目的的问题让人们超越了这种视角，进入了形而上学思想的更高层次。这个更高的层次就是超验视角。问题是，它对超验视角的不可避免的承诺是否会使形而上学在政治思想中变得不合法（或者至少变得不合适）。

43

六　重塑内在性与超越性

我已经说过，对一种拟定的内在形而上学或范畴框架的普遍有效性的承诺，意味着对一种超验形而上学的承诺。关于范畴框架的有效性和目的的主张必须从该框架之外提出，需要一种超越内在性的视角。柯尔纳对内在性与超越性的关系采取了类似看法，因为他也认为每一个内在视角都带有隐含的超验承诺。然而，对于什么可以被合法地包含在超验形而上学的视角中，他持有更为宽容的看法。在柯尔纳看来，"内在哲学指的是对制约自己和他人的信念的最高原则的探究，而这些信念关系到由主体间地加以解释的经验构成的世界"。[72]超验哲学"指的是这样一种意图，即尝试**把握这个实在的本质**，并回答那些在没有这种把握的情况下就无法回答的问题"。[73]一个人的超验哲学千万不要与其内在哲学**不一致**："只要一个哲学家认为，他对超验实在的洞察在逻

---

[72]　Körner, *Metaphysics*, 48. 强调系笔者所加。

[73]　同上。强调系笔者所加。

辑上意味着，他或者任何人对其主体间经验的世界所持有的信念在逻辑上是不一致的，那他就是在自相矛盾或欺骗自己。"[74]然而，一个人的超验形而上学可以**独立于**其内在形而上学：它可以属于"在命题判断中无法表达的宗教经验或神秘体验"。[75]

44 柯尔纳认为宗教经验和神秘体验确实有资格成为**形而上学**信念，在我看来，这个观点太包容了。如果超验视角要为以某个内在形而上学的名义提出的主张的普遍有效性提供保证，那么它就必须受到理性一致性和主体间可理解性要求的约束。当然，从某种意义上说，柯尔纳确实正确地提出了如下主张：一个拟定的形而上学体系的超验视角是"超越认知的"，也就是说，它指的是超越主体的**认知**能力的一种形而上学洞察力。内在的形而上学思想和超验的形而上学思想之间必定存在质的区别。如果超验的形而上学思想只在于提出关于经验的结构的进一步的知识主张，那么内在与超验的区别就是虚假的。因此柯尔纳关于把握而不是认知实在的本质的说法也站不住脚："**把握**而不是认知实在的本质"这个说法表明了这样一点，即在经验的结构中被把握的东西本质上是难以捉摸的，而且这个特征不可消除。然而，承认宗教经验或神秘体验是超验的形而上学洞察力的可能候选者，因此是这种知识主张的有效性或正当性的保证，这种做法危及对主体间有效性的要求，因此在内在视角和超验视角之间造成了太大的鸿沟。即使超验的形而上学洞察力超越了**认知**，它也不应当因此就超越了主体间可得到和可批评的推理标准。在这里，科林伍德对"终极真理"和"终极预设"的区分可能是有用的。[76]与终极真理的主张相反，关于内在知识主张的终极预设的论证达不到认知的要求。但是，如果它们只是肯定了我们在

---

[74]　Körner, *Metaphysics*, 49.

[75]　同上。

[76]　参见 R. G. Collingwood, *An Essay on Metaphysics* (Oxford, 1940)。

超验形而上学反思的层次上为了让我们的知识在内在层次上具有理性担保而必须预设的东西，它们就满足了理性的要求。只要超验的主张仍然是主体间可得到和可批评的，即便它们超越了认知，它们也没有超越理性。对上帝存在的本体论证明和启示性宗教经验之间的区别，可以作为一种合乎理性的超验视角和宗教洞察力或神秘洞察力之间的区别的一个例子。理性主义形而上学家的本体论证明立足于理性论证，而这种论证通常是为了证明这样一件事情：某个东西必定是如此这般 45（例如上帝存在），假如某个其他东西要是如此这般（例如世界存在）。在提出论证时，这种理性主义的形而上学主张明确地寻求他人的理性同意和认可，从而使自己容易受到批评和指正。相比之下，圣餐会把面包变成基督的肉身这一信念，就不需要提出任何这样的论证或证明：要求证明就是错过了宗教信仰的要点。（超验）形而上学的批评者经常将本体论证明与宗教信仰的誓言混为一谈，尽管他们不应该这样做。承认信仰本身就够了：承认自己信仰上帝就是说自己相信上帝。本体论证明本身是不充分的：如果这种证明说的是某个其他东西（例如世界存在）是从对上帝的必然存在的证明中得出的（或者通过后一种证明而得到保证），那么它就使我们洞察到了一些超出这个证明本身的内容的东西——而它旨在让我们把握实在的最终的、尽管难以捉摸的本质。

　　众所周知，康德拒斥了对上帝存在的本体论证明的可能性。在他看来，这样的证明相当于非法的知识主张，涉及从上帝存在的逻辑可能性跳跃到对其实际存在的推断。既然这种推断违反了可能的人类知识的条件，它们就因为不合法而受到拒斥。用康德的术语来说，理性主义形而上学对超验形而上学持有一种"正面构想"：它对超验领域的所谓内容提出了正面的知识主张，而这是该领域无权声称的。这是不是对理性主义形而上学的一个完全公正的评价，还有待商榷。[77]在目前的语

---

⑦　参见 Karl Ameriks, 'The Critique of Metaphysics: Kant and Traditional（转下页）

境中,重要的考虑是,尽管康德拒斥了"正面构想"下的超验视角,但他承认这个视角在被理解为一个"负面观念"或者一个"限制性概念"时是合法的。[78]这种对超验视角作为一个限制性概念的认可与康德对人类有限性的处理有关。将人类构想为认知经验主体,意味着他们意识到这样一个事实:他们不得不按照自己的认知能力来合理地安排给定的经验。意识到自己是感性经验的系统化组织者,这构成了对一种认知局限性的意识,也就是说,构成了这样一种意识:我们进入感性经验世界的途径不是直接的,而是以我们特定的认知能力为中介。于是就出现了我们的范畴框架是否适当的问题。

但是,如果超验视角确实是从内在视角公认的局限性中产生的,那么前者如何在内在层面上削弱了反思性终止的倾向呢?对康德来说,只有当超验反思不再提出关于实在的终极本质的**知识**主张时,它才能做到这一点。可以说,这是他对理性主义形而上学的抱怨的实质:对超验层面上的正面真理的探求用超验终止的危险来取代内在终止的危险。相比之下,在超验视角停止提出知识主张的地方,它就充当了一种负面的、限制性的视角。超验视角表明后者的认知主张的真值条件最终仍然是暂时的和可修正的,从而限制了内在视角的自负。

七 康德《法权论》中的形而上学

以上按照范畴框架的概念对形而上学的概述仍然是探索性的和不完整的。除了捍卫形而上学在政治思想中的公共功能外,我还建议,在任何既定的形而上学体系中,我们最好是从两个互补的视角来理解内

(接上页) Ontology' in Paul Guyer, ed., *The Cambridge Companion to Kant* (Cambridge University Press, 1992), 249—279。

⑪ *CPR*, A235/260, B295/315.

在性与超越性的区别，而不是将它们看作从事形而上学研究的两种替代方式。虽然内在视角使我们能够构建我们对经验实在的经验，但超验视角也发挥了关键的作用，可以提醒我们注意到一个事实，即在内在层面上提出的真理主张总是处于暂时的、因此是可修正的状态。不可否认，只是以超验终止为代价来避免内在终止的做法是危险的。因此，当康德将超验视角看作一个单纯的负面观念或者一个限制性概念时，这种做法的重要性就在于：超验视角之所以能够对在内在层面上提出的真理主张施加关键限制，只是因为它停止提出它自身的终极真理主张。在本章结束之际，我要谈谈前面的论证如何影响以后各章对《法权论》的解释。

47

康德的内在形而上学——他的理论上和实践上的最高原则的组织和整合——是按照其先验观念论的哲学学说来系统表述的。按照这一学说，我们对被给予感官的世界的认识是以确定的认知条件为中介的。由于后者依附于经验主体而不是经验对象，我们对被给予感官的世界之所以具有知识，就是因为那个世界只能是它呈现给我们的样子，而不是它本身的样子。先验观念论是一种极具争议的哲学学说，本书将绕过它是否可以得到捍卫的问题。然而，在先验观念论的框架内，有两大主题是重要的。第一个是康德的因果关系概念；第二个是他的自由的观念。在接下来的章节中，因果关系概念表达了柯尔纳所说的康德在理论上的最高原则，而自由的观念则构成了他在实践上的最高原则。从政治能动性的角度来看，通过在经验实在的约束下为每个人的合法自由的可能性指定必要的条件，《法权论》旨在调和因果关系概念与自由的观念。

如果说经验实在的约束和对自由的主张之间的调和界定了内在视角的任务，那么超验视角则唤起了康德对人是有限的理性存在者的构想。一方面，康德将人的有限性的概念看作一个限制性概念：他对人的有限性的来源只字未提。另一方面，人的有限性并没有被描绘成一种匮乏。相反,关于人类知性的限度的论点,将关于实践理性的首要性的论点作为一个推论。虽然我们认识世界的程度可能是有限的,但这实际上增加了实践推理的范围:某些从理论角度无法回答的问题确实允许有一个实践意义上的答案。《法权论》中的法权概念就是一个很好的例子:尽管法权的"理论原则在可理解的根据中迷失了",[79]但法权问题确实有一个实践意义上的答案。因此,就内在视角和超验视角之间的关系而论,其指导思想是,在《法权论》中,因果关系和自由之间的调和只能在实践意义上得到实现,而这预设了对人类知识的有限性的承认。

48

我意识到这些结束语是简略的,但我希望它们在下一章中会变得更清晰,而下一章将在康德的自由形而上学的背景下来研究因果关系和自由之间的冲突。目前需要记住的最重要的一点是,下面各章将因果关系概念、自由的观念和人的有限性的概念看作三个主要的形而上学范畴,它们塑造了康德在《法权论》中对法权问题的探讨。

49

---

⑦⑨　*RL*, 6: 252.

第二章

自由的形而上学：
自由作为理性的一个观念

> 说世界上的一切结果**要么**来自自然，**要么**来自自由，这真的是
> 一个选言命题吗？难道我们不应该说，在同一个事件中，在不同的
> 关系中，二者都可以找到吗？
>
> ——《纯粹理性批判》，A536/B564

一 引 言

本章将对康德的自由形而上学提出一种解释，这一解释最初是在
《纯粹理性批判》第三个二律背反中提出的。康德将自由描述为理性的
一个观念，这构成了其道德哲学中最具争议的方面。他对自由的消极
概念和积极概念的区分是众所周知的。消极概念把自由定义为一个理
性存在者不受自然的因果关系的规定的独立性，而积极概念指的是一
个理性存在者仅仅根据纯粹实践理性的原则而行动的能力。康德经常
把消极概念称为自由的先验概念，把积极概念称为实践自由或道德自
由。本章主要讨论消极概念，或者说先验自由；第三章处理道德自由，
特别是它与《法权论》的关系。

　　尽管消极自由和积极自由有所区别，但它们并非毫无关联。虽然我们不可能有先验自由的**知识**，但为了实践目的，我们必须假设它是真实的。因此，实践自由的可能性取决于先验自由的观念。在康德的道德著作中，他经常通过本体立场来阐明消极与积极的区别，而主体从本体立场来评估和决定其现象自我的行动。既然本体自我站在空间和时50 间的条件外，它就不受因果律的约束。因此，先验自由似乎使我们面对形而上学二元论的一个经典案例。[①]因此，不足为奇的是，即使近期对康德伦理学有许多复杂的评论，但道德哲学家们继续对消极自由的概念敬而远之。[②]直到最近，第三个二律背反才被认为是康德认识论的关键，特别是在那些认为其先验观念论从最好的方面来说也很成问题的人当中。[③]这并不是说康德所说的自由问题完全被忽视了：它所占据

---

　　① 但请注意，康德通常并没有提到本体**自我**。后者确实唤起了一个"小矮人"的形象——也就是说，一个居于涉身的现象自我中的微型自我，它以自己认为合适的方式指导现象自我的行动。这种"小矮人"的形象是对康德本体立场概念的一个流行讽刺。例如，参见 Ted Honderich, *How Free Are You?*（Oxford University Press, 1993）。如下著作批评了对本体和现象的区别的这种二元论解释：Onora O'Neill, 'Action, Anthropology and Autonomy' in *Constructions of Reason*（Cambridge University Press, 1989），66—80。亦可参见 Thomas Hill, 'Kant's Argument for the Rationality of Moral Conduct', *Pacific Philosophical Quarterly*, 66（1985），3—23。

　　② 例如，参见如下最近论著：Barbara Herman, *The Practice of Moral Judgment*（Cambridge, MA, Harvard University Press, 1993）；Thomas Hill, *Dignity and Practical Reason in Kant's Moral Theory*（Ithaca, Cornell University Press, 1992）；Christine Korsgaard, *Creating the Kingdom of Ends*（Cambridge University Press, 1996）。尽管这些论著中大多数文章都极为详细地讨论了康德伦理学的各个方面，并且具有诸多哲学上的原创性，但这些作者通常回避了自由的观念。在讨论道德自由的概念时，评论家们常常竭力淡化康德的阐述的形而上学维度。例如，参见 Korsgaard, 'Morality as Freedom', in *The Kingdom of Ends*, 159—187。

　　③ 特别参见 Jonathan Bennett, *Kant's Dialectic*（Cambridge University Press, 1974），chapter 10, 184—227；Paul Guyer, *Kant and the Claims of Knowledge*（Cambridge University Press, 1987），chapter 18, 385—428；Strawson, *The Bounds of Sense*, Part III, 155—234。关于一种不同的观点，参见 Henry Allison, *Kant's Transcendental Idealism*（转下页）

的位置往往不同于它作为自由意志和决定论之间的经典辩论的一个版本而开始得到讨论的位置。在英美学界对康德的解释中，这种倾向尤为明显。总的来说，欧洲大陆传统更愿意将自由问题接受为一个活生生的形而上学问题，不同于经典的自由意志辩论（尽管它是其继承者之一）。④ 此外，在这个传统中，康德的理论著作和他的实践哲学之间的划分不那么严格，可能是因为该传统对哲学思想体系具有更持久的兴趣。51当然，这些差异并不像那些评论所暗示的那么明显。对康德自由理论的最有见识的探讨往往从两种传统中汲取灵感，而不认为自己对其中任何一种传统负有义务。例如，艾伦·伍德指出了在自由意志辩论中经常引出的相容论与不相容论的区别的局限性，他强调康德很关心**调和**自由和因果性；因此，伍德质疑了将康德广泛地描绘为不相容论者的做法。⑤ 同样，刘易斯·怀特·贝克对康德的"理性事实"及其对"立法的意志（*Wille*）和选择的意志（*Willkür*）"的区别的处理根本没有提到传统的自由意志辩论，但仍然是在自由问题上对康德的最深入的分析之一。⑥

　　不过，将理论哲学与实践哲学过于尖锐地区分开来可能会有碍于

（接上页）（New Haven, Yale University Press, 1983）, chapter 15, 310—329; W. H. Walsh, *Kant's Criticism of Metaphysics*（Edinburgh University Press, 1975）, chapter 5, 169—255。

　　④　例如，参见 Heinrich Böckerstette, *Aporien der Freiheit und ihre Aufklärung durch Kant*（Stuttgart, Frommann-Holzboog, 1984）; Heinz Heimsoeth, 'Zum Kosmologischen Ursprung der Kantischen Freiheitsantinomie', *Kantstudien*, 57（1966）, 206—229; Wilhelm Vossenkuhl, 'Von der außersten Grenze aller praktischen Philosophie' in Otfried Höffe, ed., *Grundlegung zur Metaphysik der Sitten. Ein Kooperativer Kommentar*（Frankfurt, Vittorio Klostermann, 1993）, 299—313。

　　⑤　Allen Wood, 'Kant's Compatibilism', in Wood, ed., *Self and Nature in the Philosophy of Kant*（Ithaca, Cornell University Press, 1984）, 73—101.

　　⑥　Lewis White Beck, 'The Fact of Reason: An Essay on Justification in Ethics', and 'Kant's Two Conceptions of the Will in their Political Context', in *Studies in the Philosophy of Kant*（New York, Bobbs Merrill, 1965）, 200—214, and 215—229.

理解《法权论》的核心论证。正如第一章所提到的，在英语世界，康德的政治哲学仍然主要是从其伦理著作的角度来评估的。道德自由和政治自由的区别往往是通过对比康德伦理学中出于义务的行动与《法权论》中的选择自由来解释的。义务和选择之间的隐含对比尽管并非完全是错误的，但却鼓励了将一种相容论的政治自由概念赋予康德的做法，即把政治自由理解为在追求自己基于欲望的选择时不受他人干涉。这是一种人们熟悉的自由主义观点：问题在于，它与康德对自由提出的那种非相容论的形而上学理解相冲突——他把自由理解为纯粹实践理性的一个共同观念。下一章会讨论把一种相容论的政治自由概念（即政治自由就在于基于欲望的选择）赋予康德而产生的一些困难。本章主要讨论第三个二律背反中自由与自然的关系。康德试图解决自然的约束和自由的主张之间的最初张力，这个张力对他随后在《法权论》中

52 对政治义务的论述具有重要影响，尤其是因为它质疑了如下观点：理论问题或认识论问题与实践问题或政治问题无关。当然，对康德来说，要解决自由和自然之间的冲突，就必须预设先验观念论。在目前的语境中，这是存在问题的，一方面是因为篇幅所限（无法对先验观念论提出一个详细捍卫），另一方面是因为先验观念论往往会引发强烈的反应。柯尔纳对范畴框架的阐述可以为那些不熟悉或怀疑先验观念论的人提供一个可接受的选项。回想一下，按照柯尔纳的说法，形而上学问题并没有取代经验，反而是从经验中产生的——至少在最初的情况下是这样。此外，对经验的结构的系统组织给一个框架的实践上的最高原则与其理论上的最高原则施加了一致性要求。最后，尽管内在的形而上学问题确实来自经验，但它们最终指向一个超越经验的超验视角。我在前一章中提到，超验视角对内在层面上的真理主张施加了一个限制性影响。在康德那里，这种限制性影响是用人类有限性的概念来表达的，而这个概念产生了一个推论，即康德的实践理性的首要性论点。如下观点为超验视角提供了一个明确的规范维度：某些形而上学问题不

允许有思辨的答案，而只能在实践理性的层面上来解决。

当我们以柯尔纳的一般框架为模型来思考第三个二律背反时，我们发现人类自由问题源于经验：它涉及我们必然要提出的关于人类能动性的条件的问题。然而，只有在不违背经验的一般条件的情况下，我们才能设想这个问题的解决方案。因此，解决方案需要在作为实践理性的最高原则的自由的观念和作为一个理论上的最高原则的因果关系概念之间达成和解。最后，康德否认我们对于自由的实在性具有任何可能的知识。尽管作为行动者，我们被迫认为自己是自由的，但我们对"自由的可理解的根据"却一无所知。康德承认超验视角是不可缺少的，但否认我们可以肯定任何关于它的正面说法：超验性是作为一个负面观念或者说一个限制性概念而发挥作用的。

除了康德的形而上学起点的独特性以及它对康德的政治自由概念的含义外，还有一个进一步的理由让我们从第三个二律背反入手。事实上，关于这个二律背反的一个变种的争论也出现在《法权论》中，尽管是在一种高度浓缩的形式上。法权的二律背反构成了第四章中重构康德关于政治义务的论述的一个核心要素。鉴于康德在那部晚期著作中对这个二律背反的处理是含糊的，他在《纯粹理性批判》中对第三个二律背反的详细分析和讨论，就为理解法权的二律背反在《法权论》中的作用提供了重要线索。因此，有三个很好的理由让我们在第三个二律背反的背景下来探究《法权论》中的政治自由问题。第一是自由的形而上学地位，即自由与因果性之间的关系，以及更一般地说，实践理性与理论理性之间的关系，而这种关系要尽可能按照柯尔纳的范畴框架概念来处理。第二，与自由主义的相容论解决方案相比，康德的非相容论解决方案会对政治自由产生不同的实质性含义。第三，在《纯粹理性批判》的第三个二律背反和《法权论》中法权的二律背反之间存在着结构上的相似性。下面，我将从康德的"理性的二律背反"概念入手提出一些一般性评论。然后，我将简要地描绘第三个二律背反中正题和反题的冲突立场。由此我们将讨论康德解决这个冲突的方案，集中在至关重要的实质性问题上。最后，我将表明，认真对待康德在自由的"守法性"（lawlikeness）*和自然的因果性之间的类比极为重要。

二 对因果性和自由的一些初步评论

我刚才暗示说，传统的相容论与不相容论的区分并不是提出第三个二律背反中自由与自然的冲突的最合适的方法。康德的自由理论既不是不相容论的，也不是相容论的。艾伦·伍德对这两种标准立场给出了清晰的界定：

> 相容论者认为，我们的行动可能是自然原因所决定的，但在道德能动性和责任所需的意义上，我们的行动也是自由的。自由和决定论是相容的。不相容论者认为，如果我们的行动是在自然原因的决定下产生的，那么自由的能动性和道德责任就是幻觉。自由和决定论是不相容的。⑦

54

伍德用有条件的措辞表达了不相容论立场：**如果决定论是真的，那么就没有自由**。人们经常假设，就自然事件的因果关系而论，康德确实认为决定论是真的，但他把人的行动排除在自然事件的范畴外。这使

---

* 作者在本书中使用的这个概念有点难以翻译。在科学哲学中，"lawlikeness"往往被译为"似律性"，指的是某些物理事件之间尽管缺乏严格决定论的因果规律，但仍然呈现出某种规律性。因此，当这个概念被用来描述因果关系时，我们将把它译为"似律性"。在其政治哲学或法权哲学语境中，康德认为外在自由不可能是一种无规律或者不遵守法则的东西。因此，当"lawlikeness"这个词被用来描述外在自由时，我们姑且将它译为"守法性"（在某些情况下也译为"合乎法则"），意思是"受制于法则"。——译者注

⑦ Wood, 'Kant's Compatibilism', 73.

他能够论证说，与自然事件相比，人类行动是自由地决定的。这种不相容论的代价是一种明显的二元论。然而，伍德正确地指出，康德对于**调和**自由与因果性的关心，应当提醒人们不要把一种不相容论的二元论赋予他。与此同时，认为康德是一个相容论者也是错误的。人们之所以觉得需要对自由和因果性进行调和，是因为二者之间有一种张力，而相容论者通常热衷于否认这一点。对相容论者来说，自由的能动性和因果地决定的事件之间的区别是心理上的，而不是形而上学的——我们所感知到的任何张力都是虚幻的，而不是真实的。例如，按照霍布斯和休谟的相容论，我们所说的自由，在正确地加以界定时，是完全可以按照日常语言来理解的，不需要诉诸形而上学思辨。当没有外部障碍干扰一个行动或者阻止其发生时，当它在符合行动者的欲望而非符合第三方强加给行动者的欲望的意义上是自愿采纳的时，它就是自由的。没有外部障碍和有能力采取基于欲望的选择构成了相容论的自由能动性的两个规定性因素。然而，对康德来说，既然行动者的欲望构成了其现象本性的一部分，因此由欲望的因果关系来决定的行动只不过是一种"相对的自由"。[8]

如果康德不是不相容论者，那么他也不是相容论者。正如伍德所说，康德对第三种选项的探索使他成为一位"不相容论的相容主义者"，[9]或者我所说的非相容主义者。问题是，这第三种立场是否提供了一个可信的，甚或是一个连贯的替代方案。正如我所说，在过去，评论者们通常都持否定态度，而且，对大多数人来说，他们的结论历来是立足于对休谟的心理相容论的一个变种的压倒性偏爱。最近，这种康德式选项得到了更严肃的关注，部分原因是人们对康德对于因果决定的 55

---

⑧ 在《实践理性批判》中，康德将这种"相对的"选择自由看作"转盘的自由"而不予考虑。然而，如前所述，康德将欲望无条件地归为行动者的现象本性，而这就为他在《法权论》中处理外在自由带来了问题。参见第三章中的讨论。

⑨ Wood, 'Kant's Compatibilism', 74.

独特构想越来越感兴趣。[⑩]相容论与不相容论的区别假设了一种观点，按照这种观点，因果法则表达了自然界中物体和事件之间的决定性关系，而无论人类观察者是否感知到这些关系，它们都是存在的。这种观点将因果关系理解为规定了自然界中的一种客观关系，因此受到了休谟的著名批评。然而，正是康德对休谟的回答削弱了相容论与不相容论的区别。虽然我们在这里无法详细讨论康德式的因果关系，但是，鉴于它对于第三个二律背反的论证很重要，我们还是有必要大致地回顾一下康德的论述。

众所周知，按照休谟的观点，对于将必然性概念附加在因果性概念之上的做法，我们是没有理性担保的。在自然界中，作为一个经验事实，没有可以观察到的将前后相继的对象和事件联系起来的必然联系。因此，按照我们对这种前后相继的秩序的实例的反复观察，我们有权得出的结论是，它们的组成要素之间存在着一种不断结合的关系。如果我们确实有一种倾向，从观察到单纯的恒定结合推断出**必然联系**的存在，那么我们由此了解到的更多的是关于我们自己的东西，而不是关于自然的东西。我们有一种心理倾向，在一切有理性担保的东西都仅仅是接连不断的规律性的地方来赋予必然性：必然联系不是人类心灵在自然界中观察到的东西。相反，人类心灵将它读入自然界中。[⑪]

康德在一个关键的方面同意休谟的观点。休谟的论点是，我们将

⑩　例如，参见Ralf Meerbote, 'Kant on the Nondeterminate Character of Human Actions' in William Harper and Ralf Meerbote, eds., *Kant on Causality, Freedom, and Objectivity*(Minnesota University Press, 1984), 138—163; Michael Rosen, 'Kant's Anti-Determinism', *Proceedings of the Aristotelian Society*, 89(1989), 125—141; Pirmin Stekeler-Weithofer, 'Wille und Willkür bei Kant', *Kantstudien*, 81(1990), 304—319; Gideon Yaffe, 'Freedom, Natural Necessity and the Categorical Imperative', *Kantstudien*, 86 (1995), 446—458。

⑪　David Hume, *A Treatise of Human Nature*, Part III, ed. L. A. Selby-Bigge, second edition(Oxford University Press, 1978), 69—83.

因果性概念带入自然界中，而不是将它从自然界中提取出来。然而，与休谟相反，康德坚持认为，我们将必然性概念附加在因果性概念之上的做法是有理性担保的。对康德来说，因果性概念并不是指一种心理倾向，而是在人类认知活动中提供给自然的一种认知范畴。正如贝克所表明的，康德对休谟的回答就在于一个微小但关键的修正。[12] 休谟认为 56 我们将因果性概念应用于经验，而康德则认为这个概念是经验的一个必要条件。若没有因果性概念，我们就无法把"客观相继"（一个事件）和单纯的"主观相继"（一个随机事件）区分开来。[13] 因此，在休谟看来，因果性概念是后验的，而康德则认为它是先天的。休谟认为，我们是在对对象和事件的相继发生进行反复观察的基础上，将一种它们之间的必然联系的关系归之于我们。相比之下，康德则论证说，我们将一个事件的发生与一系列随机事件区别开来的能力，预设了我们将因果性概念应用于感性经验。要不然我们怎能断定在第一个台球撞击第二个台球和后者开始运动之间有必然联系，而否认苹果从树上掉下来和刚才从树下走过的人之间有必然联系呢？在康德看来，休谟帮助他理解了因果必然性概念，尽管休谟同时认为这个概念没有理性担保。除非休谟能够在所观察到的一连串事件中假定一种必然联系，否则他甚至不能将它们的相继出现报告为事件。总之，康德和休谟都认为因果性概念是人类心灵提供给自然的，但与休谟不同，康德将认知必然性赋予因

---

⑫　特别参见 Lewis White Beck, 'Kant's Answer to Hume', in *Essays on Kant and Hume* (New Haven, Yale University Press, 1978)。对康德的因果性概念的讨论，参见如下文集中的文章：Harper and Meerbote, eds., *Kant on Causality, Freedom, and Objectivity*。对于科学哲学界对康德式因果性概念的接受的评价，比较如下两篇文章：Michael Friedman, 'Causal Laws and the Foundations of Natural Science' in Paul Guyer, ed., *The Cambridge Companion to Kant* (Cambridge University Press, 1992), 161—199; Gerd Buchdahl, 'The Kantian "Dynamic of Reason" with Special Reference to the Place of Causality in Kant's System' in Lewis White Beck, ed., *Kant Studies Today* (Illinois, La Salle, 1969)。

⑬　参见 *CPR*, A189—196/B234—242。

果性概念。用柯尔纳的话来说，因果性概念构成了康德在理论上的最高原则之一，认知经验主体根据这个概念来构建他们对经验实在的经验，而如果没有这个概念，他们就无法在经历到经验实在时对它具有认知把握。当我们回到第三个二律背反中因果性和自然之间的冲突时，我们必须记住与康德对因果性概念的使用相联系的认知必然性。

57　　在结束本节之前，我想提供最后一组初步评论。它们关系到二律背反的概念本身。康德将二律背反定义为一种"理性的冲突"。更具体地说，它是一种"理性与自身的冲突"。[14]他讨论了理性的二律背反，在《纯粹理性批判》的"先验辩证论"中，[15]他鉴定出四个二律背反。这个相对被忽视的部分既包含了对理性主义形而上学的批判，也包含了对理性的正当要求的捍卫。康德通过批判与捍卫的双重策略来追求两个目标。一方面，他声称形而上学问题源于人类理性自身的结构：

> 　　人类理性有这样一种特殊的命运：在它的一种知识中，它背负着由理性本身的本质来规定的问题，因此它就不能忽视这些问题，另一方面，既然这些问题超越了它的一切能力，它也就无法回答这些问题。[16]

对形而上学的来源的这种描述已经暗示了理性与自身的冲突：理性在本质上不能回答它本身无法忽视的问题。另一方面，康德还认为，迄今为止占据主导地位的两种哲学传统——理性主义和经验主义——都未能充分解决这些形而上学问题。它们没有意识到形而上学问题源

---

　　[14]　*CPR*, A423/B451.

　　[15]　参见 *CPR*, A405—567/B432—595。关于第三个二律背反以及康德对其解决方案的讨论，参见 A444—452/B472—481 以及 A532—558/B560—586。

　　[16]　*CPR*, Avii.

于人类理性的结构，而不是关系到自然本身的终极实在性，即那种独立于人类认知的实在性。因此，康德的目的不仅仅是探索永恒的形而上学问题；他之所以使用二律背反，是为了提倡其哲学学说，即先验观念论是解决这些或许难以解决的理性冲突的唯一方法。这就是为什么对二律背反的讨论是高度程式化的。康德将它们称为宇宙论争论，这种争论涉及"理性为任何有条件的东西寻求一种绝对的条件总体"。这种探索源于一个理论原则，按照这个原则，"如果有条件的东西是既定的，那么各个条件的全部总和，以及因此绝对无条件的东西……也是既定的"。[⑰]简单地说，经验性的经验在向我们提供关于自然界中前后相继的事件的有条件的知识时，提出了关于这种知识的最终根据的问题，从而使我们超越经验性的经验而进入其"绝对无条件的"条件。

《纯粹理性批判》中对二律背反的讨论是成对进行的。前两个二律背反提出了关于世界的条件的总体性的主张，而世界被理解为一个"聚集性整体"——康德将这两个二律背反称为"数学性二律背反"。后两个二律背反关注的是被理解为一个"解释性整体"的世界的条件的总体性——康德称之为"动力学性二律背反"。在第一批判的诠释者中，康德对数学性二律背反的处理通常被认为更成功，很大程度上是因为它们明显的认识论取向。动力学性二律背反经常被否定，因为它们专注于认识论问题的规范含义，而在《纯粹理性批判》的框架中，这些含义被认为是不合适的。下面我将只关心第三个二律背反，在这里，人类自由的可能性是在如下争论的过程中提出的：就因果法则而论，我们必然要假设一个无原因的第一原因。然而，由于所有的二律背反都分享了某些方法论特点，我将在这里总结其中最重要的，以便于随后在本章中阐述第三个二律背反和在第四章中阐述法权的二律背反。

第一，二律背反采取了正题与反题进行争论的形式，正题总是代表

58

---

⑰ *CPR*, A409/B436.

一般的理性主义立场，而反题总是捍卫一般的经验主义立场。第二个特点是，正题和反题都采用了间接证明策略。因此，每一方都试图通过证明对方的立场是错误的来推断出自己立场的有效性。这大概是为了强调它们之间的冲突本质上很难得到解决：每一方都可以证明对方是错的。结果，任何一方都无法在对方的猛攻下维持自己的立场。康德在其对争论的解决中提出了如下主张：在两个数学性二律背反中，正题和反题的结论都是错误的。然而，他也断言，在两个动力学性二律背反中，双方的结论"可能都是正确的"。[18]人们普遍认为后一个主张是不可理解的。第三个与此相关的特征是康德的如下论点：在每个二律背反中，尽管正题和反题的结论相互矛盾，但它们都有相同的根本前提。

59　它们都把世界看作一个"存在的整体"，也就是说，看作一个物自体。对冲突的解决取决于拒斥这个前提并倡导改变哲学视角。既然理性主义和经验主义都不能提供走出二律背反僵局的出路，剩下来的唯一选项就是先验观念论。鉴于我不是在直接讨论先验观念论问题，我将把康德的解决方案重新表述为，主张从宇宙论视角转向人类学视角。从宇宙论视角来看，也就是说，将这些冲突看作关于实在的终极本质的主张，它们就仍然无法解决。但是，从人类学视角来考虑，也就是说，从它们对人类的规范含义来看，它们的解决与其说导致了知识的增长，不如说加深了对人类知识和人类能动性的条件的理解。

　　从康德对二律背反的系统处理（尽管这种处理具有康德的个人风格）中可以明显看出，他认为它们具有某种统一性。他不仅认为这四个二律背反概括了困扰人类的最重要的宇宙论问题，而且还相信他提出的那种视角转变将导致一种全新的思想方式。不出所料，这个期望遭到了很多批评。对许多人来说，康德讨论二律背反的全部目的都是模

－－－－－－－－－－

　　[18]　*CPR*, A532/B560.

糊不清的。[19]另一些人则认为，康德的分析策略被无耻地操纵，以支持他希望从先验观念论中得出的结论。[20]即便有些人在康德对这些宇宙论争论的阐述中发现了优点，但他们仍然怀疑康德在任何一个二律背反中提出的具体论证步骤能够取得成功。下一节概述了第三个二律背反的正题和反题的证明策略，但这里主要关心的不是康德的论证策略的细节，而是其规范含义。有两个主题与随后对《法权论》的分析特别相关。第一个主题围绕该争论中康德称为"理性的利益"的那种东西，第二个主题则涉及康德在似律性因果决定和自由作为理性的一个观念的"守法性"之间所做的类比。　　60

三　第三个二律背反概述

正如亨利·阿里森所指出的，"在康德对自由问题的处理中，最令人困惑的一个方面是将第三个二律背反的宇宙论背景（最初提出这个问题的背景）与自由的意义在其中得到充分实现的道德背景分开的根本鸿沟"。[21]宇宙论争论在于是否有必要假定一个无原因的第一原因，即在空间和时间中被因果地决定的事件链的一个自发开端。正如对这个问题的表述所表明的那样，正题和反题把因果性原则接受为其共同前提。按照这个原则，"［自然中的］一切变化都是按照因果联系的规律而发生的"。[22]然而，这两种立场在这个共同前提下得出了相冲突的结论。正题肯定了在因果链中假定一个初始的第一原因的必要性，反题

---

⑲　如下两位作者都得出了这个结论：Bennett，*Kant's Dialectic*，226—231；Strawson，*The Bounds of Sense*，215。

⑳　如下作者强调了这个批评意见：Heinz Röttges，'Kant's Auflösung der Freiheitsantinomie'，*Kantstudien*，65（1974），33—49。

㉑　Allison，*Kant's Transcendental Idealism*，310。

㉒　*CPR*，B232。

则否认这样做的合法性。既然第一原因本身必须是无条件的,它就不能受制于它所引起的因果决定的条件。如果自然中的一切都服从于因果决定的法则,那么在空间和时间的条件之外就必然存在一个无原因的第一原因。正题诉诸一个超验视角,反题则否认这种诉求的合法性,康德把这种冲突塑造为理性主义与经验主义在预设因果法则方面发生的冲突。

阿里森所说的鸿沟问题源于康德对该冲突的批判性解决的本质。康德认为正题和反题的主张可能都是真的,在提出这个说法时,他论证说,尽管在时间和空间中发生的每件事情实际上都必须服从彻底的因果法则,但我们仍然可以合理地认为人类行动是自发地开始的。因此,康德从"时间上的绝对开始"转向"因果关系上的自发开始"。后者指的是人类能动性在空间和时间中的自发性,而令人困惑的是,为什么康德认为自己有资格把关于无原因的第一原因的宇宙论问题重新表述为人类自由的道德问题。

正如我们将看到的,这个难题的部分答案在于,康德将因果关系设想为人类主体**带给自然**的一个认知范畴,而不是**在自然中**发现因果关系。事实上,对康德来说,自由的观念是我们对因果性概念的认识论承诺的一个必然结果。无论人们如何看待这一策略,康德显然是从一个不同寻常的角度来探讨人类自由问题,人们可以想见他对实践自由(包括选择和行动的自由)的一般构想不同于更传统的论述。接下来,我将从分别概述正题和反题的形式论证入手。然后,我简要地考虑康德对因果性的认知构想如何影响他对这个争论的表述。然而,只有当康德在该争论中考虑到"理性的利益"时,他才接近于自己对这个二律背反的解决。后者是下一节的主题。

请记住,正题和反题都接受彻底的因果法则。尽管如此,正题还是声称:

符合自然法则的因果关系，并不是一切的世界的现象都可以从中衍生出来的唯一因果关系。要解释这些现象，就必须假定还有另一种因果性，即自由的因果性。[23]

按照正题，为了充分完整地解释我们在经验实在中遇到的因果序列，我们就需要一个无原因的第一原因。因为：

(1) 假设不存在这样的自由，假设存在一个因果法则，而按照这个法则，自然中的每一个事件都有一个作为其发生的条件的原因。

(2) 那么，每一个原因必定都依次是一个事件，而该事件之前又有一个原因。

(3) 这意味着存在一系列无限回溯的原因和事件。

(4) 但这是"违背自然法则的，因为自然法则所说的是，若没有一个先前被充分决定的原因，任何事情都不会发生"。

(5) 既然一种无限回溯永远都不能产生一个先前被充分决定的解释，那么它就是违背因果法则的。

(6) 因此，为了避免在因果法则方面的这种自相矛盾，就必须假设自由是绝对的开端。　62

与正题相反，反题所断言的是：

没有自由；世界上的一切都完全是按照自然法则而发生的。[24]

---

[23]　*CPR*, A444/B472.

[24]　*CPR*, A445/B473.

按照反题，不可能有在空间和时间的条件之外起作用的无原因的第一原因。在经验性经验的世界之外，没有什么是可以想象的。因为：

（1）假设存在着作为自发开端的自由，并且因果链有一个本身不是被引起的第一原因。

（2）那么，自由就启动了一个因果链，而它自身不受制于因果关系。

（3）因此，"并不存在任何这样的先行条件，［那个无原因的原因］在发生的时候，是按照固定的法则、由这样一个先行条件来决定的"。㉕

（4）但这与经验的条件相对立，因为按照这种条件，任何事件都不可能没有一个先行原因。

（5）因此，假定自由是第一开端，就破坏了经验的统一性，而这是不合法的。

康德对二律背反的表述有几个问题。这些问题涉及很多方面，从正题和反题的证明策略之间的显著不对称，到对所采纳的间接证明策略本身的优点的担忧，再到对康德的这样一个抱怨：在解释所谓前批判时期的一个争论时，他使用了自己在批判时期所使用的措辞。后一个抱怨产生了这样一种怀疑，即康德在批判时期提出的解决方案一直都是预设性的，由此对这个争论本身的真实性提出了怀疑。在目前的语境中，我想关注的问题涉及阿里森对该争论的宇宙论起源和人类中心论解决方案之间的"鸿沟"的担忧。对第三个二律背反的一种标准批评认为这个鸿沟是无法跨越的，也就是说，没有直观上明显的方法来理解一个无原因的第一原因的宇宙论观念和人类自由的观念之间的假定联系。对许多评论者来说，第三个二律背反是一个人为构造出来的争

㉕　*CPR*, A445/B473.

论，这个争论在《纯粹理性批判》中的地位的合法性从最好的方面来说也很可疑。例如，乔纳森·贝内特建议其读者完全忽略这场争论的宇宙论起源："我们应该把注意力完全转移到人类自由问题上，忘记解决这个问题的宇宙论途径。……这是因为以宇宙论为主要内容的那个部分与人类自由问题无关。"[26] 贝内特的建议代表了一种广泛的观点，按照这种观点，康德对第三个二律背反的关注是要在一个在其他方面都是决定论的世界观中为自由腾出空间。"为自由腾出空间"被认为是由这样一种关注所激发的，即从牛顿式的科学对我们都很熟悉的道德责任和道德过失的概念的侵犯中将这些概念拯救出来。按照这种观点，因果性的（科学）概念和自由的（道德）观念之间没有内在联系——因此，第三个二律背反在一部主要讨论认识论的著作中的地位是可疑的。

　　P. F. 斯特劳森也得出了类似结论。斯特劳森声称，"传统的批判性解决方案是要说反题是真的，而正题是假的"。[27] 在提出这一主张时，他同样对这个争论的真实性提出怀疑。康德承诺了因果关系原则，因此暗示，他不能连贯地接受正题和反题都提出有效主张的可能性。但他确实接受了这种可能性，而这个事实就表明他缺乏哲学勇气。一旦一个人认定彻底的因果法则统一地适用于自然中的所有事件，他就不能突然将作为自然事件的人类行动从因果决定的约束中剔除。康德之所以陷入不相容论的二元论陷阱，是因为他具有相当独立的道德关注，而按照这个陷阱，人类行动奇迹般地**不受**因果约束。

　　上述异议的问题在于，它们忽视了康德的一个想法的重要性，即因果关系要被理解为我们赋予自然的一个认识论概念或范畴。在这种理解下，我们不只是决定、认识到或发现因果法则适用于自然。从某种意义上说，我们自己产生了因果有序的事件序列，而这些事件构

---

[26]　Bennett, *Kant's Dialectic*, 189.

[27]　Strawson, *The Bounds of Sense*, 209.

成了我们的一个观念,即经验实在是一种具有因果联系的统一体。迈克尔·罗森所建议的那种对标准观点的反转在这里很有帮助。罗森建议说,与其把康德看作试图为自由腾出空间的(牛顿式的)决定论者,不如将他视为试图为决定论腾出空间的意志自由论者。[28]这可能是一种相当夸张的反对标准解读的方式。然而,罗森的根本思想是合理的:我们不可能在第三个二律背反上取得很大进展,除非我们认真对待康德对因果关系的构想,即认为它是人类认知对自然的贡献,而不是在自然中已经被给予的。罗森按照"机械"秩序和"系统"秩序之间的对比,来看待康德对因果关系的构想和更传统的观点之间的区别:

> 关于对象之间因果关系的先验观念论认为,为了让一个事件作为一个**事件**可以被感知,它必须有可能适合于一个按照规则来先行决定的系统背景——说白了,它必须有一个原因。在这种情况下,先验观念论就是要证明我们对因果过程自发地采取的一种实在论态度:我们自然地认为,我们所看到的一切事件都有某个机制,它们因为那个机制而必须发生。但事实上,先验观念论并没有告诉我们这些。它所说的是,除非我们能够让现象适合于一个系统的解释背景,否则我们根本无法确定我们的知觉就是对事件的知觉。很明显,与"任何事情的发生都是因为有一个机制使得它必然发生"这一论点相比,这显得有些不足。[29]

罗森的要点是,把康德对因果关系的认知构想与我们的标准观点等同起来既容易又诱人,因为后者指的是一个"机械论地"有序的宇

64

---

[28] Rosen, 'Kant's Anti-Determinism', 128.

[29] 同上,131—132。

宙。这种等同的代价是，人们看不到康德所认识到的那种联系，即对因果关系的认知构想和自由的观念之间的联系。然而，与机械秩序相比，在系统秩序中，正是我们进行这种拟合工作，也就是说，正是我们安排世界上的事件。这并不意味着我们可以随心所欲地安排世界上发生的事件。我之前说过，康德赋予因果关系概念以先验地位。鉴于我们认知世界的模式，**按照规则**来安排世界上的事件与其说是由我们来决定的，不如说是我们必须做的，也就是说，是我们必须按照因果关系的概念来做的。一旦我们认识到，当康德谈论因果秩序时，他想到的是一个被系统地构造出来的秩序，而不是一个机械地给定的秩序，那么我们就更容易看到，对康德来说，人类自由问题是如何从对因果关系的（认知）构想中产生的。如果正是我们将因果关系（的概念）引入世界上所发生的一系列事件中，那么，即使我们是（由于我们的认知能力而）**被迫**这样做的，但我们在某种意义上也可以将自己看作那个因果秩序的"第一原因"。当然，这应该只是在一种比喻的意义上来理解：我们实际上并不是世界上发生的事件因果链的原始原因。[30]尽管如此，只要我们意识到我们必须按照规则来安排世界上的事件，对我们来说，问题就不仅出现在这些安排活动方面（我们如何能够以我们所采取的那种方式来安排自然事件？为什么我们必须这么做？等等），而且也涉及我们可能不会立即归类为自然事件的那些事件类型。与自然事件有关的人类行动，是否也要按照先行决定的规则来安排呢？按照目前正在考虑的因果关

65

---

　　[30]　因此，说我们可以相对于我们对因果关系**概念**的运用将自己看作"第一原因"，并不是说我们引起了那些我们将因果关系概念应用于其上的对象和事件的存在。只有当我们按照因果关系概念来系统化我们的感性经验时，我们可能才有资格将自己看作我们强加给感性经验的那个因果秩序的创造者。即便如此，我们可以在认知意义上将自己视为因果关系的"第一原因"的程度也是十分有限的。与正题的宇宙论第一原因不同，作为认知意义上的第一原因并不能使我们超越时间和空间的条件。因此，甚至按照一种持有同情态度的解释，也很难明白康德在"绝对的"第一原因和"认知的"第一原因之间所提出的隐含类比。我将在下一节讨论这个难题。

系的观点，以这种方式来考虑人类行动显得有点古怪。如果我们确实按照因果法则来安排自然事件，那么，只要人类行动是一种与自然事件有关的东西，这就意味着我们将因果决定强加于我们的行动，哪怕它们是我们发起的。这种想法的奇怪之处就在于，它使我们成为如下主张的作者：我们的行动依赖于因果决定。[31]

66 因此，对康德来说，因果关系概念之所以产生了自由问题，其中一个主要原因是，我们给自然提供了因果关系。出于同样的原因，康德必须拒绝用第一原因的宇宙论问题来表述自由问题。正题和反题都以这种方式来设想这个问题（正题是肯定性的，反题是否定性的），这表明二者都将因果法则解释为自然界中所给予的，而不是心灵所提供的。因此康德就提出了如下异议：正题和反题都把世界看作一个存在的整体，或者用他通常使用的措辞来说，看作物自体。二者都认为因果法则及其对于是否必然有无原因的第一原因的含义都与终极实在的本质有关，而不是与我们被迫去设想的经验实在的结构有关。康德认为，就彻底的因果性的法则而论，正题和反题提出的前提都同样是错误的，从他在这方面的论述中，我们大概可以了解正题和反题是如何得出相互矛盾的结论的，而这可能有助于阐明康德提出的解决方案的本质。

从正题入手，关键的短语显然是它在陈述其立场时提到的"世界的现象"。我说过，康德在这里对现象的提及，经常让我们想起他自己对现象和物自体的先验区分，而在论证的这个阶段，提到这个区分被认为是不合法的。然而，另一种可能的解释是，我们可以用前批判时期的措辞（即理性主义措辞）来解释对现象的提及。按照这种解读，世界**的**现象指的是如下理性主义观念：我们在经验上感知到的现象

---

[31] 当然，我们的行动一旦实施，就必须符合空间和时间中的因果法则。这里的问题是，我们是否独立于因果决定而发起我们的行动，或者它们是不是因果上被决定的前因的结果。我将在下面的章节中详细说明行动的发起和实施之间的区别。

是对一种超感性的绝对实在的不完美的复制或印象。它们是一个在现象之外的世界的现象。在与因果法则相结合时，正题所断言的是，现象秩序的因果回溯超越了现象领域，指向超感性领域，而后者构成了现象链的起因。换句话说，因果法则向我们提供了通向终极实在的途径：我们可以从因果回溯本身推导出无原因的第一开端的必然性，从而理性地认识到现象在现象之外的超感性世界中是如何自发地开始的。

与此相反，反题否认存在着一个"现象之外的世界"："一切都完全是按照自然法则而发生的。"既然反题承诺了无限回溯原则，同时又断然否认无原因的第一原因，它似乎就不具有这样一个含义：我们必定对作为一个存在的**整体**的世界具有知识。为什么康德坚持认为反题也将世界视为"物自体"呢？在这里，反题将因果关系设想为一个**自然法则**的想法就变得很重要。反题声称我们以被动的方式逐渐经验到世界上的物体和事件的因果顺序：自然法则向我们揭示了它们自己。通过经验，我们逐渐获得了越来越多的关于自然的机械决定过程的知识：知识的增长可能是永无止境的。然而，我们以这种方式获得的任何知识都是关于世界的直接知识，即关于世界本身的知识。一个经验事件的发生可以解释另一个经验事件的发生，所有这些事件加在一起就构成了作为整体的世界这一事实。再没有什么需要解释的了。

既然康德认为我们对世界的接触是以概念为中介的，既然他认为因果关系概念部分地构成了我们构造经验实在的方式，他就无法接受正题或反题的立场。正题过于肯定地声称我们能够理性地认识到作为现象世界的第一原因的超感性实在，而反题则过分否认在经验实在之外存在任何东西。看来我们既不能肯定也不能否认第一原因或绝对开端的存在。但这与**人类**自由问题有什么关系呢？为了回答这个问题，我们必须转向康德对"理性对这场争论的兴趣"的考虑。

67

四　自由与理性的兴趣：从宇宙论到实践理性

康德之所以不能接受正题或反题的立场，主要原因在于他对因果关系的构想不同于正题和反题的构想。但是，他为什么断言正题和反题可能都是真的呢？在探究他自己的解决方案时，康德讨论了"理性对这场争论的兴趣"，从而暗示了在这两种立场之间进行公正裁决的可能性。在正题的立场中，他发现了"某种实践兴趣"，即对道德和宗教的关注，而"每一个有良好意愿的人，只要理解了他真正衷心关心的东西，都会分享这种关注"。[32] 正题在试图"完全先验地把握对于无条件的东西的推导"时，也表现出一种"思辨兴趣"。[33] 实践兴趣和思辨兴趣的这种结合流露出正题寻求对人类条件的一种全面论述，并说明了它为什么如此流行，尤其是因为"那种共同的理解在〔一个〕无条件的开端的观念中没有发现一点困难"。[34] 与此相反，反题在道德和宗教方面没有表现出"实践兴趣"。但作为补偿，其思辨兴趣"极有吸引力，远远超过了教条主义〔即理性主义〕的教义所能提供的东西"。反题拒绝提出超出感性经验范围的知识主张："按照经验主义原则，知性总是站在其适当的基础上，即站在真正可能的经验的领域，研究它们的规律，并按照这些规律来无限扩展知性所提供的有把握的、可理解的知识。"[35] 与此同时，它对无限因果回溯的承诺说明了它不受欢迎的原因，因为"在从有条件的东西到那个条件的不安上升中，总有一只脚在空中，因此不可能

----

[32]　*CPR*, A466/B494.

[33]　*CPR*, A467/B495.

[34]　*CPR*, A467/B495. 这句话暴露了康德自己对于常识和许多理性主义形而上学的哲学凭据的厌倦看法。一般人毫无困难地接受无原因的第一原因，而这一事实应该提醒哲学家**不要轻易接受**这一观点。

[35]　*CPR*, A468/B497.

有满足"。㊱

对"理性的兴趣"的这一简短总结可以被视为对贝内特的猜测的证实，即第三个二律背反只与道德问题有关。虽然康德认同反题关于人类知识的限度的立场，但他赞扬了正题对"道德与宗教"的兴趣。他可能确实是在试图让道德适合于一个在其他方面被因果地决定的自然的概念。但是康德对"理性的统一"的提及更具有直接的意义。在评估这两种立场时，康德突然断言，"人类理性本质上是建构性的"㊲——它追求统一或完成。反题"未能满足理性的建构兴趣的要求"，而正题在这个方向上被误导的努力最终为怀疑论打开了大门，怀疑人类理性不合法地幻想跃入超感性世界。康德对理性的统一的捍卫表明，因果性和自由必须在对理论理性和实践理性的一种统一论述中相互容纳，而不是一个为另一个腾出空间。我已经提到了这种对调和的要求，当时我提到了将康德的一个思想转向分离开来的鸿沟——他从被描绘为时间上的一个绝对开端的宇宙论第一原因，转到被理解为因果关系上的一个自发开端的人类自由的观念。我说过，康德对因果关系的认知构想为缩小这个鸿沟提供了一个可能的起点，因为它允许我们将自己视为（哪怕只是在隐喻的意义上）我们用来构建感性经验的、因果上被决定的秩序的第一原因。亨利·阿里森也提出了类似的解释思路，他挑战了将第三个二律背反视为只关注道德问题的传统解读。事实上，阿里森追随杰拉尔德·普劳斯㊳拒绝将实践自由与道德自由等同起来，并认为至少在第三个二律背反中，康德不只是从道德的角度来构想人类的自由能动性：

69

㊱　*CPR*, A467/B495.

㊲　*CPR*, A474/B502.

㊳　Gerald Prauss, *Kant über Freiheit als Autonomie* (Frankfurt, Vittorio Klostermann, 1983).

如果一个人将自己限制到《纯粹理性批判》，并通过一种思想实验假设后来的伦理著作从未被写出，那么康德对自由的构想就会呈现出一种相当不同的画面。当然，这个构想仍然与第三个二律背反的宇宙论争论有关，但它也与对一般而论的人类能动性的一种观点相联系，而不只是与道德能动性相联系。[39]

我将在本章最后一节质疑阿里森的论点，即第三个二律背反提供了一个非道德的自由能动性概念。不过，对于如何弥合第一原因和自由之间的鸿沟，他所提出的建议是有见地的，因为这使他将注意力集中到康德的"理性的自发性"概念上。在这样做时，阿里森明确地质疑如下观点：康德是出于纯粹道德的理由，完全独立于其认识论关注而引入了理性的自发性。[40]面对这种观点，阿里森表明，（理论）理性的自发性是康德的认识论必不可少的。在康德对知性的纯粹概念或范畴（包括因果性概念）的演绎中，它有一种不可缺少的作用，因为我们是按照因果性概念来构造我们对经验实在的经验的：

> 康德认为知性是自发的，我们最好是按照他将知性的根本活动等同于判断来理解这个主张。……对对象的认识要求心灵主动地吸收可感知的材料，将它们统一在一个概念或综合中，并把它们与对象联系起来。这一切都是判断的工作，而判断只是知性在行动中的自发性。[41]

70

---

[39] Allison, *Kant's Transcendental Idealism*, 310.

[40] Henry Allison, *Kant's Theory of Freedom* (Cambridge University Press, 1990), 36: "在康德对理性能动性的构想中，他似乎毫无理由地坚持一个仅仅由知性就能把握的时刻，而为了理解这一点，我们千万不要去看他的道德理论……而是要去看他对知性和理性在其认知功能中的自发性的看法。"

[41] 同上。

然而，这只是第一步。阿里森强调知性的自发性，这在某种程度上表明，理论理性和实践理性的各自关注并不像一些解读所假设的那样毫不相关。这种强调还表明，第一原因引起时间上的一个自发开端的能力，与知性根据感性经验做出自发判断的能力，两者之间有一种家族相似性。然而，在空间和时间条件*之外*运作的自发力量与在这些条件*之内*运作的自发力量之间仍然存在关键差别。[42]只要这种差距仍然存在，就很难明白康德如何能够为自己从一种观点转变到另一种观点提供辩护。在阿里森的第二步中，他通过引用反思性自我意识的概念来解决这个关键差别："康德对知性的论述使他不仅承诺了思想的自发性，还承诺了一个假定，即对这种自发性的意识只是知性的，或者只是知性所具有的。"[43]这指向康德的如下著名概念："我思必定能够伴随我的一切表象。"[44]"我思"在"伴随"我对经验实在的一切表象时，表达了我对自己作为一个认知经验主体的意识。我不仅按照知性的规则来自发地构建我对经验实在的经验，而且我也意识到我以这种方式在认知上是活跃的。我意识到自己是一个会思考、会判断的存在者。在目前的语境中，重要的一点是，尽管对我自己是一个认知经验主体的意识必定**伴随**我的所有经验（否则我怎么能把它们看成是我的呢？），但"我思"本身不能在经验上被表达出来。"我思"仅仅是知性的，或者只是知性所具有的。正如康德所说：

> 人完全通过感官认识自然的其余部分，也通过纯粹统觉认识自己；事实上，这是那种**在行为和内在规定中，他不能将之视为感**

---

[42] 参见 Meerbote，'Kant on the Nondeterminate Character of Human Actions'，151—157。

[43] Allison，*Kant's Theory of Freedom*，37.

[44] *CPR*，B131.

71   官的印象的东西。⑤

在这里，在一个无原因的第一原因和我们作为认知经验与理性慎思主体的自我意识之间，出现了一种更明确的相似性。自我意识，作为"纯粹理智"，独立于时间和空间中的因果决定："在意愿和思想中，我们有一种自己可以意识到的活动性，但在'经验'这个术语的严格康德式意义上，这种活动性……不是[感官]所能经验到的。"⑥这是对如下两个东西之间的可能类比的一种看似合理的重建：一方面是时间上的一种自发开端，另一方面是理性在这样一种主体中的自发性，这种主体意识到自己是有思想和判断的存在者。虽然后者作为"纯粹理智"在严格的意义上说并不是无时间性的，但把一个有思想的存在者对其自身作为思想主体的意识看作非经验性的，因而独立于时间和空间中的因果法则，也不是不合理的。

阿里森的第三步才是成问题的。他认为，如果我们可以在第一原因的自发性和思想主体的自发性之间进行类比，那么我们就可以在思想主体的自发性和行为主体的自发性之间做出进一步的类比。正如康德设定了一个在进行认知判断时自发地"接受"感官给予的材料的"我思"一样，我们也可以设定这样一个"我为"（I act），它在实践理性领域中作为"纯粹理智"的作用就类似于在理论理性领域中"我思"的作用。这是要从认知判断的自发性转移到实践慎思的自发性：

> 将自己设想为一个理性行动者就是要采纳一种慎思合理性模型，按照这个模型，选择涉及一种判断，以及一种构建或设定。既然这些活动，作为自发性的表现，本身只是知性的（它们可以被思

---

⑤　CPR, A546/B574. 强调系笔者所加。

⑥　Allison, *Kant's Transcendental Idealism*, 322.

想，但不是［感官］所能经验到的），我们就必须赋予行为主体一种理知特征。[47]

按照这个论述，作为因果关系中的一种自发开端的自由能力，就在于行动者"为自己构建"他们所选择而且随后可能决定要追求的计划和目标的能力。阿里森并不是在暗示说，"自由的因果性"在其经验表现中与自然的因果性并列前行或者与之相竞争。一旦一个自由地决定的行动过程得到**实施**，它就会受到因果法则的约束，正如时间和空间中任何其他因果地决定的序列会受到类似的约束。人类行动之所以可　72　以被称为"自由的"，并不是因为在时间和空间中有一种类似的自由的因果性，而是因为慎思合理性有这样一个经验上不可观察的、自发的时刻，这个时刻就表现在行动者的这样一种意识中，即意识到自己是那些先于行动随后在时间和空间中的因果关系的计划和目标的筹划者：

> 能动性包括一种思想能力，但还涉及更多的能力，例如设定目标的能力，在这些目标的基础上采取行动的能力，以及抵抗那种诱使我们走向与这些目标相反的方向的倾向的能力。简而言之，它不仅涉及理性，还涉及一种"理性的因果性"。[48]

这种将实践自由描绘为慎思主体的自发性的做法有什么错吗？我对阿里森的分析有两点忧虑，将在本章最后一节加以讨论。第一个忧虑是方法论上的，涉及阿里森重建从宇宙论视角转向人类中心论视角的方式。尽管阿里森在一个自发的第一原因、一个自发地做出判断的思想者以及一个自发地进行慎思的行动者之间做出的一系列类比很有

---

[47]　Allison, *Kant's Theory of Freedom*, 38.

[48]　Allison, *Kant's Transcendental Idealism*, 323—324.

见地,但这些类比未能克服两种视角之间明显的鸿沟。事实上,只要阿里森成功地表明理性的自发性对康德的认识论和实践哲学具有同样的重要性,他大概就可以从理论理性的自发性中推出实践自由的自发性,而根本不需要涉及宇宙论争论。康德的"我思"和阿里森的"我为"之间的类比应该足以引起人们的注意。有了阿里森的分析,我们就已经远离了自由问题的宇宙论起源,以至于很难明白康德为什么一开始就以自由问题为出发点。第二个忧虑与阿里森的目标有关,他想从第三个二律背反的论证中对实践自由提出一种非道德的论述,而这个论证独立于康德后来按照绝对命令(这被认为是实践理性的最高原则)对自由法则的阐述。当阿里森将自由设定在行动者的"慎思的自发性时刻",当他将理性的因果性与行动者为自己构建其所选择的计划和目标的能力联系起来时,他的分析就展现出了明显的个人主义转向。康德对自由作为理性的一个观念的构想是否可以还原为行动者的慎思合理
73 性能力,这是值得怀疑的。方法论的忧虑和规范性的忧虑是相关的:阿里森的个人主义转向在一定程度上是他忽视宇宙论联系的结果。要理解这一点,我们必须转向康德对自由作为理性的一个观念的守法性的构想。

五 自由的法则与自然的法则

我在上面提到,阿里森对康德通过宇宙论途径来探究人类自由问题的方式不感兴趣,这并非与他的一个做法无关,即试图从第三个二律背反中推出一种对自由能动性的非道德解释。他对自己所提供的重建的描绘证实了这一点。尽管阿里森捍卫对自由能动性的一种非相容论解释,但他明确表示,这不能被理解为一种形而上学捍卫。康德认为,自由的能动性把一个不可还原的、纯粹理智的"时刻"包括在自我意识的意愿这一观念中;这个论点不能被解读为指向一个实质性的"本体

自我"。而是，关于"我为"的一个想法被认为包含在自由的概念本身之中，即"我为"是纯粹知性的，也就是说，是非经验性的，而且独立于时间和空间中的因果关系。这个想法表达了我们在认为自己是自由的时看待自己的方式。阿里森坚信康德的要点是概念性的，而不是形而上学的。[49]（然而，请注意，康德通常说的是"自由的**观念**"，而不是"自由的概念"。）尽管阿里森没有明确指出他所说的自由的形而上学概念究竟意味着什么，但他以康德的名义抛弃了对本体自我的一种**实质性**构想，而这表明他想到的是一种理性主义形而上学。鉴于康德拒斥这个论点，这无论如何都说不上是康德本人所赞同的一种形而上学。问题是，当康德将自由构想为理性的一个观念时，他的构想是否可以被认为是形而上学的，而不等同于理性主义形而上学？

在这里，重要的是不仅要强调一个自发的第一原因和一个自发的"我为"之间的类比，而且同样要强调自然的因果性和自由的因果性之间的类比。既然康德针对人类行动对自由的因果性的谈论通常被认为产生了时间和空间中类似的因果性的问题，[50]阿里森的观点就值得考虑，即这里所说的因果性只涉及行动者的"内在决定"——他们对拟订的行动方案的反思性慎思。对一个自由地决定的行动方案的实施必须尊重经验实在的因果约束。不过，按照阿里森的说法，理性的理知因果性是与行动者**为他们自己**制订目标和计划的能力挂钩的。在第三个二律背反中，康德确实谈到了一种与自由的因果性有关的构建能力。但这种构建能力并未提到个人的特定目标和计划。正是**理性**被认为有能

74

---

[49]　特别参见 Allison, 'Kant on Freedom: A Reply to My Critics' in *Idealism and Freedom* (Cambridge University Press, 1996), 109—128。对阿里森的观点的批评，参见 Stephen Engstrom, 'Allison on Rational Agency'；Andrews Reath, 'Intelligible Character and the Reciprocity Thesis'；Marcia Baron, 'Freedom, Frailty, and Impurity'。这些文章都出现在如下讨论阿里森的《康德的自由理论》的专栏中：*Inquiry*, 36 (1993), 405—441。

[50]　Meerbote, 'Kant on the Nondeterminate Character of Human Actions', 153.

力"以完全的自发性为自己构建一种其自身的观念秩序"。㊿康德把被理解为自然法则(或者经验认知的法则)的因果关系与被理解为实践理性的法则的自由相并列。对康德来说,法则总是表明客观有效性和普遍权威。但这意味着,当阿里森按照个人构建自己目标和计划的能力来描述理性的自发性时,他的描述从最好的方面来说也是一种误导。争论的焦点不是**个人**的慎思合理性能力,而是**人类**在实践理性和能动性的范围内(也就是说,在广泛地理解的道德的范围内)创造一种合乎法则的秩序的能力。因此,正如因果性法则支配着我们对自然中的事件的系统安排一样,理性的法则在其实践能力中也调节着人类主体自由地决定的行动。阿里森坚持认为,在第三个二律背反中,康德并没有一个充分完整的积极自由概念,即把自由理解为符合绝对命令的行动。但这并不意味着那里提出的自由概念与康德的实践哲学有很大分歧。康德提到理性的因果性以及理性构建其自身的观念秩序的能力,这些都是自由的积极概念的指针,而这个概念在他晚期的道德著作中得到了充分表达。正是阿里森对实践自由的一种非道德概念的独立倡导,

75 导致他忽视了自然的守法性和自由的守法性之间的类比。

　　康德之所以认为自由的守法性是重要的,是因为他认为作为理性的一个观念的自由具有一种**悬而未决**的地位。二律背反说明了人类理性的特殊性,因为人类理性注定要问自己一些既不能回答也不能忽视的问题。这显然是一个形而上学命题,而不是一个关于我们所说的"理性"的概念要点。它赋予人类主体一种合理的怀疑,即终极实在的本质可能比人类理性和认知能力所能理解的更多,而这种怀疑为正题的理性主义努力提供了线索。这也是一个规范命题,因为它表达了康德的一个认识,即人类的认知限度对人类产生了极为令人不安的影响。当我们按照因果法则自信地从有条件的东西转移到其条件时,我们最终

　　㊿　*CPR*, A548/B576.

会认识到，因果回溯虽然向我们提供了关于经验实在的结构的有条件的知识，却不能使我们对这种知识产生最终的确定性。正是在这一点上，康德提议从一种思辨的形而上学转向一种关于自由的实践形而上学。当反题甚至拒绝承认自由问题时，正题提出的解决方案也不能令人满意，因为它违背了人类知识的条件。我想强调的是，康德的实践解决方案仍然是一种形而上学自由观。要明白这一点，不妨看看人的有限性概念如何在自然的因果性和自由的观念之间找到了一个解决方法。康德在《纯粹理性批判》序言中告诉读者，他"发现有必要限制知识，以便为信仰留出余地"，⁵²此时，他想到的是理性的二律背反以及由此产生的形而上学思想危机。我们可以本着反题的精神，对康德在《纯粹理性批判》中提出的自我要求给出一种负面解释：人类知识被限定为无限回溯的知识，在这种知识的界限外，除了信仰和迷信以外，别无其他。然而，信仰在康德所采纳的意义上是实践性的，指的是实践理性和能动性。一方面，认为人类知识被限定为对于经验实在的有条件的知识，而且它不能从有条件的东西上升到无条件的东西，这可能很令人失望。另一方面，终极知识或绝对确定性是不可获得的，这为自由的观念创造了其实践能力的空间。康德关于实践理性的首要性的论点，构成了对知性的有限性的承认的一个建设性回应。只有当人类知识是有限的时，从人类的观点来看，未来才是开放的；也只有因为未来是开放的，理性**才能**在人类能动性方面构建其自身的观念秩序。在康德哲学中，对人类作为有限的理性存在者的构想，自由作为实践理性的一个观念的想法，以及人类历史的可能性是密切相关的。这就是为什么我们应该避免对康德所说的自由采取过度的个人主义解读，为什么我们应该认真对待康德对人类自由的描述——人类自由是全人类的一项任务，而不仅仅是单独考虑的每个个体所拥有的能力。

76

---

⁵² *CPR*, Bxxx.

认为实践自由的观念使得未来的观念成为可能，更具体地说，使得人类历史的观念成为可能，不是在说自由和自然根本上是对立的。可以说，未来的可能性并不会出现在自然停止、自由开始的地方。第三个二律背反的目的不是把自由和自然并列起来或者使它们互相对立，而是调和它们。事实上，在康德晚期的道德著作中，他坚持自己所认识到的自由与自然或因果关系之间的紧密联系。同样，正是守法性的概念将自由和自然彼此区分开来，并维持了它们之间的关系。因此，在《道德形而上学基础》一书中，康德将自然法则称为纯粹实践理性的法则或原则的"典范"或模型。[53]正如我们已经看到的，康德认为因果性是知性强加于自然的一种受法则支配的秩序：对于对象和事件的认识必须遵循一种系统的秩序，才能为我们所理解。同样，自由地决定的行动只有在它们与任意的运动或行动区别开来时才是可理解的，也就是说，只有在它们是受法则支配的时才是可理解的。通过区分回顾性的因果解释和前瞻性的行为评价，我们可以更直观地表达这一点。因果法则使我们能够对自然事件或者甚至个人行动的不可避免的发生提供一种回顾性的因果解释。它还使我们能够预测特定条件下特定自然事件的（可能）发生。另一方面，我们不能以同样的方式来预测行动的因果关系。这尤其适用于我们自己的行动。我们可以（认为我们能够）通过应用因果法则来预测他人的行动；但就我们自己的行动而言，我们不得不采取一种慎思的姿态。然而，对行动的慎思若要变得可理解，就必须遵循某些规则或原则。在这里，自然的因果性为理性的因果性提供了一个模型或"典范"。对于任何特定的自然事件来说，若缺乏可以说明其发生的因果法则，其发生对我们来说似乎就是不可理解的，同样，对于

---

　　[53] 亚夫强调这一点，参见Yaffe，'Freedom, Natural Necessity and the Categorical Imperative'。他反对H. J. 佩顿和阿里森的如下观点：康德对自然的因果性的构想对于他将自由设想为理性的因果性来说至关重要。前者为后者的有效性提供了一个"典范"或模型，即后者的有效性就在于按照理性的原则（或法则）来进行有纪律的推理。

任何个人行动来说,若缺乏可以为它们提供辩护并使得它们对我们自己和他人来说都可理解的行动理由,这种行动似乎也是我们无法理解的。(当然,康德在这里也强调了一个重要的**不类比**:因果法则**决定**了自然事件的秩序,而实践理性的原则可以**引导**,但不能决定行动者对行动的慎思。因果法则是经验认知的构成性原则,而自由法则是实践理性的调节性原则,也就是说,它们引导而不是决定行动。)

在第二种更广泛的意义上,自然的法则为自由的法则提供了一个"典范"。这一点对《法权论》来说特别重要。自由和自由能动性的观念预设了对自然的约束的明确承认。这不仅仅是因为自由的因果性,在提到行动者的内在决定时,不能与制约行动的外在实施的因果法则相矛盾。此外,对自然的约束的承认必须成为行动者对行动的慎思的一个不可或缺的部分。如果行动者在按照自由的观念来行动时未能认识到自然的因果约束,那么其行动就会再次显得很武断,或者至少是被误导了,他们的实际推理的效力就会受到损害。并非每个人想做的一切事情都是可行的,或者甚至是可能的。要充分了解什么行动是可能的,就必须首先承认自然对行动的约束。这并不意味着自由的行动是由自然的因果关系来**决定**的:在自己行动的时候认识到自然的约束,只不过是在自己的实践慎思中考虑到了这些约束。然而,经过训练的实践推理预设了对认知约束和因果约束的理解,因此就不能完全按照行动者的特定计划、目标和欲望来进行自我导向。

合乎法则的实践自由的这两个方面——人类有能力为自己构想一个受法则支配的可能未来,这种构想既认识到自然对人类能动性的约束,又认识到人类能动性不是由这些约束来决定的——对于康德在《法权论》中对政治自由的构想至关重要。更一般地说,自由的观念是理性的一个共同观念,是全人类的一项任务,这对于康德的世界主义法权观或者政治正义观来说至关重要,而按照这种观点,除非每个人的自由在全球层面得到了保障,否则就没有任何人的自由可以完全得到实现。

78

之所以如此，部分原因就在于，在政治实践的层面上，康德对自由的形而上学构想（即自由是理性的一个观念）有着非常不同的含义，而鉴于这种构想很容易被同化在传统自由主义理论的更加个人主义的模式下，人们应该对此保持警惕。

79

第三章

外在自由的道德

> 对人来说，**欲望的能力**就是通过表象成为其对象的原因的能力。一个存在者按照其表象来行动的能力就被称为**生命**。
>
> ——《道德形而上学》,211

一　引　言

前一章阐述了康德对自由的形而上学构想，强调作为纯粹实践理性的一个观念的自由应该合乎法则，并重点讨论了守法性的两个方面。[①]第一个方面涉及因果法则和自由法则之间的类比，以及在更广泛的意义上说，人类的有限性和自由的观念之间的关系，正如从宇宙论视角到人类中心论视角的转变所表明的。在第三个二律背反中，实践自由的观念是与人类对其有限的知识主张的承认一道出现的。既然人类认知依赖于因果关系的概念，既然后者在其经验应用中的无限回溯具

---

① 本章基于我的如下文章：'Kantian Desires: Freedom of Choice and Action in the *Rechtslehre*' in Mark Timmons, ed., *New Essays on Kant's Metaphysics of Morals*（Oxford University Press, forthcoming）。

有道德上令人不安的含义，那么，有限的推理者探究因果法则的终极根据的尝试既是自然的，也是徒劳的。这种尝试是自然的，因为一种无限回溯的前景本身对于有限的理性存在者来说是难以理解的（因此就有了正题的主张，即因果法则意味着一个无条件的第一原因）。但是，寻找这样一个无原因的第一原因也是徒劳的，因为对于有限的理性存在者来说，关于第一原因的问题之所以产生，正是因为他们无法回答这些问题。对于一个完全理性的、无所不知的存在者来说，这样的问题是不

80 会出现的，因为对这样一个存在者来说，第一原因以及随之而来的一切东西都是透明的。相比之下，对于有限的理性存在者来说，关于第一原因的知识在本质上是无法获得的。这就是为什么自由问题只能从实践的角度来回答，而不能从思辨的、超验的角度来回答：纯粹实践理性必须向自己提供一个其自身的观念秩序。

从这个结论中，我们并不能推出康德对自由提出了一种完全内在的构想。在许多方面，他的论述的最有趣的特征是如下论点：实践自由的内在视角预设了一个超验视角，即使后者只是一个"负面观念"。[2]正如我们已经看到的，康德不仅区分了先验自由和实践自由；他还坚持认为实践自由的可理解性取决于先验自由的可能性。虽然我们无法**知道**意志并不依赖于自然的因果关系，但从实践目的来看，我们必须假设这种独立性是可能的。[3]我的主张是，由于实践自由预设了自由的先验

---

② 严格地说，我应该指的是"先验视角"，因为康德将理性主义的超验形而上学与他自己的先验哲学区分开来。然而，在这里，我是在柯尔纳赋予"超验"这个词的一般意义上使用它，也就是说，通过将它与内在视角区分开来。

③ 从本质上说，正是这个观点排除了对康德的自由观念的相容论解释或不相容论解释。如果他是一个相容论者，他就会把负面的或先验的自由观念看成是虚幻的并加以拒斥。如果他是一个不相容论者，他就会声称我们对负面的或先验的自由具有知识。但是，尽管康德否认这种知识的可能性，但其立场不应与当代相容论者表面上类似的论证（即决定论论点对于自由的道德来说无关紧要）相混淆。根据当代相容论的观点，决定论是真是假与道德自由问题无关，因为前者涉及事实问题，而后者是人类（转下页）

观念，自由意志就不可能是一种武断的或不守法的意志。认为意志可能不受因果决定的影响，就是持有一种理性的因果性的观念。既然有限的理性存在者不可能对消极自由具有知识，对纯粹实践理性的法则的**知识**也是不可能的。因此，自然的法则就提供了守法性的一个**典范**或模型，而有限的理性存在者按照与这个典范或模型的类比来设想引导行动的实践自由的法则，这些法则在作为实践理性的最高原则的绝对命令中得到了明确表述。

81

我将在第六章回到康德对自由的形而上学构想和他对人类有限性的构想之间的联系。本章着重讨论合乎法则的自由的第二个方面，即康德将自由看作理性的一个**共同**观念。如前所述，对康德来说，法则总是意味着普遍有效性和普遍权威：如果某个东西是一个法则，这就意味着它对所有受到其权威影响的情况都有效。他对自由的法则的暗示表明了对自由能动性的这样一种构想：一个特定的行动只有在符合具有相关权威的行动原则的时候才有资格成为自由的。这种对守法性的强调不同于古典自由主义者从相容论立场对自由能动性的构想。后者通常将自由视为单独地考虑的每个人所拥有的属性或性质，在这里，这个属性或性质是按照个人基于欲望的选择能力来定义的。虽然这种观点并不否认针对个人之间的交往建立合法约束的必要性，但它并不认为守法性是自由概念的构成要素。相反，自由的概念通常被认为指的是**缺乏**法律约束。一个特定的行动是否具有自由的资格，这个问题可以独立于它是否符合普遍有效的行动原则来解决。按照这种观点，对自由问题进行裁决的是行动者是否自愿行动，即是否按照他们的选择来行动。

（接上页）情感和人类心理的专属领域。考虑到事实与价值的区别，我们可以在不解决决定论问题的情况下承认自由在道德上的重要性。对这种立场的经典阐述，见 P. F. Strawson, 'Freedom and Resentment' in *Freedom and Resentment and Other Essays* (London, Methuen Publishers, 1974), 1—25。对康德来说，决定论问题并非与自由的观念无关，因为在缺乏前者的情况下，后者就不能作为理性的一个悬而未决的观念而出现。

正如我们所看到的,尽管阿里森承认合乎法则的自由对康德**伦理学**很重要,但他还是按照自己对第三个二律背反提出的一种特殊解读,来支持对康德所说的自由的一种一般性的、非道德的构想。阿里森承认,康德在其道德哲学中关注的是道德和自由之间相互依存的关系。④然而,他声称,至少在《纯粹理性批判》中,康德拥有这样一种理论资源:在这种资源的基础上,他**本来就能**发展出阿里森自己所倡导的那种对自由能动性的更一般的、非道德的构想。在推进这种替代性解释时,阿里森所强调的是自由能动性的合理性,而不是其道德性,因此他将理性的自发性设定在个人构建自己计划和目标的能力中。尽管阿里森自己并不研究康德的政治哲学,但他所倡导的那种对自由的非道德构想间接地支持了一些人经常采取的一种更加随意的做法,即把一种古典自由主义的政治自由概念赋予康德。⑤换句话说,阿里森在第三个二律背反中对理性自发性的个人主义处理,有助于支持一些人的观点,即康德在《法权论》中对选择和行动的自由的提及是对自由主义的个人主义的直接呼吁。

这样一个举措存在许多问题。第一,它要求按照第一章在"古典自由主义"标题下所勾画的路线来否定(或者只是忽视)康德所说的实践自由的形而上学维度。第二,它似乎使康德背上了两种自由概念的包袱,其中一种是伦理的,另一种是政治的,从而威胁到康德对人类能动性的构想的总体连贯性。⑥第三,将康德所说的政治自由置于古典自由

---

④ 阿里森将这种关系称为"康德的互惠性论点",参见 Allison, *Kant's Theory of Freedom*, chapter 11, 201—213。

⑤ 这种做法的一个最近例子是 Allen Rosen, *Kant's Theory of Justice*(Ithaca, Cornell University Press, 1993)。

⑥ 亨利·西季威克指责康德倡导两个互相排除的自由概念。参见 Sidgwick, 'The Kantian Conception of Free Will', *Mind*, 13(1888), 405—413。对西季威克的论证的否定,参见 Nelson Potter, 'Does Kant have Two Concepts of Freedom?' in G. Funke and I. Kopper, eds., *Akten des Vierten Internationalen Kant Kongresses*(Berlin, de Gruyter, (转下页)

主义的个人主义解释下的做法,剥夺了康德政治哲学的许多独特之处,特别是在与他的世界主义有关的地方。本章的主要目的是反驳这样一种观点,按照这种观点,康德对政治自由的构想超出了他对道德能动性的一般论述的范围。法律(政治)与伦理——康德将它们各自称为外在自由领域和内在自由领域——构成了道德的两个不同但平等的分支。⑦这意味着守法性概念对于康德的外在自由概念以及他对内在自由的论述来说都是不可或缺的。

　　然而,有一个复杂的因素可以被认为支持了这个对立的观点,即康 83德对政治自由的构想必须是非道德的。这个因素关系到个人欲望在与外在自由的关系中的功能。在《法权论》中,康德明确承认,就外在自由而论,个人欲望是合法的。他这样做是有充分理由的。在康德对个人财产权的辩护中,在他对个人因为主张财产而招致的正义义务的演绎中,外在自由的概念都发挥了关键作用。财产主张指向个人对其选择的物质对象的欲望。然而,康德承认这种基于欲望的对外在自由的主张是合法的,而这显然与他在《道德形而上学基础》中所强调的一点相冲突,即只有自主的行动(即独立于行动者的倾向和欲望而决定的行动)才有资格成为自由决定的行动。既然康德在《道德形而上学基础》中将实践自由等同于自主意愿,一个在质料上被决定的选择行为如何能够成为(外在)自由的行为呢?难道康德在这里不是在认同他律地决定的选择和行动的概念,从而认同一种符合自由主义的相容论立场的

──────────

(接上页)1974),590—596。亦可参见Lewis White Beck, 'Kant's Two Conceptions of the Will in Their Political Context' in *Studies in the Philosophy of Kant*,215—229。

　⑦　在康德对道德的划分中,法律和伦理构成了两个不同但互补的领域,如下论著对此提出了很好的说明: Wolfgang Kersting, *Wohlgeordnete Freiheit*(Frankfurt, Suhrkamp, 1993),175—181。按照克斯汀的观点,绝对命令履行了"双重立法功能"(*doppelte Gesetzgebung*),这种功能既不将法律纳入伦理,也不使法律独立于道德的要求。克斯汀的解释得到了康德对法权的普遍原则的表述的支持,而这个原则显然是绝对命令应用于法律的一种形式。我将在下面的第二节和第三节中详细说明这一点。

对外在自由的论述？

是否如此在很大程度上取决于如何理解欲望和欲求在《法权论》中的作用。我对外在自由作为自主选择意义上的守法自由的捍卫采取了一条间接路线，关注于康德对个人欲望能力的理解，即这种能力是一种理性能力。我认为康德的观点是，有限的理性存在者只在具有理性思维能力的情况下才有形成欲望的能力。就欲望能力预设了理性思维能力而论，一个理性存在者的欲望一般来说受制于理性的约束。[8]因此，它们至少也间接地受制于纯粹实践理性的约束（即自由法则的约束）。诚然，认为欲望预设了一个存在者的推理能力的观点，与康德在其早期著作中对欲望和倾向的病理学（pathology）*提出的说法形成了鲜明对比。尽管如此，我相信，按照康德在《道德形而上学》总论中对"欲望能力"的评论，[9]至少对《法权论》来说，可以对那个替代性解释提出一个看似合理的支持。此外，如果康德希望认为（正如他必须认为的那样），外在自由的行为，尽管有别于内在自由的行为，但还是因为符合作为最高的"自由法则"的绝对命令而有资格成为自由决定的行为，那么他就**需要**对有理由的欲求提出一个构想。接下来，我将首先简要地

---

[8]　"有理由的欲望"（reasoned desire）和"理性欲望"（rational desire）不是同一回事。后者的概念在当前的政治决策理论中相当普遍，指的是这样一种欲望：对个人来说，拥有这样一个欲望是理性的——要么是因为它对他们的总体福祉来说很重要，要么是因为它满足了他们所看重的某些渴望。这种欲望的合理性不是其形成所固有的，而是与欲望作为一个手段所要促进的目的相挂钩。相比之下，"有理由的欲望"指的是作为一种推理过程的产物的欲望形成。因此，一个有理由的欲望是按照它作为产物的推理过程来辩护的，而不是按照拥有该欲望所要促进的那个假定的理性目的来辩护的。在下面的第四节中，我希望更清楚地说明有理由的欲望这个概念。

*　康德在一种特殊的意义上使用"病理学"这个术语：在康德的意义上，说某个东西是"病态的"（pathological），并不是说它是"不正常的"，而是说它来自人性当中具有感性的那个方面，例如身体的本能需求、感官产生的欲望以及与之相关的倾向和激情。因此，在康德这里，与"病态的"相对立的是意志的纯粹形式的自主决定。——译者注

[9]　参见 *MM*，6：211。

阐述内在自由与外在自由的区别。第三节对比了两种对立的尝试，它们都旨在消除外在自由和作为道德上的自我立法的一个原则的绝对命令之间明显的张力。如果二者都没有成功地对外在自由提出一个有说服力的解释，即把外在自由解释为合乎绝对命令的选择和行动的自由，那是因为二者都忽视了与外在自由相关的欲求的具体功能。第四节和第五节对康德的如下想法提出一个解释：理性存在者的欲望能力必须符合作为自由的最高法则的绝对命令下的自我立法要求。因此，对外在自由的这样一种构想就是可能的：它既认同个人对其选择的物质对象的合法欲望，又认为这种欲望的形成和追求受制于自由法则的约束。

二　内在自由与外在自由

　　直到在《道德形而上学》中，康德才正式引入外在自由和内在自由之间的区分，而这个区分追溯了《道德形而上学》中《法权论》和《美德论》的划分。不过，康德很少明确地提及将内在自由和外在自由区分开来的标准。这有点令人惊讶，因为这个新的区分把额外的复杂性引入他那个已经很苛刻的自由理论中。更具体地说，如下这一点并不明显：康德在《道德形而上学基础》和《实践理性批判》中对实践自由的论述是否能够容纳他对外在自由的设想。尽管康德在这些著作中偶尔提到　85主体的司法责任，特别是在他对完全义务的论述中，但他在那里阐述了一个一般的自由理论，而他在其中提出的说法与他后来更严格地称为内在自由的东西极为一致。尽管本章关注的是外在自由概念，但如果我们回顾一下康德在《道德形而上学基础》中采取的一些与内在自由相关的根本举措，我们就会更清楚地看到它们之间的对比。

　　《道德形而上学基础》接纳了我们在第三个二律背反中所熟悉的自由的积极概念和消极概念之间的区别。消极自由（即先验自由）规定了主体的意志摆脱因果决定的那种独立性；积极自由（即实践自由）指

的是意志按照纯粹实践理性的原则来决定自己的能力。积极自由预设
了消极自由，因为只有当一个存在者可以被认为拥有独立于自然的因
果关系的意志能力时，他才能被认为拥有一个进一步的能力，即能够按
照自由的法则来实施自我立法的意愿活动。在《道德形而上学基础》
中，康德众所周知地将主体的倾向和欲望定义为属于他们的"现象本
性"，并受制于自然的因果性。这个定义的明确含义是，只要一个意志
是由主体的欲望的因果性来决定的，它就不可能是自由的。既然这样
一个意志不满足消极自由的必要条件，它就不能满足积极自由的要求。
康德区分了他律意愿和自律意愿，并用这个区分来进一步阐明这个主
张。康德指出，一个有限的理性存在者的意志不可避免地会受到部分
地构成了其现象本性的感性冲动的影响。然而，他律的意志不仅受到
了主体的感性冲动和倾向的影响，而且也是由这种影响来决定的。《实
践理性批判》将一个他律的意志描绘为是由"质料的实践原则"来决定
的：[10]虽然意志受到实践理性原则的引导，但这些原则接着又对行动者
的欲望和倾向做出回应，从而对其现象本性做出回应。这种将他律意
愿描绘为质料上决定的意愿的做法导致一些评论者认为，康德对他律
意愿的构想本质上类似于休谟式的工具推理概念，按照这个概念，正是
欲望而不是理性决定了行动方案。这是否完全准确还很难说。总的来
说，对康德来说，质料的实践原则之所以不能成为严格意义上的理性的
法则，是因为它们是主观上被决定的，而不是因为它们是工具性的。既
然质料的实践原则回应的是对行动者主观上给予的欲望，它们就不可
能对所有人都有效，而不考虑每个人的特定欲望。[11]

　　与他律地决定的意志相反，自主的意志将从作为其决定的根据的

---

⑩　　*CprR*, 5: 22.

⑪　　*CprR*, 5: 21:"一切将欲望官能的对象(质料)预设为意志的决定根据的实践原
则，无一例外地都是经验性的，不能充当任何实践法则。"

所有主观上给予的欲望和倾向中抽象出来，只按照它对客观上有效的形式的实践法则的构想来行动。在不考虑主观欲望的情况下，一个自主的意志满足了消极自由的条件：它的意愿不依赖于主体的现象本性的因果性。当一个自主的意志按照它对一般而论的实践法则（即客观上有效的原则）的形式的构想来行动时，它就满足了积极自由的要求。严格地说，只有完全理性的存在者才直接按照他对一般而论的实践法则的形式的构想来行动。一个有限的理性存在者的意志不可避免地受到了感性冲动的影响，尽管不一定是由这种冲动来决定的，因此他就把客观上有效的原则体验为理性的命令或要求。因此，一个有限的理性存在者的自主的意志就是这样一个意志：**出于责任**、按照纯粹实践理性的原则来行动，就是这样一个意志的准则。

　　以上我们简要地总结了康德在其早期著作中对自由的构想，即自由就是自主的意愿。即便是从这个总结中，我们也可以鉴定出康德后来对外在自由的论述存在的两个核心问题。第一个问题就是前面提到的那个困难，关系到主体对其选择的外在对象的合法欲望——这些欲望暗示了这样一种观点：意志的决定更接近于质料的实践原则而不是形式的实践原则。第二个困难涉及自主的意愿和责任的准则之间的紧密联系。在康德的伦理著作中，他通常把出于责任而行动与行动者对一个伦理上好的意志的理解联系起来，这一联系因此就有了这样一个含义：自主意愿要求一个伦理上好的意志。但具有"好的意愿"是内在自由的一个显著特征；外在自由的概念显然是从这个伦理要求中抽象出来的。因此，如果一个伦理上好的意志确实是自主意愿的一个先决条件，那么外在自由就不能按照自主意愿来设想。这样一来，外在自由是否可以被看作一个康德式的自由概念就变得很可疑了。为了更清楚地看到这些困难的力量，让我们转到康德在《法权论》本身当中对外在自由的解释。

　　既然《法权论》本身并不关心内在自由，我们就可以假设康德对内在自由的看法本质上仍然是《道德形而上学基础》和《实践理性批判》中所阐述的看法。内在自由指的是行动者意志的纯洁性和伦理上好的意图即行动的准则。只要行动者不依赖于其欲望的因果性、出于责任而行动，因此其行动符合纯粹实践理性原则的要求，他就是伦理上好的，就是内在自由。对外在自由的新构想来源于康德在《法权论》导论中提到的"每个人生而具有的自由权"。生而具有的自由权是每个人仅仅由于其人性而拥有的，[12]它包括主体生而具有的平等，他们独立于他人的武断意志的状况，以及他们在平等的基础上与他人自由交往的权利。独立于他人的意志和与他人自由交往的权利意味着，主体有自由选择和行动的能力。外在自由被初步地定义为对个人选择自由和行动自由的权利的确认。这个定义在康德后来对法权概念的定义中得到了证实——法权规范了**行动者之间在选择方面的外在关系的形式**：

> 法权的概念……**首先**只涉及一个人与另一个人的外在的、实践的关系，因为他们的行动事实上能够对彼此产生（直接或间接的）影响。但是，**其次**，它并不是指一个人的选择与另一个人的单纯愿望的关系……而只是指与对方的选择的关系。**最后**，在这种交互的选择关系中，根本不考虑选择的内容，也就是说，不考虑每个人对自己想要的对象持有的目的。[13]

88

---

[12] 在这里我遵循如下作者的解释：Bernd Ludwig, *Kants Rechtslehre. Kant Forschungen, Bd.2*, Reinhard Brandt and Werner Stark, eds.（Hamburg, Felix Meiner Verlag, 1988）, 103. 按照路德维格的说法，康德对主体的人性的提及表明，在《道德形而上学基础》和《实践理性批判》中，当他为人类自由辩护时，他自以为已经证明了每个人生而具有的权利。因此，《法权论》预设了这个已经确立的权利。康德自己也指出，既然《法权论》并不直接关心每个人生而具有的权利，"这项权利就可以放在导论中，而法权学说的划分只能提及外在地属于我或你的东西"（*RL*, 6: 239）。

[13] *RL*, 6: 230.

因此,法权的概念既从行动者的选择的内容中进行抽象,也从其行动准则中进行抽象——行动者指向他人的内在倾向在判断他们彼此间的外在关系是否正当时并不重要。康德同样强调行动者之间外在关系的形式,这种强调反复出现在他对法权的普遍原则的表述中,而这个原则是每个人生而具有的自由权利和法权的一般概念的一个推论:

> 任何行动,如果能按照一个普遍法则与每个人的自由共存,或者如果按照其准则,每个人的选择自由都能按照一个普遍法则与每个人的自由共存,那么它就是正确的。[14]

这个表述中对主体的准则的提及不应该误导人们认为内在倾向是很重要的。法权的普遍原则只不过提出了这样一个要求:一个行动者的准则**在行动中的执行**不得违反另一个行动者的选择的外在条件。例如,在两个行动者之间的商业交易中,一方的准则很可能是从另一方的相对劣势中获利。尽管这样一个准则可能在伦理上没有价值,但只要行动者在按照它来行动时不违反另一方的选择的外在条件,该准则就没有"违背法权"。[15]合乎法权的行动不一定合乎伦理。但这将我们带到了内在自由和外在自由之间的关键区别,同时提出了与外在自由有关的自主意愿问题。与内在自由相比,外在自由可以外在地强制执行。

---

[14]　*RL*,6:230.

[15]　众所周知,很难判断在什么情况下某人的选择条件已经受到违反或损害。正如奥诺拉·奥尼尔所表明的,许多胁迫是隐性的,而不是显性的,尤其是在政治能动性和经济能动性的环境中,而这取决于对人们的意志进行欺骗和操纵的形式以及选择的环境。参见O'Neill, *Towards Justice and Virtue* (Cambridge University Press, 1996), chapters 5 and 6。一个人可以不道德地但却公正地行动。康德在这方面的标准例子是一个债权人,他坚持要求偿还贷款,尽管他完全知道这样做会让债务人破产。这个例子假设最初的交易在如下意义上是双方自由地采取的:双方本来都可以选择不进入那种安排。在许多选择情境中,这个假设可以说毫无根据,哪怕是在选择的形式条件表明并非如此的情况下。

89　虽然不能强迫一个人对其他人采取伦理上好的倾向，但可以强迫他按照法权的普遍原则来外在地行动。法权的普遍原则确保必要时通过强制性手段来保护个人的外在自由权利不受他人侵犯："如果对自由的某种使用从普遍法则的角度来看本身就是对自由的阻碍，那么反对这种阻碍的强制从普遍法则的角度来看就与自由是一致的。"⑯问题在于，法权的普遍原则是否**只是**充当对行动的一种外在地施加的约束，或者，尽管它具有强制性，但其规范根据是否源于康德对作为自主意愿的实践自由的自我立法特征的一般构想。在这一点上，这部文本中的不同段落产生了相互冲突的可能解释。将法权的普遍原则解释为一个完全外在的立法原则是可能的，该原则通过诉诸行为主体审慎的自我利益来确保他们外在地符合其要求，从而将外在自由降级为他律意愿的一种形式。从另一种解释来看，这部文本也支持这样一种观点：法权的普遍原则主要是充当一个自我立法原则，只有在自我立法失败的情况下才进行强制执行。按照这种解释，外在自由可能就会被认为与自主意愿的要求相一致。

对所谓审慎解释的主要支持，来自康德在《道德形而上学》总论中对行动的不同可能动机的区分：

> 任何立法都可以按照动机来区分。如果一种立法使一个行动成为一项责任，并使这项责任成为一种动机，那么它就是伦理的。但是，如果一种立法并不将责任的动机包括在法律中，而是允许有一种与责任的观念本身不同的动机，那么它就是法律的。很明显，在后一种情况下，这种动机是一种与责任的观念不同的东西，它必定是来自选择、倾向和反感的感性决定根据，而且在这些东西当中首先来自反感，因为立法是要进行约束，而不是一种进行邀请的

---

⑯　*RL*,6：231.

诱惑。[17]

康德认为，合乎法权的行动允许有一种不是责任的动机，而且这必定是一种诉诸反感的具有感性根据的动机。这个主张产生了如下结论：主体对法权的普遍原则的外在服从，取决于开明的自我利益——也就是说，不愿意遭受在不遵守法律的情况下外在强制性法律的制裁。另一方面，拒斥这样一种审慎解释的人可以诉诸康德的这样一个坚决主张，即法律和伦理同样受制于道德法则，而遵守道德法则不能基于审 90 慎的理由：

> 与自然的法则相比，自由的法则被称为道德法则。当它们只针对符合法律的外在行为时，它们就被称为法律法则，但如果它们也要求自身成为行动的决定根据，它们就是伦理法则，因此人们就说，符合法律法则就是行动的合法性，而符合伦理法则就是行动的道德性。[18]

在这里，康德按照法律和伦理各自的道德能力范围将二者区分开来。**所有**自由法则都是道德上自我立法的法则，而法律法则**可以**被自我立法，即使与伦理法则相比，它们**也**具有外在可强制性。因此，关于自由的法律法则的规范根据就在于主体的自我立法能力，而不是对其审慎的自我利益的诉求。我认为这样说是公平的：直到最近，对《法权论》中司法立法的审慎解释比非审慎解释更加流行。[19]之所以如此，一

---

⑰　*MM*, 6: 219.

⑱　*MM*, 6: 214.

⑲　关于最近在这方面的争论，参见如下两位作者的交锋：Bernd Ludwig, 'Will die Natur unwiderstehlich die Republik？'; Reinhardt Brandt, 'Antwort auf Bernd Ludwig', *Kantstudien*, 88（1997），218—236。亦可参见如下两位作者的交锋：（转下页）

定程度上是因为在现代政治思想史上，关于行动者动机的审慎主义假设往往很流行，但也因为在康德的政治著作中，特别是在他早期的一些政治论文中，他的观点确实很模糊。[20]尽管如此，最近出现了非审慎解释路线的热潮。在下一节中，我将简要地对比两种阵营的代表性立场，并对我认为的这两种观点的错误之处做出评论。

三　外在自由：审慎还是美德？

91　对于外在自由和绝对命令之间的关系，奥特弗里德·赫费按照审慎的观念提出了一种复杂的重构。[21]赫费认识到，任何可信的解释都必须在绝对命令的框架中容纳康德对外在自由的阐述，而且在这样做时没有将外在自由还原为内在自由。在拒绝让政治从属于伦理时，他倡导"法律［即政治］与伦理的并列"，认为二者"共同服从于道德的观点，即一般的绝对命令"。[22]赫费认为这种并列从康德对不同的动机性诱因的提及中得到了暗示，他由此区分了绝对命令的两个层次。在第一个层次上，我们有了作为一般而论的道德的最高原则的绝对命令，而且这个原则根本就没有提到动机性诱因："只按照可以被设想和意愿为

（接上页）Allen Wood, 'The Final Form of Kant's Practical Philosophy'; Paul Guyer, 'Justice and Morality', *The Southern Journal of Philosophy*（Supplement），36（1997），1—28。

⑳　参见 Heinz-Gerd Schmitz, 'Moral oder Klugheit？', *Kantstudien*, 18（1990），413—434。亦可参见 Hella Mandt, 'Historisch-politische Traditionselemente in Kant'。

㉑　Otfried Höffe, 'Kant's Principle of Justice as Categorical Imperative of Law' in Y. Yovel, ed., *Kant's Practical Philosophy Reconsidered*（Amsterdam, Kluwer Academic Publishers, 1989），149—167. 关于他对康德的霍布斯式解读的更一般的阐述，亦可参见Höffe, '"Even a Nation of Devils Needs the State"：The Dilemma of Natural Justice' in H. Williams, ed., *Kant's Political Philosophy*（Cardiff, University of Wales Press, 1992），120—142。

㉒　Höffe, 'Kant's Principle of Justice', 153。

普遍法则的原则来行动。"㉓在第二个层次上，赫费区分了他所谓的"美德的绝对命令"和"法律的绝对命令"。前者诉诸行动者的好的意志，作为"只按照可以被设想和意愿为普遍法则的准则来行动"的必要的动机性诱因。㉔相比之下，法律的绝对命令只要求行动者的行动"外在地符合可以被设想和意愿为普遍法则的原则"。㉕伦理命令要求行动者将好的意愿作为其行动的准则，而在法律命令的情形中，这是不必要的："自我利益对于遵守这个原则来说就足够了。"㉖

　　尽管赫费的两层次区分允许他在形式上将外在自由容纳在他修改过的绝对命令的结构中，但我们并不清楚由此能够获得什么实质性的收获。赫费并没有表明，一种作为自主的意愿和选择的外在自由概念在绝对命令的约束下是可以设想的，他反而简单地扩大了绝对命令的范围，使之包括基于审慎动机的行动。这种做法是成问题的，因为康德坚持认为，绝对命令，作为纯粹实践理性的一个不允许提到感性动机（包括审慎动机）的最高原则，具有无条件的有效性。㉗赫费意识到了这个困难，这表现在他往往跳跃在两个想法之间：一个是，自我利益对于外在地服从正义原则的动机来说是充分的；另一个是，自我利益作为那些原则的规范辩护的根据来说是必要的。他最初的主张是，自我利益

92

㉓　Höffe, 'Kant's Principle of Justice', 156.

㉔　同上。

㉕　同上。赫费所说的"法律的绝对命令"指的是法权的普遍原则。赫费之所以使用这个有点特殊的术语，大概只是为了强调他对绝对命令的两个层次的表述之间的对称性。

㉖　同上，157。

㉗　事实上，赫费的两个层次的区分提出了关于所谓的绝对命令的一般表述的来源的问题。按照对《道德形而上学基础》中的论证的一种合理解释，正是行动者的责任观念以及他们的自主意愿能力说明了绝对命令的可能性。由于赫费为美德的绝对命令保留了这些东西，我们就不清楚那个所谓的一般表述的根据究竟是什么。这就导致了这样一个观点：那个一般表述是一个外在地规定的道德原则。但这几乎不符合康德对道德和道德能动性的来源提出的主要主张。

足以让人们遵守法律的绝对命令。这个主张可能只是提醒,正义原则是可以外在地强制执行的:如果个人不愿意按照自己的意愿公正地行动,就可以以制裁相威胁来强迫他们公正地行动。在这里,对自我利益的诉求仅仅涉及正义原则的**强制执行**。这与将法律的绝对命令解释为纯粹实践理性的一个绝对有效的原则的做法相一致:自我利益并不提供正义的规范根据;对自我利益的诉求仅仅是确保服从正义要求的一种可能手段。然而,在其他时候,赫费提出了一个更强的主张,比如当他断言"法律的强制执行(即对道德上正当的东西或正义的强制执行)**必须与自我利益相一致**"的时候。㉘ 在这里,两种可能的解读之间的模棱两可尤其明显。赫费要么只是在简单地重复"法律的强制执行"必须以并不具有充分吸引力的制裁的形式与自我利益相一致,要么他是在说,对"道德上正当的东西,即正义"的要求的规范辩护必须与自我利益相一致。按照后一种解释,这里提出的主张是,除非正义原则与自我利益相一致,否则就不存在遵守这些原则的充分理由。简而言之,赫费从法律执行层面上的自我利益滑向规范辩护层面上的自我利益。

无论赫费想要何种解释,当他将法律与伦理系统地并列起来时,这种并列的结构都将他推向那种更强的规范解释。如果美德的绝对命令是因为诉诸伦理责任的动机性诱因而成为一个伦理原则,那么法律的绝对命令必定是因为诉诸自我利益的动机性诱因而成为一个正义原则。因此,当康德声称只有出于好的意志和责任的准则而采取的行动才有道德价值时,㉙赫费也应该类似地得出一个结论,即只有出于自利动机的行为才是公正的。但这一结论是违反直觉的——也不清楚是否能够在康德的文本中找到支持它的证据。回想一下康德自己对不同的动机性诱因的评论(上一节曾经引用)。康德确实说过,法律的制定

㉘ Höffe, 'Kant's Principle of Justice', 158.

㉙ 参见 *Groundwork*, 4: 398。

"允许有一种与责任的观念本身不同的动机"。但这并不排除一个想法，即责任是一种同样可能的动机：与赫费相反，康德不是在说责任的观念**仅仅**适用于伦理立法，而自利的动机**总是**适用于司法立法。康德确实认为，司法立法**允许**有责任以外的动机，这个主张表明他的立场更接近于赫费的充分性论证，而不是其必要性论证。但是充分性论证只关注执法的充分手段。因此，当康德说这些其他的动机"必须是反感，而不是诱惑"时，他指的是在不自愿地服从正义责任的情况下制裁的威胁。对个人的自我利益的这种负面提及，不同于赫费对自我利益作为一种动机性诱因的一些更正面的提及，后者意味着正义原则必须承认和满足自我利益的要求。简而言之，即使康德确实提到了关于司法立法的不同的动机性诱因，但这种提及仅限于执法层面，并不支持将自我利益看作正义的规范根据的主张。

即使赫费未能对作为两个分离的道德领域的法律和伦理之间的区别提出一个有说服力的解释，但他抵制将政治能动性"伦理化"[30]的决心是极为重要的。他在这方面的抵制是深刻的，而且，尽管这种抵制有时采取了一种过分霍布斯式的表达方式，但他正确地拒斥了一种做法，即为了获得自主性而将外在自由还原为一种内在自由。后一种倾向在克里斯汀·科斯嘉最近论述康德和政治抵抗的伦理的文章中变得很明显。[31]尽管科斯嘉没有直接提出动机问题，但她确实拒斥了对《法权论》的这样一种解读，这种解读认为自我利益是对法权的普遍原则进行规范辩护的关键。科斯嘉按照她所说的"程序正义"和"作为一种美德的正义"将执法和对正义原则的规范辩护区分开来。程序正义指的是一套关于正义的制度化的程序和原则，即国内法，其强制性权力确保对法

94

---

[30] Höffe, 'Kant's Principle of Justice', 153.

[31] Christine Korsgaard, 'Taking the Law into Our Own Hands: Kant on the Right to Revolution' in Andrews Reath, Barbara Herman, and Christine Korsgaard, eds., *Reclaiming the History of Ethics: Essays for John Rawls* (Cambridge University Press, 1997), 297—328.

律的普遍服从。与此相比，作为一种美德的正义则构成了程序正义的规范基础："伦理包含了我们的一切责任。从责任动机出发来履行正义的责任是美德的一项责任。换句话说，正义本身就是一种美德。"[32]科斯嘉的结论是，当主体审慎地行动时，他们只是以符合程序正义的方式行动，而程序正义所施加的制裁是他们渴望避免的。但是，当他们从作为一种美德的正义的准则来行动时，也就是说，当他们使得公正地行动成为美德的一项责任时，他们就是自我立法的行动者，而有关的行动是道德上公正的，不仅仅是符合正义。在第二种情况下，主体的正义行动是自主的。

科斯嘉的第一个主张是完全错误的：按照康德的观点，道德，而非伦理，包含了我们的所有责任。第二个主张看上去有点费解，至少是具有误导性的。科斯嘉暗示说，只有当我们使得公正地行动成为我们的**伦理**责任时，我们才会出于非审慎的动机履行我们的正义责任。我们现在当然有可能把公正地行动变成一种美德。从这个意义上说，我们甚至可以说伦理包含了我们的所有责任。但是，如果某人将公正地行动变成一种美德，其行动就是有美德的，而不（仅仅）是公正的。这里的要点是，至少在康德看来，一个人可以公正地行动，而不必同时有美德地行动。这正是为什么法权的概念是从行动者的行动准则中抽象出来的，仅仅关注行动者之间在选择方面的**外在关系的形式**。因此，科斯嘉的结论并不意味着"正义本身就是美德"——如果这句话可以被认为指的是，在缺乏美德的情况下，就没有正义。但是，当科斯嘉将"正义的美德"认定为对法权的普遍原则的规范辩护时，她必定是在后面这个意义上说的。在这样做时，她就有效地将法律还原为伦理，将外在自由还原为内在自由。如果只有当一个人**在伦理上**在乎公正地行动时，他才公正地行动，那么外在自由和内在自由之间的区别就会崩溃。

95

㉜　Korsgaard, 'Taking the Law into Our Own Hands', 317.

有人可能会认为，与科斯嘉的论证路线相似的东西是获得外在自由的自主性的唯一途径。至少科斯嘉并未将公正行动还原为审慎行动。尽管她承认行动者有可能只是出于审慎动机而服从正义要求，但她也表明，出于伦理的理由而公正地行动（因此，自主地行动）是可能的。然而，就像赫费一样，科斯嘉只考虑了两种可能的行动动机，即伦理动机和审慎动机。因此，一个行动要么是出于伦理动机，要么是出于审慎的理由。赫费关注于维护法律与伦理的区别，这使他将审慎赋予法律，将好的意志赋予伦理，而科斯嘉则关注于维护正义的道德上有约束力的特征，这使她将正义与美德混为一谈，将法律与伦理混为一谈。但为什么不应该有更多可能的行动动机呢？行动者既不是按照审慎动机，也不是按照伦理动机来履行其正义义务，他们之所以履行这种义务，只是因为他们承认他们彼此负有某些正义责任，为什么没有这样的可能性呢？问题在于：除非有人能够想出对外在自由的一种论述，即把外在自由理解为自主意愿和选择，否则审慎解释就很难避免。但是，如果人们不想消除康德对法律和伦理的区分，那么任何将外在自由设想为自主意愿和选择的想法都必须与内在自由区分开来。我们所需要的是对自主意愿和选择的这样一种设想：它考虑到了将外在自由和内在自由区分开来的政治能动性的具体要求。 96

四　外在自由、欲望与本性

如前所述，尽管我不同意赫费的审慎解释，但他坚持将伦理和法律作为道德的两个独立分支区分开来的做法是正确的。赫费也认识到，为了维护康德后来提出的区分，就需要在某种程度上调整他最初在《道德形而上学基础》中对自由的论述，即自由就在于自主意愿。但这种调整应避免将自我利益作为区分外在自由的标准。这样做只会加剧人们对康德持有两种相互冲突的自由观的指责，并导致如下结论：康德对与外在自由相关的审慎动机的认可，相当于误期地承认政治能动性不可能是道德的。

同样，如果说要避免将法律与伦理、外在自由与内在自由混为一谈的做法，那是因为政治能动性的要求在重要的方面不同于伦理能动性的要求。欲望的概念为阐明这种差异提供了一个明显的起点。康德的伦理著作以其对人类欲望和情感的貌似轻视的态度而臭名昭著。他将情感降级到人的现象本性，并将其描述为道德的障碍，这种做法为他招来了许多批评。"康德式理性主义"被认为忽视了人类情感的复杂性和微妙性，而情感是社会互动和道德行为的重要组成部分。[33]这种批评并不是那些在一般的意义上不同情康德道德哲学的人的专利。康德主义者也经常指责康德在个人欲望和倾向方面采取了一种粗俗的"心理快乐主义"。[34]与此同时，对康德伦理著作中的康德式欲望的这种评价开始发生转变。在最近发表的一篇论文中，安德鲁斯·瑞斯论证说，康德针对他律意愿对幸福的论述，与那个经常与之相联系的快乐主义的欲望概念并没有多大关系。[35]另一些人则致力于反驳对康德的"形式主义"和"道德严苛性"的指责，他们指出，康德对情感及其在人类生活中的重要性的构想，并不像标准图景所认为的那样是还原性的。[36]此外，尽管康德在《道德形而上学基础》中对道德的一般原则提出了一个形

97

---

[33] 例如，参见 Lawrence Blum, *Friendship, Altruism, and Morality* (London, Routledge & Kegan Paul, 1980); Victor Seidler, *Kant, Respect, and Injustice: The Limits of Liberal Moral Theory* (London, Routledge & Kegan Paul, 1986)。

[34] Allen Wood, 'Kant's Compatibilism', 75.

[35] Andrews Reath, 'Hedonism, Heteronomy and Kant's Principle of Happiness', *Pacific Philosophical Quarterly*, 70 (1989), 42—72.

[36] 例如，参见 Barbara Herman, 'Leaving Deontology Behind' in *The Practice of Moral Judgment*, 208—242; Susan Mendus, 'The Practical and the Pathological', *The Journal of Value Inquiry*, 19 (1985), 235—243; Onora O'Neill, 'Consistency in Action' in *Constructions of Reason*, chapter 5, 81—104.

式推导，但他在《美德论》中对道德决疑法的处理表明，他对个人情感在特定情境中对道德判断所能做出的积极贡献具有很精致的理解。㊲

尽管人们已经对康德伦理学中的情感进行了修正评估，但是，到目前为止，这些评估尚未与其政治著作中对欲望的接受所做的类似修正相匹配。如果说自我利益的动机在政治能动性的领域中被普遍地认为更可接受，那是因为基于欲望的行动在那里往往与对物质生存的追求相联系。当代（英美）伦理学中占据主导地位的休谟式情感心理学，往往让位于政治学中占据主导地位的霍布斯式欲望生理学。实际上，这个心理模型和那个生理模型相辅相成；然而，这种区别表明，伦理欲望和政治欲望被赋予了原则上不同的功能。因此，在伦理学中，主体的欲望主要是指他们对他人的情感态度：同情、怨恨、内疚、钦佩等。这些情感态度构成了行动者对他们在他人身上观察到的品质、倾向和态度的心理反应，而这些心理反应反过来又会影响他们自己对他人的倾向和态度。在伦理学中，欲望描述了主体和主体之间的关系。相比之下，在政治能动性的环境中，欲望通常指定了主体和客体之间的关系，或者更确切地说，相对于客体指定了主体和主体之间的关系。在这里，欲望具有一种经济功能：它们表示主体和外在对象之间的一种需求关系，以及由此产生的主体之间相对于这些对象的竞争关系。由于政治环境中的欲望本质上是面向对象的，与它们在伦理领域中的心理上复杂的对应物相比，它们往往显得不那么难以捉摸，且更为直接。但欲望的政治概念拥有一种源于其自身动力学的复杂性。经济欲望几乎总是具有冲突，尽管它是如此独立于欲望的概念的情感功能：冲突源于可获得的欲望对象的相对稀缺，并且只是衍生性地导致了主体之间的情感

98

㊲　例如，参见 Stephen Engstrom, 'Kant's Conception of Practical Wisdom', *Kantstudien*, 88（1997），16—43；Roger Sullivan, 'The Influence of Kant's Anthropology on His Moral Theory', *Review of Metaphysics*, 49（1995），77—94。

态度。

接下来我将把我的评论限制到康德对欲望和欲望形成的构想上，因为它们与他对外在自由的论述有关；因此，我将只关注欲望的经济功能，而不考虑它们在伦理生活中的作用。我主要致力于表明，至少在《法权论》中，康德对主体的欲望能力的评论指向了一种基于欲望的选择概念，这种选择能够满足自主意愿和选择的要求。如果这样一个基于欲望的自主选择概念是可信的，那么，至少就经济欲望而言，它应该有可能避免赫费和科斯嘉所采取的那种狭隘二分法，即在行动的审慎动机和伦理动机之间的区分。我们应该可以对外在自由提出这样一种论述：这种论述承认符合道德要求的、自由地决定的经济欲望是合法的，但又不会因此让法律坍缩为伦理。㊳

康德对欲望提出的最明确的评论出现在《道德形而上学》总论中，即标题为"人的心灵的能力与道德法则的关系"那一节。㊴在那里，他对欲望的能力提出了一个引人注目的定义：

> 对人来说，**欲望的能力**就是通过表象成为其对象的原因的能力。一个存在者按照其表象来行动的能力就被称为**生命**。㊵

㊳　为了避免混淆，我应该强调，这不是要认同阿里森所倡导的非道德自由。与阿里森的论述相反，这里提出的另一种观点认为，行动者的慎思只具有有限的自发性，而这是一个选择行为有资格成为一个自由地决定的选择的必要条件，但不是充分条件。只有下面这种选择行为才有资格成为自由地决定的选择行为：除了具有慎思自发性外，它们也反映了行动者对纯粹实践理性的约束的承认。

㊴　*MM*, 6：211. 德文原版使用了"*das menschliche Gemüt*"。*Gemüt* 可以被翻译为指个人的"一般性情"或"性格"，也可以指他们的"情感"以及"心灵"。格雷戈尔将 *Gemüt* 译为"心灵"，强调了其理智内涵，但我们也可以说，这种译法牺牲了这个词的感性内涵。

㊵　*MM*, 6：211.

　　这个定义有两个方面很突出。第一个方面是康德将欲望能力描述为**生命**。第二个方面是他提到了有欲望的存在者的**表象**的能力。欲望能力与生命的等同是值得注意的，因为它接近于霍布斯对欲望的设想，即欲望是生物体的"生命运动"的构成要素。对霍布斯来说，人是运动中的物质——实际上，活着就是运动，以至于死亡的一个确切标志就是一切身体运动的停止。④因此，欲望，作为保持个体运动的东西，必然是维持生命的东西。一个不再有欲望的存在者就相当于不再活着。在一个层面上说，霍布斯对欲望的生理描述（即把欲望描述为生命运动）是很粗糙的，比如说，缺乏休谟的论述中那种备受推崇的对欲望心理的微妙描绘。同时，霍布斯的模型也非常复杂，尤其是因为它直接将霍布斯带到了他所关心的主要问题，即（维持生命的）经济欲望会导致不可避免的冲突。我们将在下一章看到，康德遵循了霍布斯的观点，认为个人对外在对象的欲望必然会导致冲突，需要在政治上加以解决。然而，康德的解决方案不同于霍布斯提出的**利维坦国家**。霍布斯按照一个全能的主权者来设想其政治解决方案，这个主权者以其不可抗拒的权力约束个人对欲望的追求。与此相比，康德的解决方案则预设了一种个人能力，即个人设想和承认一个关于外在自由的普遍法则（即法权的普遍原则）的权威的能力，而当人们按照这个法则来行动时，每个人都有可能与其他所有人无冲突地共存。康德之所以能够用一个外在的自我立法原则来取代霍布斯的外在地施加的立法原则，其中一个原因就在于他对个人欲望能力的构想根本上不同于霍布斯的构想。简要地比较一下康德在《道德形而上学》和他早期的一些政治与历史论文中对欲望的处理，将有助于确定康德与霍布斯的分歧的根源。

　　在康德的早期论文中，特别是在著名的《论永久和平》的一些段落

---

④　Hobbes, *Leviathan* (Harmondsworth, the Penguin English Library, 1982), Part I, chapter 6.

中，他对个人欲望和一般而论的人性的看法是最像霍布斯的。那些赞成对康德的政治哲学采取一种霍布斯式解释的人，喜欢把注意力引向他在《论永久和平》中提出的一个说法，即"哪怕是由魔鬼组成的民族，只要他们是理性的，也能解决建立国家的问题"。[42]在这里，我们有了一个毫不掩饰的呼吁——呼吁将审慎的自我利益的合理性作为建立国家的首要动机。但这不应该削弱康德在那些论文中通常对个人欲望和倾向所采取的更加矛盾的态度。正如我所说，与传统上对康德伦理学的无情接受相比，最近的重新评价表明他对情感采取了一种更均衡的看法。甚至按照传统解释，情况也并非完全黯淡。在康德伦理学中，倾向和理性之间的斗争是一种内在于行动者的斗争，在这种斗争中，具有良好意愿的行动者至少有时候可能会成功地让倾向服从于理性。相比之下，在那些论文中，**个人之间**的冲突和竞争欲望的领域构成了一个更严酷的环境。之所以如此，某种程度上是因为：与他的伦理著作中以行动者为中心的视角相比，那些论文采取了一种历史视角。它们主要关注的是，通过理性的逐渐启蒙来评估人类道德进步的可能性。在伦理生活中，只要我们自己履行了我们的道德责任，我们就不应该关心别人如何行动，但就历史能动性和政治能动性而言，采用这样一种只关注自己的视角是不可能的。在那里，只要别人对我们善意的尝试漠不关心或心怀恶意，我们由此遭受的挫败可能就会让我们深深地失去信心。从历史视角来看，善意的行动者不只是在与自己的欲望和倾向做斗争；他们也是在（而且甚至更多地是在）与人类同胞的无知和冷漠做斗争，而道德进步的可能性至关重要地依赖于人类同胞。因此，尽管那些论文继续将个人欲望和倾向视为属于他们的现象本性，因此受制于自然的因果性，但这些作品的历史关注为人性与理性之间的斗争增加了一个

100

---

[42] *Perpetual Peace*, 8: 366.

人际维度,而这个维度在康德伦理学中是见不到的。㊸

这个历史视角包含了康德的一个日益增长的意识,即个人欲望具有明确的经济功能。在康德对海外商业和贸易增长的迷恋中,这个意识得以体现出来。众所周知,在贸易现象中,康德或许天真地看出了国家间和平关系的可能性。即便如此,他对经济往来的有益影响的看法也是矛盾的。鉴于其系统特征,商业的出现不能追溯到特定行动者的有意行为。那么是谁意愿它出现呢?是自然还是理性?抑或是人性中可辨别的任性和贪婪?同样,我们也不清楚究竟是谁或什么东西意愿康德赋予贸易的那些和平目的,或者这些目的将如何实现。究竟是人类行动者会凭借自己的善意和持续努力来实现这一目标,还是大自然会强迫人类走向和平,哪怕这样做会违背其意愿?这究竟是理性的要求,还是大自然的副产物,而这样一个副产物将确保一个和平的结果?《论永久和平》在不同的可能答案之间飘摇。在某个点上,康德将自然和理性结为一体来反对**人的本性**,说自然"将迫使人去做他应当通过自由的法则来做的事情"。㊹即便如此,自然和理性(或者自然或理性)究竟是如何完成这一壮举的,仍不得而知。有时康德依赖于与曼德维尔著名的"私人恶习/公共利益"格言相似的系统效应,比如当他如此惊呼的时候:"感谢大自然培育了社会不相容,嫉妒竞争的虚荣心,以及对财产乃至权力的贪得无厌的欲望。"㊺在其他时候,他抛弃了这种审慎的谋划,宣称"一个真正的政治体系若不首先向道德致敬,就不可能迈出

㊸ 与个人善意相比,康德对历史上的道德进步的陷阱的认识,在他反对摩西·门德尔松的论证中表现得最为明显(参见 *Theory and Practice*,8:307—313)。尽管康德反对门德尔松,认为道德进步的希望不是徒劳的,但他承认,当人们为了历史进步的希望而历尽艰辛时,他们是需要道德勇气的。

㊹ *Perpetual Peace*,8:365.

㊺ *Universal History*,8:2.

一步"。⁴⁶

在这里,我无法继续探讨康德在其政治论文中对个人(经济)欲望的那种令人着迷的暧昧态度。⁴⁷然而,关于这些模棱两可的说法,有启发意义的是,它们表明康德伦理学在顾及欲望的经济功能方面相比较而论如何失败了。一方面,康德坚持将欲望一般地设想为人的现象本性的一部分。另一方面,鉴于其维持生命的功能,我们无法用我们在伦102 理责任的情形中可以训练情感的那种方式来克服或约束经济欲望。结果,那些论文经常沉迷于描述个人不可救药的贪婪和堕落,而这一度引发了门德尔松式的绝望,有时又引发了曼德维尔式的对人类普遍状况的玩世不恭。与此同时,很明显,无论个人行动者对待彼此的内在倾向如何,无论是善意的还是恶意的,他们的经济欲望实际上肯定会相互冲突。换句话说,尽管康德在道德上对霍布斯表达了许多反对意见,但这些论文表明,他越来越欣赏霍布斯对经济欲望的**系统性**后果的深入认识,而这些后果很可能与行动者自己的意图背道而驰。因此,这些论文强调了伦理欲望和经济欲望之间的不对称性,而这种不对称性就源于它们的不同功能,而且具有如下含义:在政治领域中,经济欲望和实践理性之间的关系必须被构想为不同于伦理领域中情感与实践理性之间的关系。

如果我们断言,康德在这些论文中对经济欲望的矛盾态度表明,他受到了自己早期将欲望赋予人类的现象本性的做法的限制,那么经济欲望的具体要求就为在一定程度上重新思考他最初的做法提供了支持。只要经济欲望被认为是维持生命的,它就不能被认为是道德上不合法的而不予考虑。但是经济欲望维持着人类生命,而且,在这方面,

---

⑯ *Perpetual Peace*, 8: 380.

⑰ 不过,参见 Flikschuh, 'Kantian Desires'。亦可参见 Martha Nussbaum, 'Kant and Cosmopolitanism' in James Bohman and Matthias Lutz-Bachmann, eds., *Perpetual Peace: Essays on Kant's Cosmopolitan Ideal*(Cambridge, MA, MIT Press, 1997), 25—58.

霍布斯那种倾向于从生理角度将人类欲望等同于动物本能的做法很可能是错误的。事实上，康德自己在《道德形而上学基础》中对欲望和理性的尖锐二分法可能被夸大了。我的意思并不是说，情感、经济欲望和道德推理之间最终会形成一种自然和谐的关系——这是一条经常被推动的论证路线，特别是由康德的社群主义批评者所推动。相反，我的主张是，康德对欲望的经济功能的日益认识将他推向了如下观点：欲望的形成很容易受到理性影响。欲望远非动物本能的人类版本，而是一种明显的理性能力，即一种预设了理性思维能力的能力。事实上，这种将欲望视为理性的一种产物的观点有时也会出现在那些论文本身当中。在《人类历史揣测的开端》中，康德指出："理性的一个特点是，借助于想象，它就能创造出一些欲望，这些欲望不仅**缺乏**任何相应的自然冲动，而且甚至与自然冲动**相抵触**。"[48]这不仅不同于霍布斯的观点，即欲望是由外部给予的行动"触发器"激发的生理驱动；理性创造欲望的观点也不同于康德早期将欲望完全归于主体的现象本性的做法。在《法权论》中，这种认为欲望需要认知能力和判断能力的修正观点甚至更为突出。

103

五　外在自由、欲望与理性

那些论文和《法权论》之间有一个直接的显著差别：那部晚期作品并未提及个人贪婪、相互敌意和道德败坏之类的情感。与那些丰富多彩的论文相比，《法权论》中对经济欲望的探讨是冷静而切中要害的。第二个对比是，从那些论文的历史视角回归到康德伦理学中令人熟悉的以行动者为中心的视角。《法权论》并未提出人类道德进步问题；它只关心个人由于要求外在自由而彼此负有的正义义务。与所有其他人

---

[48]　*Conjectural Beginnings*, 8：111.

一起进入公民状态的要求来自这些行动者特定的法律义务；公民状态的目的是使无冲突的共存成为可能，而不是鼓励伦理繁荣。在这个背景下，《法权论》承认行动者的经济欲望具有初步的合法性。然而，就康德确实承认经济欲望的合法性而言，他也假设它们易受理性要求的影响。之所以如此，是因为欲望本身是一种理性过程的产物，取决于一个有欲望的存在者的认知和评估能力。再考虑一下康德对欲望能力的定义：

> 对人来说，**欲望的能力**就是通过表象成为其对象的原因的能力。一个存在者按照其表象来行动的能力就被称为**生命**。

尽管康德也将欲望与生命等同起来，但他并不持有霍布斯的生理学概念，即欲望是被外在地激发和内在地传递的生命运动，这种运动"在对大脑和心脏进行冲击的时候"最终形成外在的身体运动。[49]康德并不认为行动者受制于其欲望的因果性。相反，他认为行动者是其欲望的原因；不管怎样，行动者有能力成为自己欲望的原因。上述定义中提到的因果性可以用两种方式来解释。在第一种意义上，成为欲望的原因仅仅意味着，在获得自己的欲望对象方面具有因果有效性。一个人通过自己进行手段-目的推理的能力，结合自己的运动行为能力，就导致了其欲望对象的获得。"成为自己欲望的原因"的这一含义，大致就是与他律意愿和工具推理相联系而发挥作用的那个含义，它所关注的是欲望的获得。然而，康德的定义更关注于欲望的形成：问题不在于我们如何获得欲望的满足，而在于什么东西最初能够让我们产生欲望。康德回答说，一个人正是**通过自己的表象**而成为其欲望的原因，或者更具体地说，成为其欲望**对象**的原因。只要一个人熟悉表象的概念在康

---

④⑨ 参见 *Leviathan*，Part I，chapters 1 and 6。

德认识论中的重要性,他就会在目前的语境中认识到对主体认知能力的暗示。这里所暗示的是,主体的欲望能力预设了他们将其欲望对象表达给自己的认知能力。因此,在按照欲望的形成来阐述主体的表达能力的地位时,有两点值得牢记。第一点关系到认知在表达一般而论的对象(包括欲望对象)方面的作用。第二点关系到相对于欲望的形成来想象性地表达不存在的对象的能力。

关于第一点,即对表象中的对象的认知,我们可以再次提及斯蒂芬·柯尔纳的做法,即把人类一般地描述为认知经验主体。柯尔纳的描述来自康德,而对康德来说,人类知识在如下意义上是表象性的:对感性直观对象的经验是以概念为中介的。对对象的知识并不是来自感官的单纯接受性,而是需要知性的活动,即把感性直观视为经验的对象——柯尔纳称之为将范畴框架应用于感官知觉。用更专门的康德式术语来说,客观知识在于在对象的概念下来表达感性直观。在目前的语境中,重要的是强调人类知性是一种**积极**能力。主体只有凭借自己的能力,将一个感性直观置于与一个对象的概念相关的规则下,才能认识到一个外在对象。对经验的认知结构的这种一般看法也必须扩展到欲望对象上:为了将一个感官所给予的直观看作欲望的对象,主体就需要将知性的规则(即概念)应用到那个直观上。然而,康德并不认为这些认知操作或多或少是自动的过程。正如我们在第一章中看到的,人类不仅是认知经验主体,他们也意识到自己是这样的主体。因此,对于经验性实在的经验是对这种实在的有意识的经验:"'我思'必定有可能伴随我的一切表象。"[50]但是,如果这适用于对于一般而论的经验对象的认知,那么它必定也适用于主体对于其欲望对象的认知。主体不仅形成和拥有欲望,他们也意识到自己**在**形成和拥有欲望。简而言之,从康德关于对象知识的一般理论来看,他必定认为,不论是在主体对其欲望

105

---

[50]　*CPR*, B131.

对象的认知中，还是在他们对自己作为欲望主体的意识中，面向对象的欲望都要求复杂的认知和评估能力。欲望形成的认知成分对于康德的重要性，在他在《道德形而上学》中对"贪欲"和"欲望"的区分中得到了强调。与动物本能类似的贪欲"总是心灵的一种"能够激发行动的"感性改变"，但"它还没有成为欲望能力的一种行为"。只有"按照概念来进行欲求的能力，才被称为做或不做自己所喜欢的事情的能力"。[51]这表明，只要一个人不能按照对欲望对象的构想来形成欲望和行动，他也不会按照欲望能力来选择和行动。

我想谈的第二点关系到欲望和富有成效的想象之间的关系。康德的定义并未直接提及对于对象的感性上给予的直观。将欲望的可能对象表达给自己的能力，似乎并不要求实际存在一个相应的激发欲望的感性直观。这大概并不意味着主体不会按照刚才提出的思路、在感性直观的基础上形成对欲望对象的表象。不过，一般而论的欲望能力主要取决于主体的认知和想象能力，而不是感官刺激。即便在没有感官刺激的情况下，我们也能形成一个可能的欲望对象的概念。在欲望形成的生理学乃至心理学解释中，欲望形成的这个创造性方面往往受到忽视。与此同时，我们的许多欲望都是最终没有付诸行动的欲望：我们可以想象我们欲求得到的、值得拥有的对象或事态，但我们判断我们不可能得到它们。同样，我们能够"在想象中"持有欲望，而不欲求它们的实现。最后，我们据以行动的许多欲望都与尚不存在的欲望对象有关。我们能够通过想象对其可取性形成某种构想，而这种能力就引导我们尝试去带来它们的实际实现。总之，从某种意义上说，我们之所以是我们的欲望对象的原因，只是因为我们在带来它们的获得方面具有因果效力，但这种意义对于康德所说的"成为……原因"来说是次要的。在其主要意义上，理性存在者的认知和想象能力使他们能够对（尚

---

[51] *MM*,6: 213.

未存在的）欲望对象形成某种构想，因此使其成为他们最近具有的欲望的原因。

这些评论并不是想要否认如下这一点：欲望不只是要求表达和富有成效地想象对象的认知能力。显然，一定有什么东西把对一个欲望对象的构想与对一般而论的对象的构想区分开来。并非我们的一切想象力都依赖于我们所欲求的事物或事态。除了认知能力外，意动性的（心理和生理）标准也必须被包括在对欲望形成的全面论述中。我不否认这一点，但在这里，我所关注的是康德对表象的提及对于欲望形成所具有的含义，而这些含义是生理解释和心理解释倾向于否认或忽视的。当然，即便如此，康德对欲望形成的认知维度的评论也是暗示性的，而不是详尽的；他的观察是稀疏而模糊的，需要很多解释。尽管如此，康德在《道德形而上学》导论中的评论表明，把对欲望形成的一种认知构想归于他并非没有文本支持。回想一下原来的问题：基于欲望的选择和行动如何可能在自主决定（即按照自由的法则来决定）的意义上算作是自由的？到目前为止，我已经论证说，欲望形成的过程至少在某种程度上取决于主体的认知能力，而这是基于欲望但自由决定的选择的一个必要条件。我的意思不只是说，一个人拥有一个特定的欲望可以是合理的，也就是说，某个被合理地看重的目的为一个人拥有作为实现该目的的手段的相关欲望提供了辩护。不只是**拥有**一个欲望，甚至是**形成**一个欲望，也都必须反映发挥作用的认知过程，而这些过程是行动者所意识到的，而且至少具有一定程度的反思性控制。[52]然而，即使欲望确实预设了欲望主体的认知和想象能力，但这对于非审慎的欲望来说显然是不够的。理性欲望并不只是因为是理性的而不在道德上受到约束。在这里所建议的"理性欲望"这个词的意义上，一个人可以是理性地进行欲望活动的行动者，但却不是一个按照纯粹实践理性的要求来

107

---

[52] 参见本章注释⑧。

进行欲望活动的人。然而，只要理性欲望预设了行动者意识到自己是一个理性地进行欲望活动的主体，这种意识就意味着他有能力反思和评估自己的欲望，包括反思和评估自己最终拥有欲望的方式。理性欲望意味着评价性欲望。对评价性欲望的这一要求就隐含在康德对"倾向的兴趣"和"理性的兴趣"的模糊区分中。

倾向的兴趣和理性的兴趣都属于实践愉悦（practical pleasure）的范畴。在《道德形而上学》中，康德顺带区分了实践愉悦与审美愉悦。欲望形成的想象方面最明显地出现在与审美愉悦的关系中。审美愉悦"与任何对客体的欲望无关，但已经与一个人对一个对象形成的纯粹表象有关（不管表象的对象是否存在）"。[53]因此，相较于与我们的实践上有效的欲望能力相伴随的那种愉悦，审美愉悦构成了一种更抽象、更具沉思性的愉悦。前一种愉悦是实践愉悦，即与行动相关的愉悦。在实践愉悦的情形中，与愉悦感相伴随的欲望可以"先于意志的决定"，也可以"跟随意志的决定"。在欲望先于意志的决定的地方，康德就称之为"倾向的兴趣"。而在欲望跟随意志的决定的地方，我们就有了"理性的兴趣"。倾向的兴趣和理性的兴趣之间的区分导致了《道德形而上学基础》中他律意愿和自主意愿之间的区分。在一种"倾向的兴趣"的情形中，欲望的形成在病理上受到影响。当一种先前的愉悦感作为"心灵的一种感性修正"[54]被体验到时，它就会激发欲望形成。这并不意味着愉悦感和欲望形成是**完全相同的**。为了把愉悦感表达为欲望的可能对象，就需要在认知对象时运用知性的规则。甚至当实践欲望在病理上受到影响（也就是说，被感官所激发）时，为了将愉悦感转化为对欲望对象的判断，行动者也需要行使认知能力。

实践欲望除了需要认知能力外，还需要评估能力：主体必须判断他

㊾ *MM*,6：212.

㊿ *MM*,6：212.

所欲求的对象是否可以通过行动来实现，如果可以的话，又如何实现。就倾向的兴趣而言，相关的判断规则是那些与他律意愿和假言命令有关的规则。主体按照自己所设想的实现欲望对象的必要手段来评估其可能的实现。至关重要的是，这种形式的欲望评估没有提到一个人对其欲望对象的追求和实现对其他人的影响。按照假言命令来评估欲望是理性的，但却是手段-目的导向的：从这个意义上说，意志是由质料的实践原则（即对主体的欲望对象在感官上受到激发的表象进行回应的实践原则）来决定的。

    在愉悦感"跟随对欲望能力的先行决定"的地方，康德谈到了一种"理性的兴趣"。在这里，愉悦感不是由心灵的一种感性改变构成的，而是以"理智愉悦"为基础的"摆脱感官的倾向"。⑤摆脱感官的愉悦来自一个人对自己的道德责任的承认以及对道德责任的无怨无悔的履行。在"理性的利益"的情形中，欲望形成受到某种东西的约束，这种东西由于对欲望形成的影响而引起一种理智愉悦感：欲望形成受到了纯粹实践理性的原则的约束。康德在这一阶段提到了绝对命令，而这就表明欲望评估的第二种模式包括一个道德维度。与纯粹工具性的欲望评估相比，第二种模式意味着，行动者愿意以一种认识到自己的基于欲望的行动可能对他人产生影响的方式来形成和追求欲望。尽管这并不意味着主体停止追求其欲望对象，但欲望追求受到了道德考虑的约束。当然，只有在欲望形成容易以上述方式受到理性影响的情况下，行动者才能以适当的方式约束自己的欲望。如果欲望形成是纯粹病理的，也就是说，不受合乎理性的约束的影响，那么，要么行动者在按照纯粹实践理性的要求来行动时，必须完全从其欲望中抽象出来，要么那种约束就必须外在地施加。第一个选项引向了康德所说的"伦理上好的行为"的概念，第二个选项相当于对外在立法的一种构想。只有这里提

---

⑤ *MM*, 6: 212/213.

出的第三种可能性提供了资源,可以将外在自由设想为基于欲望但自主的选择和行动,而这种设想既不会将外在自由还原为内在自由,也不会将它还原为"外来"立法和对道德要求的强制执行。

六 结 语

本章的目的是要概述对外在自由的一种可能解释,即认为外在自由立足于自主的选择和行动,同时又不将其还原为康德对内在自由的构想。这一目标的动机是,我们需要承认经济欲望在政治能动性方面的独特的和合法的作用,同时抵制如下结论:政治能动性因此必须立足于审慎的自我利益。后者是人们经常得出的结论,尽管并不总是明智地得出的。事实上,尽管人们往往将从自我利益到外在立法的推理归功于霍布斯,但即便是在霍布斯这里,要查明这一点也比通常所假设的要困难得多。如果霍布斯式的行动者是如此构成的,以至于他们只能出于自我利益来行动,那么要理解霍布斯的正确推理规则如何能让他们脱离自然状态,就变成了一个众所周知的难题。那些将审慎动机赋予康德所说的政治行动者的人也会面临类似困难:如果法权的普遍原则是一种外在地给予的司法立法原则,而不是一种以行动者的自主能力为根据的原则,那么谁是立法者呢?鉴于康德一般地将自由设想为纯粹实践理性的一个共同观念,我们就必须假设,有限的理性存在者之所以构想并按照法权的普遍原则来行动,正是因为他们有能力按照理性的"观念秩序"来约束自己的行动。

当然,我针对外在自由对欲望形成提出的很多说法仍然是粗略和暂时的。此外,即使有人承认有一定的根据(或者甚至只是某种需要)将自主的经济选择和行动的概念赋予康德,但明显的是,从严格意义上说,经济欲望永远不可能在理性的兴趣所要求的那种程度上"摆脱感官"。既然经济欲望不可避免地要面向对象,行动者就不可能在其经济选择和行动方面从物质考虑中抽象出来。这就是为什么赫费反对将外在自由"伦理化",而主张部分地修改康德最初对作为最高道德原则的绝对命令的表述。如果法律领域或政治领域确实形成了道德的一个独特分支,因此行动者必定有可能为自己制定外在自由的原则,那么这种外在立法必须从中衍生出来的最高道德原则,就必须承认与外在自由相关的经济欲望的合法性。事实上,当康德在《法权论》第一部分中将法权的普遍原则视为绝对命令的外在版本时,他确实承认,行动者对其选择的外在对象的合法要求将一些复杂性引入他最初提出的框架中。在试图处理这些困难时,康德求助于那个极为晦涩的"实践理性的法权公设",他将这个公设描述为"纯粹实践理性的先验扩展"。[56]下一章的任务是,要针对外在自由来解释绝对命令的这种扩展的意义,并表明具有经济欲望的行动者认识到其选择对他人的选择条件的影响究竟意味着什么。这将把我们带到《法权论》的核心论题,即康德对个人财产权以及由此产生的人们彼此间的正义义务的辩护。

111

112

[56] *RL*,6: 247.

第四章

许可法则:《法权论》中的
财产权与政治义务

　　实践理性的法权公设:把我的选择的任何外在对象作为我的
来拥有,这是可能的;也就是说,这样一个准则是与法权相悖的,按
照该准则,假若它是法则的话,那么选择的对象**本身**(客观上)就必
然会成为无主的(*res nullius*)。……理性要求将这看作一个原则,
实际上,它是作为**实践**理性这样做的,而实践理性就是凭借这个理
性公设先验地扩展了自身。

——《法权论》,246,247

一　引　言

　　第二章阐述了康德对自由的形而上学构想,即自由是理性的一个
观念;第三章主要讨论了与绝对命令和自主意愿相关联的外在自由概
念。①联系康德后来对内在自由和外在自由的区分,我指出了他最初对

---

　　① 本章部分地立足于我早期发表的一篇文章,即:'Freedom and Constraint in Kant's
Metaphysical Elements of Justice', *History of Political Thought*, 20(1999), 250—271。

积极自由的阐述所碰到的一个困难,即这个区分显然赞成将基于欲望的选择视为自由的选择。这种赞成与《道德形而上学基础》中对他律意愿和自主意愿的区分相冲突。为了解决这个难题,我提出了如下建议:在《道德形而上学》中,康德持有(或者至少倾向于持有)对欲望和基于欲望的选择的这样一种理解,按照这种理解,欲望能力相比此前更加与主体的认知和评估能力保持一致。虽然这并不意味着所有基于欲望的行动都是自主的(倾向的兴趣是他律地决定的),但在经过修订的解释下,自主地决定的、基于欲望的选择是可能的。我认为,这为对政 113 治义务的一种论述创造了概念空间,这种论述既不依赖于审慎动机,也不依赖于伦理动机,而是要求行动者反思性地承认他们对彼此的正义义务。本章的目的是要更详细地分析和捍卫《法权论》中对政治义务的根据提出的这种论述。

第三章的论证仅限于康德针对外在自由对经济欲望的构想;我没有提到欲望在康德伦理学中的作用。在我看来,即便是关于《法权论》中的经济欲望,我们也不是要提出一种准确的重建,而是要对康德对欲望能力的定义提出一个可能解释。我的论点是,如果我们认真考虑康德关于法律和伦理是道德的两个平等但又不同的分支的说法,那么我们必定有可能将外在自由容纳在绝对命令下,在这样做时又不会将法律还原为伦理。换句话说,如果康德对外在自由的论述要与道德上的自我立法的一般要求相一致,那么他必定拥有一种与第三章中提出的经济欲望概念相似的东西。

在转到《法权论》的核心论题,即康德对个人财产权及其由此产生的正义义务的演绎时,解释而不是重建实际上是不可避免的。正如我在本书导论中所说,直到最近,人们之所以几乎完全忽视《法权论》,背后的主要原因是,在那部出版的文本中,论证被扭曲了。研究康德的个别学者做了大量工作,从已出版的文本非法地包含的初稿笔记和临时草稿中筛选出适当的论证。许多人在努力重建一条清晰的论证路线时,对个别段落的正确顺序(而非出版的文本中的顺序)感到困惑。这些努力接着引发了关于什么才是最终的正确顺序的争论。[2]这些都是高度专门的学术问题和文献学问题,在本书中我将不予讨论。不过,它们也应该提醒那些对《法权论》中所包含的政治思想感兴趣的人:不要过于自信地断言他们已经成功地对康德所说的或想说的、在哪里说、如何说以及为什么说提出了决定性的分析,特别是当我们考虑到一个事实,即对《法权论》目前所享受的兴趣的复兴,并非与罗尔斯和哈贝马斯在政治辩护问题上各自持有的康德主义凭据无关。无论你认为康德是"所有社会契约理论家当中最适当的",[3]还是认为他对法权国家的构想是"所有这种构想中最民主的",[4]你都应该意识到你是从自己的政治观点和实质性关注的角度来阅读《法权论》。[5]这并不是说一种解释和任何其他解释一样好——事实上,下一章将表明,对《法权论》的契约主义解释并不像对该文本的目前解释通常所假设的那样得到了那么多的支持。然而,一种政治解释既不等同于历史重建,也不等同于学术注疏,本书属于探讨康德作品的可能方法的第一个范畴。因此,读者

---

② 特别参见 Gerhard Buchda, 'Das Privatrecht Immanuel Kants'; 亦可参见 Friedrich Tenbruck, 'Über eine notwendige Textkorrektur in Kants "Metaphysik der Sitten"', *Archiv für Philosophie*, 3(1949), 216—220。这两位学者各自独立地表明,康德的一些初稿笔记被非法地包含在《法权论》第一卷第6节中的4—8段中。他们在如下著作中讨论了他们的发现: Gerd-Walter Küsters, *Kants Rechtsphilosophie. Erträge der Forschung* (Darmstadt, Wissenschaftliche Buchgesellschaft, 1988)。亦可参见 Thomas Mautner, 'Kant's Metaphysics of Morals: A Note on the Text', *Kantstudien*, 73(1981), 356—359。

③ 例如, 参见 Patrick Riley, 'On Kant as the Most Adequate of the Social Contract Theorists', *Political Theory*, 1(1973), 450—471。

④ 这是如下作者得出的结论: Ingeborg Mauss, 'Zur Theorie der Institutionalisierung bei Kant' in Gerhard Köhler, ed., *Politische Institutionen im Gesellschaftlichem Umbruch* (Opladen, Westdeutscher Verlag, 1990), 358—385。

⑤ 莱因哈特·布兰特警告,评论者有一种将他们的政治关切与康德的政治关切混为一谈的趋向。见 Reinhardt Brandt, 'Die Politische Institution bei Kant'。

不难发现,以下对康德的政治义务理论的解释是由对他的世界主义的关注来塑造的。事实上,康德的世界主义与当前的国际正义或全球正义问题的共鸣构成了对该文本重新产生兴趣的第二个原因。[6]然而,我要论证的是,与其说康德为目前对全球正义的自由主义探讨的一种选项提供了支持,倒不如说他提出了这样一种选项。自由主义探讨倾向于将全球正义视为国内正义的延伸,与此相比,康德则论证说,没有全球正义,国内正义就不可能存在。世界主义视角的首要地位甚至塑造了康德对个人财产权的辩护,这也是对其政治义务理论的契约主义解释很少得到支持的一个原因。因此,本章将集中讨论贝恩德·路德维格鉴定为"《法权论》的理论工具"的那个东西,[7]即"实践理性的法权公设"。正是通过这个公设,康德成功地从个人对其选择的外在对象的要求中直接推出个人对彼此的(全球)正义义务,从而使得任何契约性的政治协议变得多余。

　　然而,这个公设尽管在哲学上可能很有说服力,但也极为晦涩。这在很大程度上是因为它在论证中的适当位置是一个相当有争议的问题。在区分了政治解释和学术重建后,同样重要的是指出这两种探讨的相互影响。即使以下论证提供了一种政治解释,但文本中相关章节的顺序也会明显地影响所提供的解释的可信性。如果这个公设对于论证至关重要,那么关于它在文本中的位置的争议就不是无关紧要的。不过,我在本书中关心的不是解决这一争议,因此指出这样一点就足够

115

---

⑥　例如,参见如下文集中的论文: Otfried Höffe, ed., *Zum Ewigen Frieden*(Berlin, Akademie Verlag, 1995)。亦可参见 James Bohman and Matthias Lutz-Bachmann, eds., *Perpetual Peace: Essays on Kant's Cosmopolitan Ideal*(Cambridge, MA, MIT Press, 1997)。

⑦　Bernd Ludwig, 'Der Platz des rechtlichen Postulats der praktischen Vernunft innerhalb der Paragraphen 1—6 der Kantischen Rechtslehre' in Reinhard Brandt, ed., *Rechtsphilosophie der Aufklärung*(Berlin, de Gruyter, 1982), 218—232.

了：我对康德的财产论证的解释是基于路德维格修订版的《法权论》。[8]
路德维格的修订是他所说的"对文本的语文学重建"的结果，[9]他以这
种重建来支持他对相对少量但不可忽略的一些段落的重新排列。这显
然不是没有争议的。然而，在目前的情况下提出的最重要的改变，即把
这个公设从第一卷第一篇第2节移动到第6节，确实加强了康德的财产
论证的总体连贯性。在本章其余部分，我将假设第6节是这个公设在文
本中的正确位置。

除了路德维格外，第二个影响我解读这个公设的康德学者是莱因
哈德·布兰特。在一篇讨论该公设的重要论文中，布兰特指出康德将
116 这个公设描述为许可法则（*lex permissiva*）。布兰特将许可法则解释为
暂时批准行为的法律，但严格地说，采取这些行为是被禁止的。[10]这是
对那个公设的一种敏锐解读，这种解读使得布兰特能够对康德的如下
做法提供一种合理的解释，即康德令人费解地将这个公设称为"纯粹实
践理性的先验扩展"。[11]我将这个公设解释为对政治义务的根据的一个
初步的反思性判断，而这种解释就得益于布兰特将它分析为一个许可
法则的做法。

虽然我受益于路德维格和布兰特，但是，就我特别强调《法权论》
中自由和自然之间的关系而论，我对这个公设的解释不同于他们的解

---

[8] Ludwig, ed., *Metaphysische Anfangsgründe der Rechtslehre*, by Immanuel Kant. 正
如本书导论的注释[9]所指出的，路德维格的修订版现在由玛丽·格雷戈尔译为英文。基
于布赫达和腾布鲁克的发现（参见本章注释[2]），路德维格建议将第一卷第2节（其中包
含"实践理性的法权公设"）迁移至第6节中。因此，将第2节并入第6节，就取代了第6
节中的4—8段。对于这些变化的讨论和辩护，见 Ludwig, *Kants Rechtslehre*, 60—65 and
102—115。

[9] Ludwig, *Kants Rechtslehre*, 4—6.

[10] Reinhard Brandt, 'Das Erlaubnisgesetz, oder: Vernunft und Geschichte in Kants
Rechtslehre' in Brandt, ed., *Rechtsphilosophie der Aufklärung*, 233—275.

[11] *RL*, 6: 247.

释。在这方面,我想实现第二章的承诺,在那里我说过,熟悉《纯粹理性批判》中的第三个二律背反,将有助于人们理解康德在论证财产权的过程中所引入的结构上相似的法权的二律背反。简而言之,本章的主要论点是,作为许可法则,这个公设为法权的二律背反提供了一种暂时的解决办法。这样一来,这个公设就有可能使法权问题得到一个确定的解决。这种解决建立在主体对彼此的正义义务的反思性认识的基础上。因此,下述论证的一般顺序是:从法权的冲突到暂时法权,再从暂时法权到确定的法权或者说绝对法权(peremptory Right)。相应的专业术语是:"法权的二律背反";"经验性占有"(empirical possession)和"理知性占有"(intelligible possession)的区别;作为许可法则的公设;被理解为实践理性的一种反思性判断的法权的普遍原则。在转向时而不可避免的技术性争论之前,我将从一些一般的评论入手,它们针对的是康德处理财产权问题的方法在与更传统的自由主义论述相比时所具有的独特性。这些评论将阐明康德在"内在的我的"和"外在的我的"之间所做出的关键区别。

二　先天权利与既得权利

在康德对财产权的辩护中,最令人熟悉的方面可能是他对财产的劳动理论的拒斥,而这种理论往往与约翰·洛克联系在一起。康德在《法权论》中驳斥了这样一种观点:"它是如此古老而又如此普遍,认为对事物的权利就是直接面对事物的权利,就好像某人通过在事物上花费精力,就可以使事物有义务为他服务,而不是为别人服务。"⑫康德对

117

----

⑫　*RL*, 6: 269. 将这种财产权观点归于洛克本人可能是具有误导性的。在洛克看来,从根本上说,正是上帝授予他勤劳的臣民对土地的所有权,他们服从他的命令,在土地上劳动,以增加地球上的果实。按照洛克的神学论证,财产权规定了主体、上帝和事物之间的关系。洛克的更加世俗的继承者可能是康德所拒斥的那种观点的更合适(转下页)

"旧观点"的驳斥与他对法权概念的定义有关,即法权概念是纯粹实践理性的一个概念。我在第三章中已经提到过法权概念,在那里,我指出康德对权利的具体规定只涉及一个人的选择(*Willkür*)与另一个人的选择之间的关系的外在形式。[13]从这个定义中推出,法权概念,作为纯粹实践理性的一个概念,只适用于这样一种存在者:他们的选择能力使得他们是易受理性影响的。既然无生命的事物不受理性影响,将法权关系定义为适用于主体和事物之间的关系的做法就是错误的。财产权规定的是一种就事物而论主体之间的三向关系,而不是主体和事物之间的一种双向关系。

　　事实上,康德从两个方面来清算洛克式的观点:第一,认为财产权指的是主体和事物之间的一种直接关系;第二,假设一种单方面的经验性获取行为(例如将自己的劳动投入某个东西的行为)可以面对所有其他人确立对那个东西的正当主张。财产权既不是在经验的基础上确立的,也不能单方面地确立。"旧观点"之所以会犯这些错误,就是因为它未能区分"先天权利"和"既得权利"。在考察康德对外在自由的构想时,我们再次碰到了对自由的先天权利:

118

（接上页）的参考点。关于世俗化的"洛克式观点"的当代倡导者,比如说,参见Robert Nozick, *Anarchy, State and Utopia*(Oxford, Basil Blackwell, 1974), chapter 7, 149—231, 171—193; Hillel Steiner, *An Essay on Rights*(Oxford, Basil Blackwell, 1994), chapters 6 and 7, 188—265; Samuel Wheeler, 'Natural Body Rights as Property Rights', *Nous* 14 (1980)。事实上,在康德的一些早期著作中(特别是在《论优美感和崇高感》中),他自己也主张财产权的劳动理论的一个版本——因此,他对"旧观点"的拒斥,就像任何其他事情一样,是一种进行自我批评的练习。对于康德思想中这种转变的评注和评论,参见Reinhard Brandt, *Eigentumstheorien von Grotius bis Kant*(Stuttgart: Frommann-Holzboog, 1974), 167—179; Kenneth Baynes, 'Kant on Property Rights and the Social Contract', *The Monist*, 72(1989), 433—453; Mary Gregor, 'Kant's Theory of Property', *The Review of Metaphysics*, 41(1988), 757—787。

　　[13]　参见第三章第二节。

自由(不受他人的选择所约束),就它能按照一个普遍法则与每一个人的自由共存而论,就是每个人因其人性而享有的唯一原初权利。这个先天自由原则已经包含如下实际上不是不同于它的授权:生而具有的平等……;因此,一个人作为自己主人(*sui iuris*)的品质,以及由于在履行任何影响权利的行为之前没有对任何人做过不当之事而作为一个无可指责的人(*iusti*)的品质;最后,获准对其他人做本身无损于他们自己的东西的事情,即便他们不想接受这样的事情。[14]

因此,生而平等,无可指责的品质(*Unbescholtenheit*),独立于他人的武断意志,这些东西就规定了内在地属于一个人自己的东西,或者说他的内在所有(*suum*),即仅仅由于其人性而属于他的东西。我在第三章中说过,外在自由的概念**来源于**生而具有的自由权,我稍后会回到这一点。现在重要的一点是:虽然生而具有的权利蕴含了主体的选择和行动自由的权利,包括财产权,但后者并不包含在生而具有的自由权中。与洛克将人的内在所有定义为生命权、自由权和财产权不同,康德并未将外在占有权包含在个人所有中。对外部矿山的权利不包含在内在地属于我的东西中,而是属于既得权利的范畴。[15]既然《法权论》只涉及既得权利,一个人的内在所有严格地说就不属于其讨论的范围。[16]尽管如此,法权的普遍原则显然是从生而具有的自由权中衍生出来的。回想一下,按照这一原则:

任何行动,如果能按照一个普遍法则与每个人的自由共存,或

---

[14] *RL*,6:237/238.

[15] *RL*,6:258.

[16] *RL*,6:238.

者如果按照其准则,每个人的选择自由都能按照一个普遍法则与每个人的自由共存,那么它就是正确的。[17]

只要一个人对于他人的武断意志的独立性认可了其自由选择和行动的能力,法权的普遍原则就针对主体的外在行动规范了他们之间的关系。这里的问题是,合法的外在自由是否不只是意味着一般而论的运动自由,也就是说,它是否也包括对一个人所选择的特定外在对象的权利。正是这个问题使康德对旧观点的背离变得有趣。一方面,他否认外在占有权包含在人的先天权利或内在所有中。另一方面,法权的普遍原则和产生它的生而具有的自由权都蕴含了对个人的行动和选择自由的承认。但是,承认主体在外在行动方面的选择能力会导致对一个人的选择的可能**对象**提出进一步的主张。因此,尽管康德否认外在占有**权**包含在一个人的内在所有中,但他必须承认,个人对这种权利的**要求**间接地来源于包含在他们生而具有的自由权中的东西。这给他留下了两个问题。既然他否认对外在对象的权利被包含在个人的内在所有中,他就需要表明,首先,在一个人的先天权利和他对其选择的外在对象的要求之间可以设想出一种不同的联系,这种联系虽然不是一个先天权利,但具有初步有效性。这导致他将经验性占有的概念和理知性占有的概念区分开来。然而,即使理知性占有的概念是可以设想的,即使一个人对自己选择的外在对象的要求具有初步有效性,但这也不足以证明这种要求符合法权的普遍原则的要求。因此,康德的第二个任务是要表明,个人对外在对象的潜在冲突的要求,如何**能够**按照法权的普遍原则彼此共存。康德没有明确区分辩护的这两个相关但又不同的方面。[18]他指出:

---

[17] *RL*,6:230.

[18] 对这一点的一个富有启示的讨论,参见 Peter Baumgarten,'Zwei Seiten der Kantschen Begründung von Eigentum und Staat',*Kantstudien*,85(1994),147—159。

外在的东西怎么可能是我的或你的? 这一问题变成了这样一个问题:单纯合法的(理知性)占有怎么可能? 而这个问题接着又变成了第三个问题:一个关于法权的先验综合命题是如何可能的? [19]

这段话很令人费解,我将把它解释为要求一个两阶段的论证,其中第一个问题的答案取决于回答第二个和第三个问题。为了表明我的或你的外在权利主张是如何可能的(第一个问题),我们必须首先确立个人权利主张的初步有效性(第二个问题)。其次,我们必须通过表明这些主张符合法权的普遍原则,来证明其实际合法性(第三个问题)。第一个任务始于康德对经验性占有和理知性占有的区分,这导致了对法权的二律背反的表述。我将在接下来的两节中讨论这个问题。对这个二律背反的解决,以及对个人权利主张的合法性的辩护,都有赖于实践理性的法权公设或者说是许可法则。这将在第五节和第六节中处理。 120

三 法权的二律背反:形式性论证

康德在第一卷第1节引入了经验性占有和理知性占有的区别,然后对合法的外在占有提出了一个初步定义:

合法地属于我的东西(*meum iuris*)就是这样的东西:它与我如此紧密相连,以至于别人在未经我许可的情况下使用它就会伤害我。任何可能的使用的主观条件都是占有。[20]

---

[19] *RL*,6:249.
[20] *RL*,6:245.

　　我们已经看到,只有在他人的行动侵犯了我的自由权的情况下,法权的普遍原则才将它定义为错误的。这意味着,只有当他人未经我的许可使用我选择的外在对象构成了对我的自由的侵犯时,他们的使用才是非法的。鉴于康德否认对我的选择对象的外在占有权**包含在**生而具有的自由权中,对合法的外在占有的主张就取决于我生而具有的权利和外在对象之间的可能**联系**:"只有当我可以假设他人对一件东西的使用可能对我造成伤害时,外在的东西才会是我的,**即使我没有[在物理上]占有它**。"[21]因此,尽管洛克认为,某种外在的东西之所以是我的,是因为我通过混合自己的劳动使它成为我自己的一部分,但对康德来说,外在的东西不能因此被纳入我的内在所有中,而是仍然在物理上与我不同。然而,如果合法占有要成为可能,主体和对象之间就必须有一种特殊联系,这种联系让主体有资格阻止其他人在未经其许可的情况下使用那个东西。问题是:这种联系必须是什么样的呢?

121

　　经验性占有的概念达不到这种所需的联系。经验性占有只是在主体和对象之间建立了一种偶然联系。它只是使我在对一个对象具有直接的物理控制的情况下占有那个对象。例如,当我把一个苹果拿在手里,从而在我自己和苹果之间建立了一种物理联系的时候,我可能对这个苹果具有经验性占有。如果有人走过来,"从我手里抢走苹果",他们确实是在"内在地属于我的东西"方面伤害了我。[22]他们的抢夺相当于侵犯了我的人身的不可侵犯性。然而,一旦苹果离开我的手,我和苹果之间的联系就被切断了,我就没有根据去声称苹果合法地属于我并将它索回。苹果已经从我对它的经验性占有转移到另一个人的经验性占有,现在是与那个人在物理上相联系。

　　在理知性占有的概念上,情况会有所不同。在这里,我对所有权的

㉑　*RL*, 6: 245.

㉒　*RL*, 6: 248.

主张并不依赖于我对事物的物理扣留:"**理知性占有**(如果这是可能的)是在**不持有一个事物的情况下**占有它(*detentio*)。"[23] 按照这个概念,我可以宣称苹果是我的,"只要我能说我占有它,即使我把它放下,无论放在什么地方"。[24] 我把别人的苹果变为我的物理占有并不意味着我有权对它提出合法的所有权主张。反过来说,我可以把我的苹果放在桌子上,离开房间,一个小时后回来,并一直声称它合法地属于我。非经验性占有的概念表示了我生而具有的自由权和我的选择的外在对象之间的非物理联系。在这里,某人把一个我理知地占有的东西变为他们的经验性占有,就将构成对我的自由的侵犯,即使他并未同时侵犯我的人身的不可侵犯性。

康德对两种占有概念的区分直观上是合理的。[25] 在前反思的层面上,我们倾向于按照某人对某个东西的物理占有来思考所有权。经过反思,我们也认识到,这不只是涉及物理扣留:我可以停放我的汽车,离开我的房子,借出我的工具包,并且仍然声称对所有这些东西的合法所

122

---

[23]　*RL*, 6: 245.

[24]　*RL*, 6: 247.

[25]　尽管如此,洛克对财产权的辩护的世俗化版本继续盛行于当代自由主义理论中,尤其是在倡导自由至上论的理论家当中,他们通常从个人对自由的自然权利和自我所有权这两个前提出发。参见本章注释[12]中提到的文献。那些反对自由至上论观点的人通常否定这种观点的前提,按照需求或效率来论证财产权,或者有时候将财产权视为个人自主性的一种手段。例如,参见 Jeremy Waldron, *The Right to Private Property*(Oxford: Clarendon Press, 1988); Stephen Münzer, *A Theory of Property*(Cambridge University Press, 1990); John Christman, *The Myth of Property: Towards an Egalitarian Theory of Ownership*(Oxford University Press, 1994)。自由至上论者往往同时诉诸洛克和康德来支持他们的论证,而这就显示了一种将洛克所说的自由的自然权利与康德所说的自由的先天权利混为一谈的倾向。区分二者是很重要的。虽然自由至上论者因为偏离了成问题的前提而经常受到批评,但当康德将生而具有的自由权设想为个人"仅凭其人性"就拥有的权利时,他的设想是基于他对自由的形而上学构想,即自由是理性的一个(共同)观念。人们是否认为康德的解释站得住脚是另一个问题——关键是,在康德的形而上学预设下,他不太可能支持那种将个人自由视为一种自然权利的自由至上论想法。

有权，即使我没有直接地在物理上占有它们。但是，即使这是直观上合理的，那也不足以表明理知性占有确实是无可非议的。这把我们带到了第7节中法权的二律背反：

> **正题**说：把某种外在的东西当作"我的"来拥有**是可能的**，即使我不处于对它的占有中。

> **反题**说：如果我不处于对某种外在的东西的占有中，那么把它当作"我的"来拥有就**是不可能的**。

> **解决办法**：两个命题都是真的——如果我把"占有"这个词理解为经验性占有（*possessio phaenomenon*），那么第一个命题就是真的；如果我把"占有"这个词理解为理知性占有（*possessio noumenon*），那么第二个命题就是真的。[26]

正题捍卫了一种理知性占有的概念；反题主张一个经验性占有的概念。解决方案的裁决，即两个命题都是真的，颠倒了这两个立场各自的占有概念，暗示了它们之间某种形式的和解。这种出乎意料和无法解释的倒置引起了相当大的争论和混乱。实际上，对这个二律背反的整个表述都极为含糊，而且，如下事实也没有什么帮助：康德在陈述了这个表述后就略过了它，没有做出进一步的评论。为了更深入地了解这场争论的结构，我们必须回顾一下《纯粹理性批判》中对第三个二律背反的讨论。[27]回想一下，二律背反是理性的一种冲突，在这种冲突中，两个对立的哲学立场从彼此都接受的前提中得出相冲突的结论。我们可以暂时假设，正如在《纯粹理性批判》中那样，在《法权论》中，那个二律背反是用正题的广泛的理性主义立场来对抗反题的广泛的经验主

---

[26] *RL*, 6: 255.

[27] 参见第二章第二节。

义立场。我将进一步假设，法权的普遍原则形成了一个共同的前提，那两种立场就是从这个前提中得出了关于外在占有是否合法的相冲突的结论。最后，由于康德关于正题和反题都为真的论点类似于他在《纯粹理性批判》中对第三个二律背反的解决，我们可以期望通过表述第三种观点来解决法权的二律背反，这种观点考虑了正题和反题的各个方面，但又不完全赞同任何一种立场。㉘

即便有了这些关于这个二律背反的结构的暗示，它的主题仍然是模糊的。这可能是法权的二律背反在文献中没有受到太多关注的原因。一个明显的例外是沃尔夫冈·克斯汀的探索性论文《自由与理知性占有》。㉙克斯汀对这个二律背反的解读很大程度上依赖于康德为撰写《法权论》而准备的无数初稿笔记，其中包含了对该争论的几个不同概述，这些笔记阐明了该争论在出版的文本中的可能功能。然而，克斯汀没有充分注意到这样一个事实：初稿笔记中的概述与《法权论》中的论证并不重叠。更具体地说，克斯汀特别优待正题的立场，认为反题是错误的而不予考虑——这一结论与康德认为两个命题都为真的论点相冲突。在评价克斯汀提出的解决办法之前，我要总结一下他对这个冲突本身的阐述。

在初稿笔记中，正题和反题都赞成了每个人生而具有的自由权以及由此引出的法权的普遍原则。两者都接受如下康德式的观点：外在占有的权利不包含在一个人的内在所有中。它们的分歧在于，生而具有的自由权和外在占有权之间是否存在一种非分析性的但必然的联系。反题主张，并不存在这种必然联系，而且对自己选择的外在对象的 124

㉘ 为完整起见，我们还要注意第三个二律背反和法权的二律背反之间的差异，即后者并没有明确地采用间接证明策略。

㉙ Wolfgang Kersting, 'Freiheit und Intelligibler Besitz: Kants Lehre vom Synthetischen Rechtssatz a priori', *Zeitschrift für Philosophie*, 6 (1981), 31—51. 这篇文章的修订版参见 Kersting, *Wohlgeordnete Freiheit*, 233—241。

占有不可能符合法权的普遍原则。与此相比，正题坚持认为，生而具有的权利和外在占有之间确实存在一种必然联系，而且对自己选择的外在对象的占有必定符合法权的普遍原则。

按照反题，"我的选择的外在对象不可能就是我的，也就是说，其他人不可能通过使用我之外的对象就侵犯我的自由，而这似乎包含在那些表达式本身之中"（*AK* 23：231）。[30]这里的关键要点是，财产权的不可能性据说是"包含在那些表达式本身之中"的。反题对外在占有权提出的否定性结论取决于否定自由和外在占有之间有一种分析上必然的联系，而这种联系在康德的"分析性包含"的标准意义上是可以解释的。按照对分析性的这种理解，主要困难在于"内在的"和"外在的"是相互排斥的谓词。某物要么是内在的，要么是外在的：它不可能同时是二者。更具体地说，一个内在权利不可能包含一个外在权利。既然生而具有的自由权指的是一个人的内在所有，既然法权的普遍原则只将他人侵犯我的自由的行为作为非法的而加以排除，那么，某人对外在对象的使用构成对我的自由的侵犯这件事情就是不可能的。要使对我的自由的这种侵犯成为可能，"我就必须能够将自己看作同时既置身于对象之中又外在于对象的主体"；我必须"将自己看作同时在两个地方"。[31]但这是不可能的。由于"内在的"和"外在的"是相互排斥的谓词，法权的普遍原则就不可能无矛盾地断言，某人未经我的许可使用我选择的外在对象构成了对我生而具有的自由权的侵犯。这并不意味着反题不能支持任何形式的外在占有。它可以接受经验性占有的概念，而这个概念假设主体和对象之间只存在一种**偶然**联系。因此，反题可以允许"使用中占有"，即允许主体为了满足其基本需求而暂时占有特

　　　30　转引自 Kersting, 'Intelligibler Besitz', 33。括号中的数字指的是普鲁士学院版的相关卷和页码，这个版本包括了康德为撰写《法权论》而准备的初步笔记。

　　　31　同上，34。

定的外在对象——布兰特将这种占有称为"公共占有"或"原始共产主义"（*Besitzkommunismus*）的一种形式。[32]然而，反题不能允许个人对其选择的外在对象拥有**排他性**的权利。

与反题相比，正题确实提出了排他性占有的理由，因为这种占有符合法权的普遍原则。它通过挑战反题的自由概念来做到这一点："[反题]应该被拒斥，因为它违背了自由的观念本身。"实际上，反题"摧毁了作为一种积极能力的自由"。[33]这种抱怨引发了康德的论点，即我们只能从实践的角度来洞察自由的根据。在一段很令人费解的话中，正题声称，否认自由的实践上必然的预设就等于否认自由权本身：

> [按照反题的说法]主体只有资格使用其内在规定。但是，既然主体与外在对象的关系意味着对这些内在规定的使用取决于主体可以得到[其选择的]外在对象，那么，按照反题的说法，阻止一个人具有那些规定就是合法的，而要是没有那些规定，他就不可能利用自己的自由。（*AK* 23：309/310）[34]

这里的主张是，反题既承认又否认主体在其自由权方面对其"内在规定"的使用。但是这些内在规定是什么呢？只要正题强调自由是一种积极能力的概念，我们就可以合理地推测，那些规定指的是作为意志的一种实践能力的自由——更具体地说，指的是意志针对外在对象而

---

③② 参见Brandt, *Eigentumstheorien*, 187—188。"使用中占有"也是肯尼斯·韦斯特法尔在提出如下论点时似乎想到的东西：康德在《法权论》中对财产权的辩护并未超越对用益权（即韦斯特法尔有点含糊地称为"在占有中进行选择"的那种东西）的辩护。见Kenneth Westphal, 'Do Kant's Principles Justify Property or Usufruct？', *Jahrbuch für Recht und Ethik*, 5（1997），142—194。

③③ 转引自Kersting, 'Intelligibler Besitz', 35。

③④ 同上。

行使其选择权力的能力。反题摧毁了作为一种积极能力的自由，因为它未能承认意志对外在对象进行选择的能力是主体行使其自由的一个必要前提。正题提到了自由的必然预设，因此试图支持自由和外在占有之间的一种非分析性的必然联系。按照这种观点，问题不在于外在占有权是否被**包含**在生而具有的自由权中，而在于后者是否**预设**了前者。正题的回答是肯定的：除非承认主体的自由权包括承认自由是意志的一种实践能力的必然预设，否则主体的自由权就会被有效地否决。最后，正题肯定了自由是意志针对外在对象的一种实践能力，这展示了主体和对象之间的一种非经验性联系的前景。对外在对象的合法占有并不依赖于物理扣留，而是在意志与对象的一种特定关系中有其根据。如果意志和对象之间的这种非经验性联系是可以设想的，那么一个理知性占有的概念或许就是可能的。

在总结初稿笔记中概述的争论时，人们会忍不住站在正题这一边，反对反题。正题提出了康德对自由的构想，即自由是一种积极能力，是意志的一种实践能力。此外，它拒绝纯粹的分析必然性，赞成自由和外在对象之间有一种非分析性的但必然的联系，而这似乎与康德批判哲学的核心信条一致。实际上，这正是克斯汀在做出如下断言时所得出的结论——通过揭露反题的自由概念是不充分的，并表明对理知性占有的一种构想是可能的，他断言正题"将反题打发掉了"。㉟克斯汀相信其结论得到了《法权论》中所表述的实践理性公设的支持：

> 实践理性的法权公设：把我的选择的任何外在对象作为我的来拥有，这是可能的；也就是说，这样一个准则是与法权相悖的，按照该准则，假若它是法则的话，那么选择的对象**本身**（客观上）就必

㉟ 转引自 Kersting, 'Intelligibler Besitz', 37。

然会成为无主的(*res nullius*)。[36]

　　我将在下面的第五节和第六节详细考虑这个公设;在这里,我只想评论一下克斯汀针对初稿笔记中所阐述的那个二律背反争论对该公设的解释。初看之下,克斯汀确实有道理:在否认对排他性占有的一种普遍禁止有可能合法的时候,这个公设看来确实拒斥了反题的结论。事实上,在紧接这个假设的评论中,康德在初稿笔记中重申了正题所提出的考虑。如果声称我的选择的外在对象是我的并不合法,那么"自由就会在选择的对象方面剥夺自己对选择的使用"。既然我们只能对作为一种实践能力的自由具有知识,"将我的选择的任何对象视为能够客观地属于我的或你的东西,就是实践理性的一个先验预设"。[37]这些评论为克斯汀支持正题的结论提供了支持。但是,当克斯汀提出如下主张时,他就更进一步了:

> [这个公设肯定了]对外在对象进行支配的权利(*Herrschaftsgewalt*)是一种不能被合法地限制的自然的选择自由权。任何法律规定,只要其规范限制或者甚至否定了自由对于对象领域的支配权,就必须加以拒斥。这个公设构成了一般的选择自由和外在对象之间的一种先验法权关系(*tranzendentales Rechtsverhältnis*);它把一种对于外在对象的绝对法律权力(*Rechtsmacht*)赋予选择自由。[38]

　　这一结论由于两个原因而太强。首先,这个公设既没有提到"先验法权关系",也没有提到主体对对象的"绝对法律权力"。它只是断言

---

[36]　*RL*,6:246.

[37]　*RL*,6:246.

[38]　Kersting,'Intelligibler Besitz',38. 亦可参见 *Wohlgeordnete Freiheit*,243。

主体对其选择的外在对象的主张不能违背法权。克斯汀关于这个公设确立了一种法律关系的论点是不成熟的，而且超出了该公设明确陈述的东西。其次，克斯汀将正题在初稿笔记中的位置与这个公设在《法权论》中的位置混为一谈。然而，虽然初稿笔记的正题可能极力主张主体"对于外在对象的绝对法法权力"，但这并不是《法权论》的公设所能证明的主张。理由很明显：按照克斯汀的说法，正题按照意志与外在对象的关系来定义理知性占有。他随后的结论，即该公设赋予主体对于对象的"支配权"，接近于将财产权描述为这样一种关系，按照这种关系，主体使得对象负有法律义务。[39]但这恰好是康德明确反对的旧的财产权观点。既然争论的焦点是符合法权的普遍原则的合法的外在占有的可能性，既然法权概念规定了易受理性影响的主体之间的关系，争论就不可能关系到主体是否对对象具有支配权。关键的问题必定是，个人对外在占有的主张，在与其他所有人同样有效的主张相容的意义上，是否合法。

克斯汀过于草率地将反题打发掉，并对正题给予了无条件的支持。他忽视了这样一个事实：正题在初稿笔记中的位置不足以达到康德在《法权论》中对合法的外在占有提出的要求。下一节针对那个公设对关于那个二律背反的争论提出了另一种解释。我将表明，这个公设确实考虑到了反题对排他性外在占有的保留。虽然这些保留不足以否定占有权，但它们纠正了正题对合法的外在占有的主体间维度的忽视。这个公设不但没有将反题打发掉并赞同正题，反而承认"两个命题都是真的"。

---

[39] 这种按照主体与对象的关系来解释法权关系的倾向，在克斯汀早期发表的那篇论文中尤为明显，他在该文中认为，否认主体对于对象的支配权力，无异于通过将对象描述为"无主的"（*herrenlos*）而将自由赋予对象（'Intelligibler Besitz', 37, 38）。在他后来出版的那部著作中，他撤回了这个特殊主张，并在这部著作中强调说，这个公设"并非意在击败对对象提出的权利主张"（*Wohlgeordnete Freiheit*, 248）。

四 法权的二律背反:实质性论证

我与克斯汀的分歧与其说关系到他对二律背反的形式分析,不如说关系到他从中得出的实质性结论。我同意他的观点,在初稿笔记中,争论的焦点是如下问题:主体生而具有的自由权和他们选择的外在对象之间是否可能有一种非分析性的但必然的联系?与正题相比,反题甚至没有考虑到这种联系的可能性,因此得出赞成正题的结论并不是不合理的。实际上,克斯汀之所以得出这个结论,也许正是因为他渴望确立康德的法权哲学的批判性凭证。我已经表明这是错误的。正题确实示意了主体的意志和其选择的外在对象之间有一种可理解的关系。但是,这还不能构成一种合法的关系,理由很简单: 129 康德是按照主体与主体的关系来定义法权的概念的。同样,即使反题的结论就其本身而言是不可接受的,但这并不意味着这个见解在提醒防范排他性的外在占有权方面没有提出任何有效的理由。这些评论表明,正题和反题都不是完全错误的,也不是完全正确的。二者都提出了有效的观点,但都不等于康德意义上的"批判性解决方案"。

这种状况就类似于第三个二律背反的状况,其中正题和反题表达了两种前批判的哲学立场,即理性主义立场和经验主义立场,它们的和解是通过引入第三种选项来实现的。事实上,第三个二律背反和法权的二律背反之间的类比不仅涉及其形式结构,而且还扩展到它们各自的实质性内容。回想一下,第二章将《纯粹理性批判》中正题和反题之间的争论描述为自由和自然之间的一种冲突。正题坚持自由必定是可能的,而反题则反对说,接受这样的想法会威胁到经验的统一性。在法权的二律背反中,我们面临自由的主张和自然的约束之间的一种类似冲突,尽管这一次是从政治(而不是宇宙论)的角度来看的。值得强调的是，就像正题一样，反题也声称它关于可能的外在占有的否定性结论来自法权的普遍原则。法权的普遍原则不仅肯定了每个人生而具有的自由权；它还规定每个人对自由的行使都必须与其他人所享有的平等自由权相容。既然正题对排他性占有的主张侧重于**每个人**的自由权，做出这样的假设就不是不合理的，即反题对个人财产权的反对取决于财产权对**其他人**的平等自由权的含义。正题认为，既然自由被构想为意志的一种实践能力，对外在占有的权利就必定是可能的，而反题则反对说，考虑到自然的不可避免的约束，这种权利是不可能的。

在追求这条论证路线时，我将强调反题的立场。这在一定程度上是为了纠正克斯汀的论述中的失衡状况，这种失衡特别优待正题。然而，更一般地说，不论是在批评者当中，还是在支持者当中，康德都以更
130 喜欢抽象论证，而不是具有明确实践含义的背景考虑而闻名。⑩对哲学抽象的兴趣往往等同于对实践关切不感兴趣。在前面的章节中，我已经试图表明，这个等式不适用于康德哲学。他对认知经验主体的认识论构想（即这种主体必须预设一个独立于心灵的感性经验世界），他对有限的理性存在者的构想（即这种存在者受制于某些限制），都是抽象构想。但二者都没有显示一种脱离实践关切的哲学立场。《法权论》也

---

⑩ 康德在这里的声誉是基于他在《道德形而上学基础》中提出的反问，即：我们是否"不认为建立一种纯粹的道德哲学是一件极其必要的事情，这种道德哲学彻底清除了一切只能是经验性的和只适合于人类学的东西"（4: 389）。然而，这段话通常被断章取义地引用。康德的主张并不是说经验条件"不重要"，也不是说对道德的根据的哲学研究的目的不应该是实践性的。相反，他抱怨那些"自以为具有创造性的思想家"，他们用"经验性的东西和理性的东西的某种未知（甚至他们自己也不知道）比例的混合物"（4: 388）来取代理性论证的训导。这种探讨提供了快速的解决方案，而不是彻底的调查，因此就给道德帮了倒忙。奥尼尔捍卫了康德伦理学中的抽象：Onora O'Neill, 'Constructivism in Ethics' in *Constructions of Reason*, 206—218。亦可参见 O'Neill, 'Abstraction, Idealization, and Ideology' in J. D. G. Evans, ed., *Moral Philosophy and Contemporary Problems*（Cambridge University Press, 1988）, 55—69。

是如此。康德对自然的不可避免的约束及其对于主体之间的法权关系的含义的担忧,是在一个很高的抽象水平上来表达的,这使他的论证既苛刻又极其有力。考虑如下说法:

> 纯粹合法占有的概念不是一个经验概念(即依赖于空间和时间条件),但它具有实践意义上的实在性,也就是说,它必定可以适用于经验的对象,而对这些对象的知识依赖于那些条件。[41]

这句话与那个二律背反出现在同一段话,突出了作为纯粹实践理性的一个概念的法权概念和它得以应用的经验条件之间的张力。虽然那个概念本身可以独立于经验条件来进行分析,但其实践应用受制于这些条件。请注意,这里提到的是经验实在的**不可避免的**条件,即空间和时间,而不是《道德形而上学基础》中在谈到主体的主观欲望和倾向时所说的纯粹经验的条件,或者说经验上偶然的条件。《法权论》中讨论的经验约束不是主观的动机约束,这种约束对意志的影响是行动者有可能控制或克服的。相反,在《法权论》中,约束通常指的是一般论的能动性的外在条件:它们决定了人类能动性的条件,而这些条件本身不受行动者意志的改变。在这个背景下,康德在《法权论》导言中在"数学构造"和"法权概念的构造"之间所做的类比就很有趣。他声称,在"纯数学"中,"我们不能直接从概念中推导出对象的性质,而只能通过构造概念来发现它们"。[42]我们对数学构造的概念把握依赖于它们在空间和时间上的直观表征。我们画出的一个三角形的形象表征,使我们能够从这个特殊的表征中抽象出它所例示的一般数学规律。同样,"不是法权的概念,而是对这个概念的**构造**,即在纯粹的先天直观中

131

----

[41]　*RL*,6: 253.

[42]　*RL*,6: 233.

对它的展现"，⑬使我们能够确定法权的规定性特征和必然预设。就像一个三角形的概念一样，法权的概念也是由它的所有构成性特征和预设共同构成的。但是，这些特征和预设的精确组合，以及它们彼此间的关系，对我们来说并不是显而易见的。法权的概念不是被给予的，而是实践理性的一个构想：对它的可能构造取决于我们对其预设和条件提出一个表征的能力。一方面，我们的抽象能力取决于我们在空间和时间中的直观表征能力：我们承认法权概念是纯粹实践理性的一个（抽象）概念的能力，取决于我们在其应用条件下将这个概念向自己表达出来的能力。另一方面，我们能够提出对理论概念和实践概念的直观表征，这一事实取决于首先使这种表征成为可能的既定背景条件。我们对数学概念的表征取决于时间和空间，并且（按照康德的说法）受到了时间和空间的约束，因为时间和空间是我们的感性直观的形式：若没有时间和空间，我们就根本不可能有任何数学构造。同理，通过对我们所能构造的表征施加限制，时间和空间约束了我们在数学上所能得到的可能性。

但是，就我们对法权概念的实践构造而言，相关的背景条件和制约因素是什么呢？康德的类比使人们注意到对理论构造和实践构造的时空约束。正如我们对三角形图形的表征受到三维空间的约束一样，法权概念的实践构造也受到时间和空间的约束，尽管是按照它们对实践理性的含义来考虑的。在我们引用的那段话中，就法权概念而言，时空约束是用"彻底的相互强制"⑭这一概念来表达的：每个人的权利都是由其他所有人的平等权利来界定的。在特定情境中，彻底的相互强制会援引一种空间图像，根据这种图像，每个人的自由行动空间都是由其他所有人平等的行动空间来界定和约束的。对相关的时空约束的更明

132

---

⑬ RL, 6: 233.

⑭ RL, 6: 233.

确的提及出现在稍后的一段话中,那段话与本章开头提到的康德的财产权论证的世界主义维度有关。康德在那里断言:

> 地球的球面将其表面上的所有地方连为一体;因为如果地球表面是一个无界的平面,那么人们就可以如此分散在它上面,以至于他们彼此间不会形成任何共同体,而共同体也就不会是他们在地球上存在的一个必然结果。[45]

在这里,我们有了一种抽象地设想的**不可避免的**经验约束的形象,对这个形象的注意对于在实践上构造法权的概念来说是必不可少的。地球的球形表面就是可能的能动性的经验上给予的空间,人们在这个空间的约束下来表达他们对选择和行动自由的要求。这个空间不是一种主观上给予的、**单纯的**经验条件,原则上可以由人类的意愿和能动性来修改。相反,全球边界构成了经验实在的一种客观上给予的、不可避免的条件,人类行动者在这种条件的限制下被迫建立可能的法权关系。如果这是一条看似合理的思路,那么我们就可以把那个二律背反冲突解释为一种潜在地富有成果的争论,在这种争论中,两种立场试图从各自有限的观点出发,通过考虑法权概念的必然预设和实现条件,来提供对这个概念的详尽表述。

133

回想一下,法权的普遍原则形成了正题和反题的共同前提。我们知道,按照正题,外在占有必须与这个原则相一致,因为作为意志的一种实践能力的自由预设了主体对外在对象的选择能力。但是,究竟是什么考虑促使反题**否认**生而具有的自由与外在对象之间的可能联系呢? 与正题对每个人的自由的强调相反,反题所强调的是这种单方面的要求对其他所有人的自由的含义。在不可避免的经验约束(即地球

---

[45]　*RL*,6:263.

的球形表面）的条件下，一个人对选择的任何行使都会使其他人无法获得他可能已经选择的外在对象，并因此而损害其他人的自由。从反题的观点来看，对自己选择的外在对象的排他性占有与其他所有人的自由不相容，因此不可能符合法权。

用这些措辞来重新表述法权的二律背反有这样一个好处：我们最终会得到实践理性的一种真实冲突。正题和反题都针对法权的普遍原则提出了关于财产权的有效观点。在强调外在对象和主体的选择权力之间有一种非经验的但必然的联系时，正题捍卫了一种广泛的理性主义立场，即把意志的选择能力视为合法地主张排他性占有的一个充分条件。与此相比，反题则认为，除了生而具有的权利和外在对象之间的一种偶然的、暂时的联系外，任何其他东西都是不合法的，在这个时候它就采纳了一种广泛的经验主义观点，认为在不可避免的经验约束的条件下，某些人对自己选择的外在对象的排他性占有会不可避免地损害其他人的平等自由权。鉴于每一种立场都对其对手提出了有效的反对意见，二者都无法为外在自由问题提供一个可行的解决方案。寻找第三种选项变得势在必行。

五 许可法则与"阴暗的初步判断"

按照上面提出的解释，那个二律背反争论给我们留下了两个同样令人不快的选项。我们要么行使自己的选择自由，承认我们的行动会
对他人的可能选择产生不可避免的影响，要么尊重他人同样有效的自由主张，停止行使我们的选择和行动自由。在第一种情况下，我们违反了法权的普遍原则的相容性要求；在第二种情况下，我们实际上否认了任何选择和行动自由的权利。在这个阶段，我们必须回到"实践理性的法权公设"：

把我的选择的任何外在对象作为我的来拥有,这是可能的;也就是说,这样一个准则是与法权相悖的,按照该准则,假若它是法则的话,那么选择的对象**本身**(客观上)就必然会成为无主的(*res nullius*)。

正如克斯汀所说,这个公设似乎肯定了正题的立场。事实上,除了我们所熟悉的那个关于自由是一种积极能力的评论外,康德继续提出了一个更明确的反对反题的观点,当时他补充说,对外在占有的普遍禁止没有资格成为实践理性的一个原则。既然实践理性的原则具有引导行动的职能,反题对个人在外在对象方面的选择和行动自由的禁止,就不能算作这样一个原则。[46]因此,正题在默认情况下获胜:如果反题对外在占有的普遍禁止不能算作实践理性的一条法则,那么对外在占有的普遍允许就必定是合法的。[47]

但是,从目前对那个二律背反的解释来看,那个公设对正题的明显肯定仍然令人担忧。毕竟,正题的立场也意味着对法权的普遍原则的违背,因为它损害了其他所有人的平等自由权。然而,严格地说,那个公设并不认可正题的**正当性**。它只是说,虽然对外在占有的普遍禁止与法权相抵触,但外在占有**必定是可能的**。这还不足以说明正题的立场是正当的。考虑康德将那个公设描述为许可法则的做法:

> 这个公设可以被称为实践理性的一个许可法则(*lex permissiva*),它给予我们一种不能从单纯的法权概念本身来获得的权限,即把所有其他人置于一个他们要不然就不会具有的义务

---

[46] *RL*, 6: 246.

[47] 在路德维格看来,康德的如下说法构成了支持正题的一个**决定性**理由:纯粹实践理性只能颁发"形式法则",也就是说,要么是一般的许可,要么是一般的禁止;同时,反题的立场不能算作一个外在自由法则。见 Ludwig, *Kant's Rechtslehre*, 112—113。

135 下，这个义务要求他们不要使用我们所选择的某些对象，因为这些对象是我们已经首先占有的。理性要求将这看作一个原则，实际上，它是作为实践理性这样做的，而实践理性就是凭借这个理性公设先验地扩展了自身。[48]

这种解决冲突的方法很奇怪。这个公设，作为一个许可法则，授权我们将其他人置于不要使用我们所选择的外在对象的义务下，**只是因为我们是将它们占为己有的第一人**。但是，将一个单方面的经验获取行为引用为正当的外在占有的根据，同样违反了正题和反题。正题和反题都不认为经验获取对于正当地主张排他性占有是充分的。通过允许单方面的经验获取行为**并**将其视为正当行为，这个公设的特殊授权无异于在两方面都违反了法权的普遍原则！在让人们注意到这一挑衅性结果时，莱因哈德·布兰特论证说，许可法则的功能恰恰是要允许对法权的普遍原则的暂时违反。按照布兰特的观点，康德认为不公正行为的发生是有可能在人们之间确立正义关系的一个必要条件。[49]布兰特在对国家的形成进行更广泛讨论的背景下，提出了对许可法则的这种解释，在那里他声称康德同意霍布斯的观点，即国家的建立必然基于武力使用：如果没有一个准备使用暴力手段的罗穆卢斯（Romulus），国家的形成就不会发生，或许也不可能发生。[50]康德并不同意霍布斯的观点，因为他认为使用武力不足以使政治**合法化**。不过，按照这种观点，国家的建立**先于**政治辩护。然而，这不是要提倡临时的合法化：布兰特对许可法则的分析取决于他对那个公设的解读，即把它理解为政治能动性的环境特有的一种实践判断。

---

[48] *RL*, 6: 247.

[49] Brandt, 'Das Erlaubnisgesetz', 245—247.

[50] 同上，267。目前还不清楚布兰特的看法：使用暴力对建立国家来说究竟是逻辑上必然的，还是只是实践上不可避免的？

在这个环境中,布兰特的一个发现特别有见地,即:按照康德的观点,许可法则"在自然法(*im Naturrecht*)中成立,而不是在伦理学中成立"。[51]有了这个建议,我们就有了第一个这样的暗示:许可法则是对《道德形而上学基础》中绝对命令的最初表述的一种扩展。布兰特的出发点是康德针对绝对命令在规定性法则和禁止性法则之间所做的区分。在伦理学中,绝对命令规定了某些类型的行动,同时禁止了其他类型的行动。然而,在规定和禁止之间仍有许多可能的行动,这些行动在道德上是无关紧要的。道德法则是否应该通过制定所谓"许可法则"来对后面那种行动进行立法,规定所有那些既没有被规定也没有被禁止、而是让行动者具有一定自由裁量权的行动?在《美德论》中,康德坚决反对这个想法。要求对道德上无关紧要的行动进行伦理立法,乃是"关注琐碎的细节,而如果这些细节被纳入美德学说,它们就会将美德的管理变成暴政"。[52]除了《美德论》中关于破坏道德原则的目的的实质性考虑外,在《论永久和平》的一个很长的注释中,康德提出了一些反对许可法则的系统考虑。他指出:

> 所有法律都体现了客观的实践必然性的一个要素,该要素是某些行动的理由,而一种许可只取决于实践偶然性。因此,一个许可法则就是一种强制,即强制人们去做他们不能被强迫去做的事情,而且,如果法律的对象与一种许可的对象相同,就会产生矛盾。[53]

康德显然相信,对完全可允许的行动(即既不是被规定的也不是被

---

[51] Brandt, 'Das Erlaubnisgesetz', 244.

[52] *TL*, 6: 409.

[53] *Perpetual Peace*, 8: 348.

禁止的行动)进行立法的想法几乎是不连贯的：这样的法律将不包含其必要性的根据。令人惊讶的是，同一个注释继续考虑与"实践必然性"有关的许可法则的可能性。此时，讨论已经从一般的实践法则转向"自然权利"（*Naturrecht*）。康德暗示说，某些政治行动的实施，虽然严格来说是非法的，但"仍然是诚实的"。[54]这种行动在面对其不合法时的"诚实"不是指对法律的无知，而是指这样一件事情：**尽管**知道法律，但这种行动是不可避免的。在法律或政治领域中，也有一些非法行动是诚实地进行的，因为在这种情况下采取这些行动是不可避免的。康德的一些进一步的注释更加明确。他提出了与政治判断有关的许可法则的可能性，并追问了这样一个问题：甚至在现有的成文法系统明确地与纯粹实践理性的要求相冲突的情况下，主权者推迟改革这个系统是否有时是可允许的？在考虑了这个问题后，康德得出了如下结论：在某些情况下，也就是说，当政治条件使得实施变革（其影响尽管是善意的，但会在政治上造成破坏）变得不可能或不明智时，这种延迟可能确实是可允许的。这并不能成为主权者无限期地推迟改革的理由；对于违背自然法的统治的特殊许可，只有在环境使得不可能以其他方式进行统治的情况下才适用：

137

> 理性的许可法则允许一种公共权利的状态继续下去，即使它受到不正义的影响，直到革命的时机成熟或者以和平方式为革命做好了准备。对于任何一个合法的政体来说，即使它只是在很小的程度上合法，也比根本就没有好，而过早改革的命运将是无政府状态。因此，在目前的情况下，政治智慧将使推行适合于公共法权理想的改革成为一项责任。[55]

---

[54] *Perpetual Peace*, 8：348.

[55] *Perpetual Peace*, 8：374，注释。

这段话的有趣之处在于,康德从以"实践偶然性"为理由在伦理学中拒斥许可法则,转变到以"实践必然性"为理由在法律领域中认可许可法则。在伦理学中,许可法则指向道德上无关紧要的行动,因此不应受制于道德立法。但在政治领域中,许可法则指向那些尽管在道德上并非无关紧要,但不能被归类为规定性法则或禁止性法则的行动。相反,它们适用于那些虽然严格来说是非法的,但在如下意义上必须被视为暂时合法的行动:政治环境没有留下其他的选择。许可法则算是暂时公正的;它们可以有效地预期确实符合纯粹实践理性要求的法律的制度化,并为这种制度化做准备。

在《论永久和平》中,康德对许可法则的讨论是有启发性的,即便如此,这一讨论与《法权论》的主要关切无关,而且仍然限于注释。正如布兰特所指出的,康德将许可法则描述为一种**经验性**政治判断,认为这种法则表明了特定主权者的政治智慧和远见。尽管他确实暗示说,作为第三种可能的法律类别,许可法则"自动地出现在理性的系统划分中",但他并没有在《论永久和平》中的讨论的背景下进一步阐述这些说法。[56]

康德也没有明确说明许可法则在《法权论》中的系统地位。然而,他在这里将这个公设称为"实践理性原则的先验扩展"。[57]这里提到的原则只能是法权的普遍原则。因此,那个公设,作为实践理性在法律领域中的一个许可法则,可以被看作对《道德形而上学基础》中最初提出的(实践)理性的系统划分的扩展。在法律领域中,许可法则介于纯粹实践理性的规定性法则和禁止性法则之间。许可法则适用于这样一类行动:尽管它们不是道德上无关紧要的,但它们既不能被归类为义务性行动,也不能被归类为禁止性行动。对于需要解决但没有现成解决

138

56　Brandt, 'Das Erlaubnisgesetz', 243.

57　*RL*, 6: 247.

办法的政治问题,它们是暂时有效的行动原则。因此,它们算得上是暂时公正的,也就是说,在如下意义上是公正的:它们预期了一种更持久的解决办法,而在这种办法中,经验实在的约束与纯粹实践理性的要求达成妥协。布兰特借用康德的初稿笔记的说法,将许可法则描述为"阴暗的初步判断",其作用是查明通往一种确定的或最终的实践判断的道路:

> 初步判断形成了我们最模糊的表达的一部分。我们的每一个确定判断,都建立在我们事先达到的阴暗的初步判断的基础上。后者引导我们寻找某种确定的东西。例如,寻找未被发现的海岸的人不会简单地驶入海洋。在出发之前,他已经对其可能的目的地形成了一个初步判断。初步判断先于确定判断。[58]

许可法则是对实践性的政治判断的探索性尝试,其迫切性和必要性得到了主体的认识和承认,但主体还不能辨别其确定形式。问题是,就财产权的辩护而论,为什么需要这种初步判断?对这个问题的一个可能回答,就在于法权的二律背反与作为许可法则的那个公设之间的关系。

139

六　反思判断与政治义务

布兰特将许可法则描述为一种阴暗的初步判断,这使我们对康德的主张有了一定理解,即那个公设构成了绝对命令在应用于政治判断和政治能动性时的一种先验扩展。按照这种解读,这个公设就介于实践理性的规定性法则和禁止性法则之间:许可法则暂时将一个严格来

---

[58]　这是康德的说法,转引自 Brandt, 'Das Erlaubnisgesetz', 247。

说被禁止的行动看作可允许的行动。现在我想把布兰特对这个公设的解释与我对关于财产权的二律背反争论的分析联系起来。这将表明行动者对其正义义务的反思性认识如何来自康德通过许可法则对那个二律背反提出的特殊解决办法。

对于该论证的最后一步来说,特别重要的是康德的解决方案的实践性。他将自由设想为纯粹实践理性的一个观念,对此我们不能有理论知识,但我们必须出于实践目的而假定其存在,与此类似,康德神秘地对法权概念提出了如下断言:"关于属于我的或你的外在对象的理论原则迷失在知性世界中,不代表知识的扩展。"[59]鉴于我们的知识是有限的,我们只能为法权问题构造一个**实践的**解决办法:但这是我们不得不做的。即便如此,情况看起来也不容乐观。我们已经看到,人们所提供的那两种解决争论的方法都不能满足法权的普遍原则的两个要求,但对实践理性原则的形式约束迫使我们在它们之间做出选择。既然反题提出的解决办法不能作为实践理性的一个原则,那个公设就暂时接受了正题。它确实这样做了,尽管这种立场也会导致违背法权的普遍原则。问题是,即便如此,为什么这种解决办法仍然应该被认为是正当的呢? 遵循布兰特的做法,我们可以将许可法则解释为一种初步判断,这种判断试探性地授权了严格而论违背法权的普遍原则的行动。只要在经验上占有自己选择的外在对象的做法有望为一种要不然就没有解决办法的状况提供解决办法,对这种做法的特殊授权就可以被认为是暂时正当的。但是,是什么诱使我们抱有这种希望呢? 为了明白这种暂时授权背后的推理,我们必须将那个公设的授权构想为在不可避免的经验约束的条件下解决法权问题的一种实践方法。

再考虑一下正题为什么并未提及受到影响的其他人。尽管正题坚持认为其理知性占有概念构成了作为意志的一种实践能力的自由的一

140

---

[59]　*RL*,6:252.

个必然预设，但它将那种占有解释为一种主客体关系。因此，它未能承认合法占有必须得到所有受到影响的其他人对其合法性的可能承认，因为任何一种占有都不能侵犯他们的自由。我现在想指出，那个公设，作为许可法则，与其说只是认同正题，不如说纠正了正题在关键之处的疏漏。虽然许可法则确实授权了个人单方面的经验获取行为，但在这样做时，它并没有承认个人单方面的意志具有权威。正如克斯汀所说，个人意志的"支配权力"并不取决于一种"自然的自由权利"。相反，如果说那个公设的特殊授权是有权威的，那么这种权威的根据就在于理性本身：**理性**希望那个公设作为纯粹实践理性的一个原则而有效。但是，如果正是**理性**授权了这种特殊许可，那么，那些被许可法则授权占有他们所选择的外在对象的人，就必须在理性的约束内来行动。这意味着他们的行动受制于他们对其他人可能提出的辩护的要求。

那么，请考虑这样一种情况：我获得了一个我选择的外在物品，并在许可法则下诉诸我的权威，要求你在未经我同意的情况下不要使用该物品。既然在诉诸那个公设时，我把我的要求建立在理性的权威之上，你就可以询问我的要求的正当性的根据。我向你提到正题的论证，它肯定了我对外在占有的权利，而这个权利是我生而具有的自由权的一个必然预设。但是，你提醒我说，你有同样有效的权利，而我**已经**通过我最初的行为违背了你的这项权利，你由此诉诸反题的论证。这里的关键是，我承认我首先侵犯了你的自由，而这是行使我的自由的不可避免的后果。我尝试向你表明，你现在（在我获得那个物品后）对我负有正义义务，这种尝试使我认识到，我已经（因为获得了那个物品）对你负有正义义务。由于许可法则而变得可能的反思判断并不是说，在声称你对我负有义务时，许可法则确认了我；它反而是提醒我：我首先对你负有义务。这样，我对你的正义义务就是我行使我的选择和行动自由的一个直接推论。

重要的是要强调，这种认为自由直接蕴含义务的观点不同于一种契约主义论证，这种论证涉及双方通过协议对彼此的自由权的相互承认。按照这种契约主义论证，我对你的自由权的承认是以你对我的平等权利的承认为条件的。在这种相互承认没有希望达到的地方，就没有义务。而按照目前的解释，我对你的正义义务源于我在不可避免的经验约束的条件下采取的行动对你造成的后果。既然我不能选择不行动（记住，在反题下，禁止行动没有资格成为实践理性的一个原则），既然我的行动不可避免地会影响你可能的能动性，我就不需要让自己负有义务；我有义务做的是遵守：

> 法权的普遍法则（*Rechtsgesetz*），即要如此外在地行动，以至于对你的选择的自由行使可以按照一个普遍法则与其他所有人的自由共存。这确实是一个法则（*Gesetz*），它对我施加了一个义务，但它根本不期望，更不要求，**我自己**应该为了这个义务而将我的自由限制到那些条件；相反，理性只是说自由**被**限制到那些条件……它说这是一个无法进一步证明的公设。⑥

通过提到理性"说这个"或"愿意那个"，康德倾向于将理性拟人化，这种做法确实有点奇怪。显然，他不仅认为我们的所有思想都受制于理性的权威，还认为我们的一切行动都受制于理性的权威。然而，没有必要按照一种外在地强加的理性要求（这种要求来自一个超验地给予的权威来源）来解释理性的权威。康德认为我们有能力认识和承认理性的权威（但我们同样可以自由地无视其要求），这一观点与他的如下观念相联系，即人类是有限的理性行动者。我将在第六章考察这个观念。目前我们只需指出，当布兰特将许可法则描述为一个阴暗的初步判断时，他的描述之所以如此有力地表达了康德式的实践推理，是因 142

---

⑥　*RL*, 6: 252.

为它对行动者调动自身推理资源的能力很敏感。在把许可法则解释为解决法权的二律背反冲突的一个方案时，本章已经试图表明有限的理性行动者如何可能对其处境的约束达成一种反思性理解，但又没有使他们在面对这些约束时感到无助和无能为力。许可法则使行动者在其对处境的看法中发生了一种所谓认识转变，导致他们从单方面要求自由，转向承认他们对彼此的正义义务。行动者承认正义义务对他们的自由主张施加了约束，这种承认使得以公民社会的形式对法权概念的实践构造成为可能。纯粹实践理性形成了它自身的观念秩序：

> 在对公民状况的期望和准备中的占有……是暂时合法的占有，而在一种实际的公民状况下所发现的占有将是决定性的占有。……在一种自然状态中，把某种外在的东西当作自己的来拥有的方式，是一种有形的占有，这种占有获得了如下正当假定的支持：它将通过在一种公共立法中与所有人的意志相联合而成为合法占有，并且在预料到这一点时，相比较而论是合法占有。[61]

关于布兰特赋予康德的那个主张，这里有一些回应。按照那个主张，国家建立必然是以武力或不正义为基础的。然而，最初对他人的选择和行动自由的侵犯，尽管是由作为许可法则的那个公设来暂时授权的，但并非认可"最强者的权利"。这个公设的暂时地位表明，它充当了从不受法律制约的状态转向合法自由的状态的一个原则。从暂时法权到绝对法权的转变的完成，以及这种转变所采取的世界主义形式，将是下一章的主题。

143

---

[61] *RL*, 6: 257.

第五章

普遍统一意志与世界公民法权

所有人最初(即在任何确立权利的选择之前)都占有一份符合法权的土地,也就是说,他们有权处于自然或偶然(无须他们的意志)将他们置于的任何地方。……地球上所有人先于他们确立权利的任何行为的占有是一种**原初共有**,这种共同占有的概念不是经验性的,不依赖于时间条件。

——《法权论》,6:262

一 引 言

前一章将许可法则解释为纯粹实践理性的一种"阴暗的初步判断"。那个公设对单方面获取的暂时授权导致行动者反思性地承认:任何行使其选择和行动自由的行为都涉及对他人的正义义务。一方面,既然我生而具有的自由权是一种积极能力,我必须有可能要求我的选择的外在对象是我的。另一方面,由于自然的约束,任何这样的选择行为都会损害其他人对自由的同样有效的主张。主体对彼此的正义义务是他们行使选择和行动自由的一个直接推论。人们可能会把这个判断描绘为需要一种认识转变,即从作为一种主客体关系的理知性占有的概念转变到这样一个概念,它承认合法占有定义了主体之间在其选择的外在对象方面的一种关系。然而,尽管那个公设表明行动者对其外在自由的行使会产生义务,但它并没有说如何履行这一义务。因此,它不足以成为解决法权问题的最终方案。不过,康德的如下说法提供了一条线索:

144

> 就外在占有而论,一个单方面意志不能充当一个适用于所有人的强制性法律。只有一个集体的、普遍的(共同的)、强大的意志才能为每个人提供这种保证。①

即使单方面获取是不可避免的,一个单方面意志也不能确立法权的一项主张。由于在许可法则下对单方面获取的暂时授权预设了被理解为主体之间的一种关系的理知性占有的可能性,那个公设就暗示了一个全面性意志的观念。这是一个能够将理知性占有的主体间特征表达为纯粹实践理性的一个概念的意志。因此,那个公设的特别授权的有效性就取决于一个可能的全面性意志,这种意志就是理知性占有概念的基础。一种不太正式的表述方式是说,虽然许可法则**表明**理知性占有的一种构想必定是可能的,但普遍统一意志的观念表明它**如何**是可能的。康德按照暂时法权和绝对法权的区别来总结那个公设和普遍意志之间的关系:在那个公设下的单方面获取,只要"获得了[那个]正当假定的支持"②(该假定所说的是,这种获取将成为绝对法权),就是暂时合法的。绝对法权就是公民状况。

文献中有一个广泛的共识,即普遍统一意志的观念对于从暂时法权到绝对法权的转变至关重要。问题是如何设想这个普遍意志的立法

---

① *RL*, 6: 256.
② *RL*, 6: 257.

权威。人们仔细研究了两种可能但不同的解释。每一种解释都利用了康德就普遍统一意志而引入的两个补充想法。第一种解释有效地将普遍意志的观念等同于一个社会契约的观念——我将其称为契约主义解释。第二种策略将普遍意志的观念与原初共有的观念联系起来——我将称之为自然法解读。按照第一种解释，普遍意志是主体之间的一种契约性协议的产物，即相互承认每个主体对其选择的外在对象具有平等的权利。立法权是各个单方面意志通过一种确立行为而**授予**普遍意志的：各个单方面意志通过契约达成的联合创造了普遍意志的立法权。这种解释的一个含义是，正义义务是自愿承担的，而这些义务的正当性取决于它们已经被如此承担。相比之下，自然法解读将普遍意志解释为一种先前给定的立法权，这种权威建立在原初共有观念的基础上，并从共同财产中将每个个体应有的部分分配给每个人。自然法论证往往从人性的所谓普遍特征或者理性所认识到的人类需求的结构中推导出政治义务。但是，尽管义务的根据是人类理性**可以认识到的**，却不是人类推理**的产物**。在非世俗的自然法理论中，义务的根据根本上源于上帝的意志，上帝的意志在自然法中向人类理性显现出来。**世俗的**自然法理论的形而上学基础相当难以捉摸：通常不清楚究竟是什么取代了上帝的意志，成为先前给定的权威的来源。③世俗的自然法理论可以被归类为一种道德实在论，它所指定的政治义务随附在人性的确定事实之上。无论如何，在自然法解释下，不管我们如何设想作为一种**先前给定的**立法权威的普遍统一意志，这个意志都**将正当性授予**主体单方面的选择和行动。

145

---

③　如下文章有见识地分析了康德对自然法思想的破除：Mary Gregor, 'Kant on "Natural Rights" ' in Ronald Beiner and William James Booth, eds., *Kant and Political Philosophy: The Contemporary Legacy*（New Haven, Yale University Press, 1993）, 50—75。查尔斯·科沃尔在对康德和国际法中的自然法传统进行比较分析时也得出了类似结论：Charles Covell, *Kant and the Law of Peace*（London, Macmillan, 1998）。

两种解释都有可以利用的文本证据,因此使得对政治义务的根据的两种相冲突的论述貌似有理。康德避而不谈普遍统一意志的确切地位,这种回避在这里尤其没有帮助,正如他在这部文本的不同地方对上述两个补充想法的不加说明的诉求毫无帮助。他几乎随意地将普遍统一意志描述为纯粹实践理性的一个先验概念,这意味着这个意志并不完全符合每一种政治思想传统的框架。一方面,这个意志的先验性暗示了它作为一种无条件有效的正当性原则的地位。这超出了契约所导致的义务的有条件的有效性。然而,将普遍意志看作**理性的一个观念**,这同样与自然法的假设相矛盾,这些假设关系到由人类理性来发现,但不是人类理性所"产生"的先前给定的义务的根据。鉴于这些困难,一种更有希望的方法可能是,从康德的财产权论证的结构中推出普遍统一意志的观念。在采用这种方法时,本章追求两个平行的目标。一个目标是要表明,普遍意志的观念构成了许可法则所依赖的理知性占有概念的辩护根据。因此,阐明那个公设与普遍意志之间的关系是本章主要的解释性关注。第二个更具实质性的目标取决于普遍意志和世界范围的正义义务之间的联系。这里值得指出的是,康德将普遍统一意志的观念埋入原初共有的观念中。尽管对原初共有的提及并没有使康德成为一位自然法思想家,但共同占有指向地球的球面,而这一事实就揭露了他的世界主义取向。在后一方面,康德和自然法传统之间显然确实有一种亲缘关系。然而,原初共有的观念和普遍统一意志的观念都不是先前给定的。相反,二者都被设定在主体的反思性实践慎思和判断的能力中。

下一节首先概述对康德的普遍意志观念的契约论和自然法解释。第三节分析了"原初获取"的概念及其对原初共有概念的含义。在这种背景下,我考虑并拒斥莱斯利·穆赫兰对《法权论》的自然法解释。[④]

---

④ Leslie Mulholland, *Kant's System of Rights* (New York, Columbia University Press, 1990).

第四节针对原初共有概念,对普遍统一意志的世界主义范围提出一种解释。第五节试图表明康德的世界主义将他对正义的探讨与契约主义传统区分开来。简而言之,《法权论》既不能被吸收在自然法传统下,也不能被吸收在社会契约理论下。

二　普遍意志、契约与自然法

正如我所说,目前关于《法权论》的许多文献都倾向于一种契约主义辩护框架,按照这种框架,从暂时法权到绝对法权的转变是受到影响的主体之间明确协议的产物。⑤达成这种契约性协议的假定动机各不相同,如何不同取决于如何解释相关的文本段落。最常被提到的是所谓"霍布斯式段落"(41和42段),在这两段话中,康德阴暗地谈到了人们因其本性而彼此产生的威胁。因此,"没有谁需要等待,直到他们通过痛苦地经历"一系列事件(即所有人反对所有人的战争)"而变得审慎",⑥只要人们反思一下人性的自然倾向,任何人都可以预见这种情况是不可避免的。由于这些段落构成了从**私人法权**到**公共法权**的过渡,它们显然是从契约主义角度对退出自然状态,进入公民社会所做的解释的候选者。个人彼此进入强制性的公共法权关系取决于审慎的预见,甚至在所有人反对所有人的战争(尚未)成为现实的情况下也是如此。这种解释会面临一个问题,即在典型的霍布斯式的自然状态中,权利完全缺失。⑦这使得在一种霍布斯式的契约框架下,很难说明康德对

147

---

⑤　最近的契约主义解释包括: Otfried Höffe, 'The Dilemma of Natural Justice'; Wolfgang Kersting, *Wohlgeordnete Freiheit*; Jeffrie Murphy, *Kant: The Philosophy of Right*(London, Macmillan, 1970); Allen Rosen, *Kant's Theory of Justice*(Ithaca, Cornell University Press, 1993)。

⑥　*RL*, 6: 307.

⑦　参见 Hobbes, *Leviathan*, Part I, chapters 13 and 14。

前公民状态下的暂时法权和公民社会中的绝对法权的区分。

从康德的更加洛克式的评论(即需要一个有权力的共同法官来裁决各方相互冲突的权利主张)中,可以窥见对于从一种状况转移到另一种状况的可取性的一种不那么悲观,但仍然是契约主义的诊断。按照这一观点,从自然状态过渡到公民状态的主要原因不是像狼一样的人性,而是由于缺乏共同的判断标准而造成的不便。[8]公众同意的绝对法权关系保证了每个人在自然状态下已经拥有的暂时权利的享有。与霍布斯式的解读相比,洛克式解释往往**过多地**强调前公民状态下的暂时权利。康德认为,只要暂时权利**预期**了绝对法权关系,这种权利就算得上是合法的。这个观点不同于洛克对自然状态下的财产的**自然权利**的肯定。既然自然状态下的单方面获取只是有条件地合法的,进入公民状态就不只是在于为洛克(但不是康德)所认为的个人的自然权利提供制度保障。

然而,契约主义解释的主要困难牵涉到两方面的紧张关系:一个是,契约性协议是有条件地有效的,与此相比,康德的先验契约的**观念**是无条件地有效的;另一个是,契约主义关注国内正义而排斥世界公民法权。后者与康德对国内法权、国际法权和世界公民法权之间的系统联系的强调相冲突。在本章结尾,我将回到康德和社会契约理论之间的这些对比。在这里,我只想简单地指出对康德的普遍意志观念的契约论解释和自然法解释之间的一些一般差别。诚然,当康德暗中提到社会契约的观念**以及**普遍统一意志的观念时,会产生困惑,尤其是因为这两个观念都与对政治义务和国家合法性的讨论有关。将它们视为可互换的似乎是最自然的解读。然而,它们不应该被混为一谈。康德是

---

⑧ *RL*,6:312:"除非一个人想要放弃任何法权概念,否则他必须决定的第一件事就是如下原则:人们必须离开每个人都遵循自己判断的自然状态,并与所有其他人联合起来……使自己服从一种公共的、合法的外在强制,从而进入这样一种状态,在其中被认为属于一个人的东西是**由法律**来决定的,并由一种适当的**权力**分配给一个人。"

在该论证的不同地方引入了这些观念。社会契约是在从**私人法权**向**公共法权**的过渡中被提及的，而在对**私人法权**的财产论证中，普遍意志的地位更突出，而且可以说更为系统。

莱斯利·穆赫兰赞成从自然法角度来解释康德对政治义务的论述，强调这种解释出现在康德对财产的讨论中。自然法的影响在康德的一种做法中尤为明显，即他将普遍意志的观念与原初共有的观念结合起来。在按照自然法对个人财产权的推导中，最初的共同所有权假设占据显著地位。在这个方面，最相关的自然法的代表人物是雨果·格劳秀斯（1583—1645），他在从全球视角出发来讨论财产时，引入了共同所有权的概念。《战争与和平法》是从如下假设入手的："上帝最初把地球共同地给予了所有人"，[9] 以便所有人都可以从地球上获得生存。虽然没有明确的独占权，但只要生存要求把资源分配给个人，共同所有权就意味着排他性的财产权。格劳秀斯的论述集中于说明，对上帝最初共同地给予所有人的东西进行个人分配如何符合自然正义。他将自然需求与社会优势结合起来。一方面，对共同资产进行个人分配是不可避免的：从共同资产中拿走的每一口食物都构成了单方面获取行为，其合法性必须被设想为是上帝有意为之。另一方面，对共同资产的个人分配事实上也是彼此有利的，因为它"满足了对舒适生活的渴望"。人们"离开了共同地持有所有东西的原初状态"，因为遵守最初的安排"被认为是不方便的"。鉴于个人占有的明显优势，"人们一致同意，任何人占有的东西都应该归他所有"。[10]

格劳秀斯所说的协议不属于社会契约理论特有的假设性协议。它们构成了一系列实际的、或多或少经过双方同意的临时协议，而且仅限于共同资产的分割。它们与国家建立或政治权威的合法性没有明

149

---

⑨　Grotius, *The Rights of War and Peace*, Book. II, chapter 2.

⑩　同上。

确关系。对共同资产进行个人分配的做法是从"最初占有"发展而来的。格劳秀斯叙述了他所认为的从原初的共同所有权到个人财产权的实际历史发展，这种发展相应地提高了文明水平。活动的东西（例如动物）首先被分割，不活动的东西（例如土地）最后被分割。人类历史从狩猎阶段发展到游牧生活，然后才进入定居社区，最终形成国家。通过占有而取得财产的做法部分地是由需求来辩护的，部分地是通过协议来辩护的。占有先于协议，因此协议批准了一种或多或少已经完成的过程。⑪

150

自然法对康德的一个显著影响是，他同样很关注通过占有而获得的东西，尽管正如我们将看到的，他发现占有比格劳秀斯所认为的更成问题。格劳秀斯从事实上的单方面占有转到对其正当性的普遍认可，康德则将暂时法权和绝对法权联系起来，这两种做法之间也有一种表面上的相似性。然而，格劳秀斯所说的协议是约定性的，立足于"舒适生活"。因此，个人的排他性拥有的资格并不是不可撤销的。在极度艰难的条件下，"需求权"允许（暂时地和有限地）恢复共同拥有。这在很大程度上是因为，对格劳秀斯来说，外在拥有权保留了它们与人类基本需求的紧密联系。对康德来说，既然法权的概念关系到主体之间选择关系的*形式*，他就不能将实质性的"需求权"纳入其正义理论中。⑫

比相似性更有趣的是差异，尤其是那些表明康德**自觉地**背离了自然法假设的差异。对格劳秀斯来说，土地的划分是最后出现的，而且暗示了国家形成的过程。相比之下，康德认为，对土地的原初获取必然**先**

---

⑪　如何解释契约在格劳秀斯的论述中的地位是一个有争议的问题。比较如下作者的论述：Reinhard Brandt, *Eigentumstheorien*, chapter 1, 31—40; Richard Tuck, *Natural Rights Theories* (Cambridge University Press, 1979), chapter 3, 58—82; Steven Buckle, *Natural Law and the Theory of Property: Grotius to Hume* (Oxford, Clarendon Press, 1991), chapter 1, 1—52。

⑫　参见康德关于"可疑的法权"的说法，*RL*, 6: 234。

于对其他任何东西的获取。由于相关的原因，康德的公共法权的最高层次在于**个人**之间的全球正义关系，而格劳秀斯则将其论述限制到**国家**之间的正义关系。但有一个特别的差别具有系统的重要性。这个差别的重要性最好是用如下事实来说明：对于自然法义务的形而上学基础，格劳秀斯持有一种很模糊的态度。格劳秀斯因为持有如下观点而臭名昭著：即使人们承认了不可思议的事情，即上帝不存在，自然法也是有效的。这种模糊性反映在格劳秀斯的混合方法论中，这种方法论将所谓"先验方法"与"后验方法"结合起来。前一种方法是"用某些不容置疑的基本概念来证明涉及自然法的事情"，而后一种方法则是诉诸"哲学家、诗人、历史学家的证言"。[13] 在他后来的叙述中，格劳秀斯经常用主要是来自《圣经》的后验证据来支持其先验主张，从而将《旧约》视为好像是人类的历史书。

151

　　我之所以提到格劳秀斯的混合方法论，是因为它体现了一些形而上学模糊性，而这种模糊性在当代自然法理论中也明显可见。我们将看到，穆赫兰对康德的解释就是一个恰当的例子。然而，更一般地说，通过诉诸假定的历史事实来验证先验原则的策略，为自然法理论赢得了政治保守主义的声誉，这样一来，**事实上碰巧发生**的情况就被视为从自然法角度来看**应当发生**的情况。在格劳秀斯对从原初共有到个人分割的转变的解释中，这种政治保守主义的倾向显而易见：个人分割是（上帝的）自然法的一个先验要求，因为若非如此，它就不会作为历史事实而发生。在这方面，与康德的对比点是引人注目的。康德从相反方向进行论证，从个人获取的**事实**转向原初共有的**观念**。这种对自然法的顺序（从共同占有到个人占有）的故意颠倒具有相当大的政治后果。它表明，原初共有的观念和普遍统一意志的观念不应该沿着自然法的

―――――――――――

[13]　Grotius, *Prolegomena to the Three Books on the Law of War and Peace*, sections 39—40.

形而上学路线来解释：它们各自的功能是根本不同的。更重要的是，这种颠倒使人们注意到康德的前瞻性政治观点与格劳秀斯的保守主义观点之间的对比。对格劳秀斯来说，共同占有逐渐让位于人类分化为个别家庭和不同国家，而康德则论证说，单方面占有使个人和国家对彼此负有义务，他由此提出了自己对世界公民（*Weltbürger*）和世界公民法权的构想。在下面对原初共有的讨论中，康德和自然法理论之间的这种系统差异将具有重要意义。

三　原初获取与原初共有

尽管康德受到了自然法理论的影响，但他对从共同所有权到个人占有的传统顺序的颠倒表明，他将普遍统一意志处理为实践理性的一个观念的做法是独特的。事实上，康德强调将自己与如下观点划清界限：共同所有权是一种历史上的实际事态。原初共有的观念"不是经验性的，不依赖于时间条件，不像一种假定的原始共有（*communia primaeva*）的概念"，它是一个"先验地包含"普遍统一意志的分配原则的"实践理性概念"。⑭主要困难在于确定后一个观念如何被理解为包含在前一个观念中。我首先分析康德的原初获取概念，重点关注主体对地球上某个地方的原初获取。然后，我将考察穆赫兰从自然法角度对原初共有和普遍意志之间的关系提出的解释。这将为下一节从另一个不同的角度来解释原初共有和普遍意志之间的关系奠定基础。

（一）原初获取

康德在第一卷第二篇第12节中提出了一个主张，即"对一个东西

---

⑭　*RL*，6：262.

的最初获取只能是对土地的获取"，[15]这个主张最好是按照第10节中所讨论的原初获取问题来考察。第10节所关注的是"外在获取的一般原则"。正如第四章所指出的，人生而具有的权利和他们获得的权利是概念上不同的。虽然每个人都因其人性而拥有生而具有的自由权，但对外部财产的权利是既得权利（acquired rights）。尽管那个公设肯定了占有一个人所选择的外在对象必定是可能的，但它并没有具体地说明获取过程本身。第10节中对既得权利的讨论提供了一种可以被称为对该过程的回溯分析的东西，这一分析从陈述获取的一般原则入手，最终导致了原初获取的概念。在这里我关注的是后一个概念。这段话一开始就初步界定了"某个东西外在地是我的"究竟意味着什么：

> 当我使得（*efficio*）某个东西成为**我的**时，我就获得了它。某个外在的东西一开始是我的，就是在没有任何行为确立对它的权利的情况下也是我的。但是，那种不是从其他人的东西那里得来的**获取**就是原初的。[16]

153

既得权利是因为我通过某种行为使某物成为我的而获得的权利。公民条件下的获取将借助于一份契约，通过这份契约，对某个东西的权利将从当前的所有者转移到新的所有者。在这里，对一个外在事物的既得权利是通过一种确立对其权利的行为从另一个人那里得来的。然而，目前关注的是先于公民条件的**原初获取**。康德紧接着说："没有任何外在的东西本来就是我的，但它确实可以被原初地获得，也就是说，不需要从别人的东西中得来。"从生而具有的权利和既得权利的区别中可以推出，没有任何外在的东西原本**就是**我的。如果它原本**就是**我的，

---

[15]　*RL*, 6: 261.

[16]　*RL*, 6: 258.

那么它就不是被获得的，而是我生而具有的权利的一部分。但是，如果它是我生而具有的权利的一部分，那么它就不可能是外在的，因为任何外在的东西都不可能是我生而具有的权利的一部分。因此，任何外在于我而且我主张属于我的东西，都必须被归入既得权利的范畴。

如果所获得的东西不是从别人的东西中得来的，那么它就是原初获得的。但是，在不是从他人的东西中得来的意义上，一种东西怎么可能是原初获得的呢？这样的主张只有在假设一种历史上的原始状态的情况下才有意义，在这种状态下，没有任何东西属于任何人（*res nullius*）。按照这个假设，人们可以设定第一代获得者，他们通过占有未被占用的土地和可活动的财富而获得外部财产。这一过程最终将导致这样一种状况，在其中，占有得以完成，因此没有任何东西能够被再次非派生地获得。但康德不仅坚持认为其论证不能从历史上理解，而且似乎也拒斥了无主的概念。他在第10节中告诉我们，"我的和你的东西的共联性条件（*communio mei et tui*）[即**合法**占有的条件]永远不能被认为是原初的，而必须是（通过一种确立外在权利的行为）获得的，尽管**对外在事物的占有最初可能是共同的**"。[⑰]在可以或必须考虑原初共有的情况下，人们也不能考虑一种没有任何东西属于任何人（*res nullius*）的原初状况。但是，在**考虑**原初共有的情况下，任何人对事物的获取都必须被认为是从共同持有的东西中得来的。我们并不清楚为什么这种获取应该被称为原初获取，而不是被称为从属于每一个人的东西中得来的。

总之，这种状况令人费解。一方面，康德否认任何外在的东西本来就能**是**我的。对外在事物的占有属于既得权利的范畴。另一方面，他

---

⑰　*RL*, 6: 258. 强调系笔者所加。格雷戈尔将相关章节翻译为"对外在事物的占有最初只能是共同占有"。虽然这个译法会支持目前的解释，但原文只是说外在占有**可能**是原初的和共同的："*obwohl der Besitz eines äußeren Gegenstandes ursprünglich und gemeinsam sein kann.*"

第五章 普遍统一意志与世界公民法权

又声称外在事物可以被原初**获取**，即不需要从他人的东西中获得。然而，既然康德还说对外在事物的占有可以或必须是原初共有的，我们就很难明白，在不是从某个人或任何人的东西中得来的意义上，任何人如何能够原初地获取任何东西。

也许我们应该暂时不考虑原初**共有**问题。回想一下，只有这样的东西才是原初获取的东西：它们不是通过确立对它们的权利的行为而获得的。既然法权的概念规定了主体之间相对于对象的关系，因此，在没有一种确立对某个东西的权利的行为的情况下，属于某人的任何东西都不可能被另一个人合法地获取。这表明，原初获取的东西不能从属于任何**特定的**其他人的东西中得来。只要原初获取是在一种没有确立权利的行为的情况下的获得，它就是不合法的。然而，既然原初获取不是从属于任何特定的其他人的东西中得来的，这种获取就没有违背（既定的）我的–你的关系。这样一来，也许原初获取就是非派生性的，而且因为先于我的–你的关系而没有一种确立权利的行为。提出这一点的一种方式是说，原初获取，作为没有任何确立权利的行为的获取，是无可指责的（*unbescholten*）：一个人并非出于自己的过错（或行为）而获得了那个东西。在按照对土地的获取来考虑时，这种将原初获取解释为"无可指责的获取"（*unbescholtene Erwerbung*）的观点会变得更有道理。

（二）对土地的原初获取

第12节中对土地获取的简要阐述，与上面讨论的关于原初获取的阐述一样令人费解。土地指的是"所有可居住的场地"，是所有可活动、作为其"固有属性"的外在事物所依赖的"实体"。这里的论点是，占有可活动的事物预设了占有土地： 155

> 因为如果假设这块土地不属于任何人，那么我就可以把每一

171

件可活动的东西从其位置上移走，并为我自己占据［那个地方］，直到那个东西完全消失，而不会因此侵犯现在没有持有［那个东西］的任何其他人的自由。⑱

提到一个东西"完全消失"尤其令人费解。但是，假设我的车停在我家前面的人行道上。虽然我拥有那辆车，但我并不拥有停放它的那一小块人行道。不过，这条人行道大概归**某人**所有，也许是市政委员会。我可能会与市政委员会签订一份契约性协议，允许我使用人行道的一部分来停放我的车。有了这样的占用权，我就可以阻止别人过来把我的车从那个地方挪开，以便他们把车停在上面。现在，假设我把车停在了一条禁止停车的路上。市政委员会可以无须征得我的同意就把我的车拖走，而没有侵犯我在那辆车中的权利。不过，他们不经我允许就拖走我的车的权利损害了我对它的控制权。第12节背后的一般思想是，对我的财产所在的土地缺乏控制会损害我在这些财产中的权利。⑲

现在考虑一下擅自占用者的情况。既然擅自占用者既不拥有也不租借他们占用的土地，他们就可以随时被移开，无须事先通知。他们的可活动的财产不需要受到侵犯，其拥有和使用就已经是不安全的。擅自占用者没有地方安置其财物，这使得他们很容易受到其他人的任意选择的影响。但是，擅自占用者不只是在他们的可活动的财产方面没有安全感。毕竟，不只是他们的财产，甚至他们自己也可以被随意地从一个地方移动到另一个地方。擅自占用者所缺乏的，或者说被剥夺了权利的，是在地球上占有一席之地。一个人有一块土地来安置自己的财产很重要，而一个人在地球上有一个地方来安置自己也极为重要。

---

⑱　*RL*, 6: 262. 这里略微修改了格雷戈尔的译文。

⑲　参见 Ludwig, *Kants Rechtslehre*："对任何外在事物的获取，包括对可活动事物的获取，都预设了对一块土地的占有。"（127）

若没有在地球上占有一席之地的权利,一个人就会发现自己处于从一 156
个地方被推到另一个地方的擅自占用者的境地。即使一个人不会真的
从地球上"完全消失",但在没有其他人承认他在那个地方的权利的情
况下,他可能就不在那个地方。有一项得到承认的在地球上占有一席
之地的权利,在第13节中被确认为原初获取:

> 所有人最初(即在任何确立权利的选择之前)都占有一份符
> 合法权的土地,也就是说,他们有权处于自然或偶然(无须他们的
> 意志)将他们置于的任何地方。[20]

与格劳秀斯所说的以定居和耕种为目的的最初占有相比,《法权
论》中的原初获取指的是人作为具有物理身体的存在者进入世界。[21]地
球上的一个地方不同于占据它的人,因此也是外在于这样一个人的。
它是一个人获得的东西。但这种获取不是一种选择行为的结果。没有
人可以选择自己的出生,也没有人能够被认为要为自己在物理上进入
了这个世界负责。每个人都进入了这个世界,并"不由自主地"在其中
占据了一席之地。在这样做的过程中,没有人从别人的东西中**得到了**
自己在地球上的位置:每个人对地球上一席之地的获取都是原初的,因
为正是**他们**占据了这个位置。因此,擅自占用者的情况之所以不公正,
并不是因为他们没有在地球上获得一席之地,而是因为他们被否决了
由于进入这个世界而合法地属于自己的东西。对地球上一席之地的原
初获取是无可指责的获取,即不是通过任何选择行为而获得的。然而,
正如我们即将看到的,即使原初获取是无可指责的,这也不意味着它不

㉑ *RL*,6:262.

㉑ 这一点也为德高所强调,Hans-Georg Deggau, *Die Aporien der Rechtslehre Kants*
(Stuttgart,Frommann-Holzboog,1983),135。

会带来义务。

（三）原初共有

主体对地球上某个场所的获取是无可指责的，也就是说，与他们的意志无关，仅仅是因为他们在物理上进入了这个世界。具有物理身体的存在者被迫占据地球空间的一部分，而那个部分不能同时被任何其他人占据。然而，不清楚为什么对一个场所的**权利**竟然直接来自这种不可避免的物理占据。格劳秀斯毕竟也认为，面对个人自然的生存需求，占有和消费是不可避免的。然而，共同财产的划分取决于普遍同意："人们一致**同意**，任何人占有的东西都应该归他所有。"与此相比，对康德来说，原初获取尽管是不可避免的物理占据的结果，但同时也是"占有"。[22]占据是出于物理需求，而占有则是一种单方面的法权宣言：我宣布这个地方是**我的**。穆赫兰在提出如下说法时就很好地表达了这一点：虽然主体**不是出于**自己的意志而进入这个世界，但他们也是**带着**一个意志而进入这个世界。[23]主体不仅占有土地，而且还要求对其占有的土地享有权利。

对主体选择能力和由此产生的单方面法权宣言的提及使得问题变得极为复杂。如果情况简单地就是这样，即主体进入世界不可避免地包括他们无可指责地占据地球上的一席之地，那么我们就可以引入平等需求原则，将它作为各方一致同意的分配原则，而按照这一原则，每个人都被分配了地球上的一个确定位置，从而确保每个人的生存。每个人都单方面宣称对自己的地方拥有这样一种所有权，这种宣言具有比需求主张更深远的含义——它是一种基于选择行为的法权宣言（也

---

[22]　*RL*,6：258.

[23]　Mulholland, *Kant's System of Rights*,279—280.

就是说,我**意愿**这个地方是我的)。这里的明显困难是,这种单方面的法权宣言与同时将原初获取描述为**无须**个人意志的获取相冲突。如果一个人不是按照自己的意志而获得了自己的地方,也没有通过某种行为确立对该地方的权利,那么他又怎能宣称自己合法地占有那个地方呢？在这一点上,康德一再重申,单方面的获取是必要的和不可避免的,但一个单方面的意志不能充当一种对每个人都有效的强制性法律。这个说法表明那个论证已经搁浅。一方面,"对选择的外在对象的原初获取是对它的控制(*occupatio*),而且,既然这种获取是原初的,它就是一种单方面选择的结果"。[24] 另一方面,"我不能通过自己单方面的选择来约束他人不去使用某个东西"。[25] 稍后,同样的观点又被重复了一遍:"只有通过控制(*occupatio*)一个外在对象,对它的原初获取才能发生,因此对一块特定的、单独的土地的原初获取才能发生。"但是"[单方面的]意志能够辩护对于外在对象的获取,只有当它被包含在一个先验地统一并颁布绝对命令的意志中"。[26]

正是这种单方面宣言的事实和多边立法的要求之间的明显僵局,导致穆赫兰在康德的最终立场中发现了一种戏剧性的逆转,即从契约主义前提转到一个自然法的结论:

> 康德试图维护社会契约传统的主要见识,即关于言行(deed)原则的有效性的见识,但又试图维持自然法理论的观念,即自然法不只是约定,而是在一定程度上取决于人性的合理原则。然而,康德不可能二者兼得。严格地说,正是取决于理性一致性的自然法学说,而不是言行原则,形成了康德对既得权利和政治义务的论述

---

[24] *RL*, 6:258. 请注意,这里对"选择"的提及不符合早先将原初获取描述为"无须一个人的意志"的获取。

[25] *RL*, 6:261.

[26] *RL*, 6:263.

的基础。㉗

穆赫兰所说的"言行原则"源于他自己的观点,即人的慎思能动性能力使人能够招致义务,从而将人与单纯的事物区别开来。在此基础上,穆赫兰将一个更进一步的观点归于康德,即人们**仅因**其自愿行为而招致义务:"言行原则断言,一个人不能使得另一个人有义务去做某事,除非另一个人自愿做某事,而那件事因为一个规则而允许另一个人[原文如此]使得他承担义务。"㉘穆赫兰对言行原则的表述以及他用来支持该原则的文本证据都很含糊。㉙据推测,穆赫兰提到的那个规则很可能

159 就是法权的普遍原则,按照这个原则,个人相互限制他们的选择和行动

㉗ Mulholland, *Kant's System of Rights*, 267.

㉘ 同上,136。

㉙ 为了避免混淆,我应该强调,康德并未提出任何类似于言行原则的东西;这是穆赫兰自己的提法。在《道德形而上学》总论中,康德将"言行"定义如下:"一个行动之所以被称为**言行**,是因为它服从于强制性法律,因此,是因为主体在做这件事时是按照其选择的自由来看待的。通过这样一个行动,行动者被认为是该行动的结果的作者,而且这个结果连同行动本身都可以**归责于**他,如果他事先了解了使他承担一种义务的法律的话。"(*MM*, 6: 223)穆赫兰在表述自己的言行原则时可能想到了这段话。问题是,这段话实际上与穆赫兰想要用其言行原则来表达的意思背道而驰。对康德来说,言行是归结在强制性法律下的行为,而穆赫兰的论述则将强制性法律解释为个人的自愿言行的结果。事实上,穆赫兰对其"言行原则"的主要支持来自他所认为的、康德在《道德形而上学基础》中对绝对命令的两个表述之间的张力:"在康德的处理中,问题源于他在《道德形而上学基础》中提出的行动的两个正确性标准:自然法原则和人性作为目的本身的原则。后者要求一个人不要让另一个人负有义务,除非对方履行了一个自愿行动,而且往往是同意履行这样一个行动。前者将义务建立在这样一种观念上,即什么准则可以按照自然所施加的限制而被意愿为普遍法则。"(*Kant's System of Rights*, 14)这是对绝对命令的两个表述之间的关系的一种古怪解释。穆赫兰把普遍法则公式与一个自然法原则等同起来,而这与康德的主要论点(即道德原则是理性的原则,而不是自然的规定)相冲突。如下文章也对穆赫兰的解释提出了类似的保留意见:Daniel Weinstock, 'Natural Law and Public Reason in Kant's Political Philosophy', *Canadian Journal of Philosophy*, 26 (1996), 389—411.

自由。尽管如此，他的措辞仍然模棱两可。实际表述暗示了一种非契约论观点，即行动者是因为他们的某些其他自愿行动而**招致**义务。这并非不符合前一章中提出的解释，按照那一解释，个人的选择和行动会**使人承担**义务：由于Y之前做出的一个自愿行为，X就能让Y承担义务。然而，穆赫兰明确地将其言行原则描述为一个契约论的自愿**承担**义务原则。按照这一观点，主体是因为一个自愿行为而承担义务，因此这些义务就是有效的。既然穆赫兰将其言行原则与康德对主体选择能力的提及联系起来，既然他将选择和行动自由的概念与社会契约理论联系起来，既然他明确地将其言行原则描述为契约论原则，我们就有理由断言他打算对言行原则进行第二种解释。

穆赫兰构想言行原则的一个目的是要表明，从契约论角度来看，单方面的原初获取问题仍然是无法解决的："任何［原初］获取都必定涉及对所有其他人施加不要觊觎已被获得的那个东西的义务。然而，如果其他人没有履行使其获得这一义务的言行，他们就免于承担义务。"[30] 这种说法同样令人困惑。[31] 表面上看，我的原初获取行为似乎构成了我招致对其他人的义务的充分根据。但是，穆赫兰认为，原初获取导致我声称**其他人**对我负有义务。然而，既然其他人并没有做过我可以使他们负有义务的言行，当我声称我的地方是我的时，我的主张就不会使任何人负有义务，而完全是徒劳的。面对这个特殊论证的明显失败，康德据说"放弃"了言行原则，而赞成"理性一致性的自然法原则"。按照这种经过修改的观点，正义义务不是自愿招致的，也就是说，不是故意

160

---

[30]　Mulholland, *Kant's System of Rights*, 253.

[31]　因此，认为某人可以自由地**承担**一个他以前没有的义务是看似合理的；同样看似合理的是，某人可以因为自己履行的某个行动而**招致**一个义务。但很难看出X采取的一个行动如何导致X想对Y施加一个义务，这个义务是X不能对X施加的，因为Y尚未履行一个这样的行动：这个行动使得X可以对Y施加一个义务，作为X的行动的结果。然而，这正是穆赫兰的表述所暗示的。

为之的言行的结果。相反，"道德的基础就在于一种**已经确定的结构**，而这种结构是理性存在者天性具有的"。[32]到目前为止，穆赫兰已经用需求原则来取代个人选择能力："既然每个人都**需要**使用土地，作为理性存在者，每个人都必定意愿'土地是可用的'这一法则。"[33]结果就产生了一种经过修改的自然法立场，据此，我认识到我需要使用土地，而为了一致地进行推理，这个认识必定使我认识到其他人的平等需求。只要每个人都认识到每个人都需要土地，普遍统一意志就构成了"理性一致性的自然法原则"，按照这一原则，共同资产在所有人当中平等地分配。按照相互承认的需求原则，每个人都被分配了相等的土地。

　　穆赫兰对原初获取的模糊地位的关注很有见地。如前所述，主要困难在于认为"无可指责的占有"和"单方面宣言"属于同一概念。虽然占有发生在个人意志之外，但宣言是个人意志的一种表达：不清楚二者如何能够同时成为原初获取的特征。然而，他将一个言行原则赋予康德的做法是不自然的，是在对自由与义务的关系的两种完全不同的构想之间采取一种模棱两可的态度的结果。按照第一种可能的构想，主体是因为其选择和行动能力而招致了对其他人的义务。按照第二种构想，主体是自由行动者，只受自由地承担的义务约束。虽然这两种立场都隐含在穆赫兰对言行原则的表述中，但自由的能力产生了义务这一主张不同于义务是自由地承担的这一主张。后一种构想抓住了契约论的一个重要方面；但康德所采取的是对自由与义务的关系的前一种构想。因此，将一个契约论的言行原则赋予他是靠不住的。

161　　穆赫兰倾向于将这两种观点混为一谈，这可能与他的一个独立抱怨有关，即康德对法权概念的**形式**定义并不包括提到作为一个**实质性**正义原则的需求。因此，当他认为《法权论》飘摇在契约论者对选择

---

[32] Mulholland, *Kant's System of Rights*, 111.

[33] 同上，280。

自由的强调和自然法理论家对人类需求的欣赏之间时，他所认定出来的这种飘摇就反映了他自己对自然法立场的偏爱。但是，将康德的最终立场与一种自然法论证等同起来，这种做法是需要付出很大代价的。最为重要的是，它让穆赫兰用需求原则来取代自由的观念，而从《法权论》的文本证据来看，这是不可信的。穆赫兰之所以被迫做出这一举动，是因为他假设对选择自由的承诺意味着对契约论的承诺，但这个举动违反了康德对法权概念的定义，即把法权定义为规定了主体之间选择关系的形式。但是，穆赫兰究竟如何把普遍统一意志的地位设想为一种理性的观念，这一点仍然是不清楚的。就自然与理性的关系而论，自然法理论往往含混不清，而这一点在穆赫兰的如下主张中得到了例证，即政治义务的根据在于理性存在者天生具有的一种**已经确定的结构**。"已经确定的结构"究竟是指人类理性，还是指他们的生理需求的结构，抑或是指二者，仍然是不清楚的。既然穆赫兰承诺了自然法，他大概想把已经确定的结构看作人类理性对人类需求的辨别。这样一来，普遍统一意志就构成了一个理性原则，其必要性源于主体对人类需求的结构的理性洞察：需求的结构决定了所需的分配原则。因此，普遍统一意志就起因于人对其自身的生存条件的反思，而不是（比如说）上帝的意志事先给予。这与穆赫兰将普遍统一意志描述为一个理性一致性原则相一致，而这个原则按照每个人的平等需求来分配土地。但是，即使这种解释避免了一个成问题的概念，即一般的意志是事先给予的，但穆赫兰的论述中仍然有一些神秘的格劳秀斯式的东西。按照这样的解释，普遍意志并不只是考虑到了人类需求的结构：相反，它是由那个结构来**决定**的。因此，穆赫兰对普遍统一意志的构想可以被描述为一种形式的道德实在论，在这种实在论中，政治义务作为理性的要求随附在人性的确定事实之上。对穆赫兰的立场的这种解释之所以是可信的，是因为他用典型的自然法措辞来设想普遍统一意志的功能——其功能就在于那个按照平等需求原则来划分共同资产的分配原则。我

162

们从原初共有入手，以符合一个分配原则的个人财产而告终，而这个原则的有效性就来自人性的已经确定的结构。这完全忽视了一个事实，即《法权论》中的论证是**从**单方面的原初获取**到**原初共有的观念，而不是相反。

四　作为理性的一个先验观念的普遍统一意志

穆赫兰正确地拒斥了对原初获取问题的一种契约论解决，但他是因为错误的理由而是正确的。他之所以用自然法的需求原则来取代自由的观念，是因为他误解了康德对选择和行动自由的构想。不过，康德是在原初共有这个**进一步**的观念的掩护下来探讨普遍统一意志的观念的，而这个探讨极为模糊。理性的观念的泛滥尤其没有帮助，因为康德在任何地方都没有费心说明它们的确切地位。虽然他提到它们作为纯粹实践理性的观念的先验性，但他并没有说这些观念是如何产生的，或者我们有什么理由接受它们。普遍统一意志的观念和共同占有的观念（以及就此而言，社会契约的观念）是纯粹实践理性的**必要**观念吗？它们具有与自由的观念本身一样的先验秩序吗？抑或它们更像是启发式手段——理性用来引导行动的构造，而这种构造尽管有助于实践慎思，但在对所有有限的理性存在者具有无条件的有效性的强意义上，并不是理性的必要观念？[34]

163

这里没有足够的篇幅详细考虑那三个补充的理性的观念的模糊地位以及它们之间的假定关系。然而，在柯尔纳的范畴框架的概念（一个范畴框架就在于一个人对其理论上和实践上的最高原则的组织**和分层**）中，一个看似合理的（即便只是暂时性的）策略暗示了自身。这里

---

[34]　玛丽·格雷戈尔试图应对这些模糊性，见 Mary Gregor, *The Laws of Freedom* (Oxford, Basil Blackwell, 1963), chapters 1 and 2, 1—33。

所说的"分层"指的是按照一个人实践上的最高原则来有层次地排列其低阶实践原则。用柯尔纳自己的术语来说,低阶实践原则在如下意义上被认为是由实践上的最高原则来主导的:对前者的承诺意味着对后者的承诺,但并非反之亦然。㉟在第二章中,当我让柯尔纳的一般模型适应于康德对自由的形而上学构想时,我把作为纯粹实践理性的一个观念的自由描述为康德在实践上的最高原则。如果我们把柯尔纳对实践上的最高原则和低阶实践原则的进一步区分应用到目前的语境,那么康德的那三个补充的理性的观念(普遍统一意志的观念、社会契约的观念以及原初共有的观念)大概就可以被认为是由实践上最高的自由原则来支配的低阶的或派生性的实践原则。因此,对一切有限的理性存在者本身都有效的、形而上学上最高的自由观念就支配着实践反思的派生性观念,而这些观念的有效性主张被限制到有限的理性存在者的一个子集,即有限的理性人。诚然,这是用一种有点粗略和现成的方式来改编柯尔纳的分层模型,以适用于康德所说的理性的观念。这些补充观念如何被自由的观念所"支配",还有待探讨。此外,目前的概述并没有告诉我们这三个补充观念之间的关系。尽管如此,对所建议的策略的这一大致描绘确实有其优点。首先,分层模型在不否认最高观念与从属观念之间的联系的情况下,阻止了形而上学上最高的观念的泛滥。它保留了康德的"理性的观念"的系统联系,否则这些观念就如同临时泛滥。其次,与形而上学上最高的实践观念相比,低阶观念在范围上被限制到有限的理性存在者的一个子集,而这一建议与人们经常在《法权论》中注意到的那种对具体的**人类学**条件和环境的敏感性非常契合。不过,说实践反思的观念对具体的人类条件和约束保持**敏感**,并不是说它们是由这些约束来**决定**的。毋宁说,这里的想法是,实践反思的观念介于形而上学上最高的观念和它们的实践运用的特殊

164

㉟　参见 Körner, *Metaphysics: Its Structure and Function*, 11—14, and 22—24。

条件之间。在这里，回想一下康德在第三个二律背反中的说法：自由的观念表达了理性"构建其自身的观念秩序"的能力。[36]尽管实践理性必须认识到自然的约束，但其原则和观念并不是由这些约束来决定的。相反，实践理性的原则和观念针对自然的约束提供了一种经过实践慎思的回应，因为它们属于人类能动性的领域。

将普遍统一意志描述为实践反思的一个观念，这与前面所概述的那个公设和普遍意志之间的关系保持一致。如果那个公设与普遍意志的关系就像初步判断与确定判断的关系，那么二者就构成了一个单一的反思性判断的两个方面，这个反思性判断在人类能动性的条件下构造了外在自由的法则。但是，那个**进一步**的原初共有的观念如何符合上述关系呢？正如我此前所说，康德将普遍统一意志的观念埋入原初共有的观念中：前者作为这样一个原则被包含在后者当中——"只有按照这一原则，人才能按照法权原则使用地球上的一个场所"。[37]接下来，我将提出如下观点：原初共有的观念在那个公设和普遍统一意志之间搭建了一座桥梁。如果那个公设表明对理知性占有的某种构想必定是可能的，那么普遍统一意志则表明，通过利用原初共有的观念，这样一种构想是**如何**可能的。

我的出发点是上面第三节中提到的回溯分析，从对一般事物的获取到对地球上某个场所的获取。回想一下，按照那个公设，每一个单方面的外在获取行为都会产生义务。但是，一个人对外在事物的获取预设了他对地球上某个场所的原初获取。与作为一种选择行为的一般获取相比，原初获取是无须个人意志就发生的。关键问题是，原初获取是否像一般获取一样会产生义务？我认为，对康德来说，答案是肯定的。一个人在地球上的场所，虽然是由其物理自我来占据的，但却是外在

㊱　*CPR*，A548/B576.

㊲　*RL*，6：262.

165

的,因此它不可能是一个人生而具有的权利的一部分。如果它不是一个人生而具有的权利的一部分,那么它就是一种既得权利。如果它是一种既得权利,那么它就需要向其他人证明其正当性。

这个论点,即进入这个世界会产生义务,听起来有点过分。毕竟,原初获取是**无可指责的**,尤其是因为它是完全不可避免的:一个人几乎不能被认为要为此负责。但是,如果一个人不对其原初获取负责,那么他怎能被要求对他已经获得它负责呢? 当卡尔弗里德里希·赫伯和贝恩德·路德维格提出如下说法时,他们就清楚地给出了答案:人类是作为"法权主体"来到这个世界的,也就是说,作为"受制于义务的存在者,而这些义务既不是生而具有的,也不是通过一种确立义务的行为自由地承担的"。[38]我们的正义义务不是生而具有的,因为它们是获得的,也就是说,是因为我们在地球上占有一席之地而产生的。它们不是自由地承担的,因为获取是原初的,也就是说,是无须我们的意志而发生的。但是,处于这种原初获得的正义义务之下本身不是一种不正义,这是因为我们有能力承认并履行这些义务。更明确地说,我们处于正义义务之下,是因为我们有能力构建主体之间的一种正义关系秩序的观念。在此背景下,请考虑上文节选的第13节中关于原初共有的完整段落:

> 所有人最初(即在任何确立权利的选择之前)都占有一份符合法权的土地,也就是说,他们有权处于自然或偶然(无须他们的意志)将他们置于的任何地方。这种占有(*possessio*)——它有别于居住(*sedes*),后者是一种经过选择的、因此是获得的持续占有——是共同占有,因为地球的球面将其表面上的所有地方连

Karlfriedrich Herb and Bernd Ludwig, 'Naturzustand, Eigentum und Staat', *Kantstudien*, 83(1994),283—316,294.

为一体；因为如果地球表面是一个无界的平面，那么人们就可以如此分散在它上面，以至于他们彼此间不会形成任何共同体，而共同体也就不会是他们在地球上存在的一个必然结果。地球上所有人先于他们确立权利的任何行为（这由自然本身来设定）的占有是一种原初共有（*communio possessionis originaria*），这种共同占有的概念不是经验性的，不依赖于时间条件，不像一种永远无法证明的、假定的原始共有（*communo primaeva*）的概念。相反，原初共有是一个实践理性概念，它先验地包含这样一个原则：只有按照这一原则，人才能按照法权原则使用地球上的一个场所。[39]

康德在这段话中对原初共有的处理显示了与自然法传统的两点对比。第一个更明显的对比点是，康德明确地将自己与对作为一种原始共产主义的共同占有的历史解释拉开了距离。原初共有的观念描述了一种形式的"分离共有"（*disjunktiver Allgemeinbesitz*）。单方面的原初获取的**事实**先于原初共有的**观念**。作为一个实践理性概念，后者构成了一种心理表征，即对于每个人对地球上某个地方的不可避免的（即便是成问题的）获取的心理表征：既然地球表面是球形的，主体就会因为各自的占有而不可避免地相互接触。正是地球上所有地方的**分离**统一带来了原初共有的观念。第二个与之相关的对比点指的是，一个质料分配原则（例如穆赫兰的平等需求原则）和一个形式分配原则（例如康德按照每个人对外在自由的平等主张提出的法权原则）之间的差别。在上面那段话中，至关重要的显然**不是**共同资产的分配。毋宁说，原初共有的观念描述了个体之间由于地球上各个地方不可避免的统一而产生的系统的相互依赖关系。

---

[39]　*RL*, 6: 262.

总而言之,原初共有的观念包括两个要素。分离的要素构成了对于每个人对地球上某个地方的不可避免的物理占用的形式表征——地球的球形表面被描绘为是由单个空间组成的,每个空间都表达了对外在自由的同样有效的主张。统一的要素表达了行动者对相互依赖关系的一种反思承认,这种相互依赖关系是因为不可避免的个人占用而产生的。在表明地球上所有地方的分离统一需要系统的相互依赖关系时,原初共有的观念提供了理知性占有概念的一个**概括性**版本。首先,那个公设倾向于将正义义务描述为单方面获取者和那些其自由因此受到损害的人之间的一种双边关系,而原初共有的观念则表明这些关系是多边的(*allseitig*):鉴于地球上所有地方的统一性,一个人犯下的任何不公正行为"哪怕是在地球上最遥远的角落也能被感受到"。其次,那个公设假设正义义务产生于特定的选择和获取行为,而原初共有的观念则表明义务是最初获得的:我们之所以对彼此负有正义义务,仅仅是因为我们进入这个世界,以及我们有能力承认和履行这些义务。因此,普遍统一意志的观念是从对一般获取的回溯分析中产生的,这种分析的结果是,在那个公设下,每个人对地球上某个地方的原初获取是一般获取的必然预设。原初共有的观念的桥梁作用表明了作为原初获取者、因此作为法权主体的个人之间系统的相互依赖的条件。因此,普遍意志的观念就构成了这样一种承认:一方面,承认一种公共立法制度是必要的,按照这种制度,每个人对地球上某个地方的合法主张都可以得到承认;另一方面,承认这种制度是可以通过进入公民状态来实现的。原初共有的观念不是描述事物最初(在被具体地分配给个体之前)是什么样的,而是描述它们应当成为什么样的:分离共有并没有描绘对一种原初的共同资产的逐渐分配。相反,它是单方面的意志在一种多边意志的立法权威下的逐渐结合,这种结合来自承认一种能够公正地对待每个人的法权主张的公共立法制度的必要性。

167

五　契约主义还是世界主义？

到目前为止，我已经提出一些论证，反对用自然法来解释普遍统一意志的观念。普遍统一意志不应被解释为立法权威的一种由人类理性来发现的，而不是人类理性所产生的事先给定的来源。它也不应被解释为一种随附在人性之上的道德事实。作为实践反思的一个观念，普遍统一意志源于对这样一个事实的承认：当人类共存的条件在原初共有的观念中被表达出来时，在这种条件下就有必要确立一种公共立法制度。重要的是要强调对自由的观念的隐含提及，即对理性构建其自身的观念秩序的能力的提及。从原则上说，普遍统一意志的观念有可能不会出现——主体可能不会反思和平共处的必要条件。或者，即使普遍统一意志的观念确实出现了，但主体仍有可能没有按照它来行动。主体是否承认在他们之间建立法权关系的必要性，根本上取决于他们自己。正如康德所说，"既然人们的意图处于且仍然处于一种外部不受法律约束的自由状态，那么，当人们相互争斗时，他们**彼此**就说不上谁对谁错了；因为对一个人有效的东西，对另一个人也同样有效，仿佛是双方同意的"。[40]

但是，如果进入公民状态是一个自由意愿问题，为什么不用契约的措辞来解释它呢？为什么不说主体之间同意建立一种法律制度，以确保每个人的权利主张都得到尊重和保障？为什么他们必须承认法权的必要性，而不是仅仅同意其可取性？康德的强调表明，至关重要的是必要性，而不是可取性：人们可以行不义之事，而只要相互同意，他们"**彼此**"可能就没有什么错，但"一般来说，人们在最高程度上的错事是想要处于且仍然处于一种不合乎法权的状况"。然而，说他们"在最高程

---

[40]　*RL*, 6: 308.

度上"做错了是什么意思呢？这难道不是要援引一种超验的立法来源，以此来判断人类行动的对错吗？

　　穆赫兰并不是唯一一个觉得康德混淆了两大政治思想传统的人。人们广泛认为，康德拥护自由选择，但用关于无条件义务的主张来压制自由选择。评论家们常常认为自己被迫在社会契约理论和自然法理论之间做出选择，或者在对《法权论》的更加自由的解读和更为保守的解读之间做出选择。从康德的财产论证的角度来看，我们不难鉴定出造成这种已被证实的混淆的原因。它们关注的是原初获取概念的显著模糊性，因为它同时提到了无须个人意志的获取和表达了个人意志的获取。如果说自然法思想家强调原初获取的第一个方面，那么契约主义解释则关注第二个方面，其中对相互协议的要求源于对个人选择能力的尊重。在最终这部分，我将论证说，正如我们应该抵制用自然法来解释政治正当性的根据一样，我们也应该抵制将康德的论证还原为一种契约主义的辩护策略的做法。我拒绝契约主义解读的理由与康德的世界主义观点有关：契约主义解释削弱了康德的世界主义。作为一个偶然的观察，人们可能会发现，那些采用一种契约主义解释框架的人往往很少注意到康德的世界主义。事实就是这样，尽管康德自己明确认为，世界主义对于任何适当的法权体系来说是不可缺少的：

　　　　既然地球表面不是无限的，而是封闭的，国家法权和民族法权的概念就不可避免地引向所有民族的法权（*ius gentium*）或者说世界公民法权（*ius cosmopoliticum*）的观念。因此，如果受到法律限制的外在自由原则在合法条件的这三种可能的形式中都缺乏，那么所有其他形式的框架都会不可避免地受到破坏，最终必然会崩溃。[41]

---

[41]　*RL*, 6: 311.

康德并不分享如下流行观点：只有在解决了国内正义问题**后**，我们才能将注意力转向世界公民法权的问题。世界主义正义的基础与国内正义的基础是相同的：二者都来自在不可避免的经验约束的条件下每个人对外在自由的主张。康德没有区分用于国内情境和国际情境的不同的正义理论，而是提到了在不同**层面**上来制度化其世界公民法权概念。问题在于，契约主义阐释者对世界主义视角的忽视究竟是偶然的，还是契约主义视角本身的后果。尽管这样说是合理地无可争议的，即在社会契约理论的兴起和不同民族国家的巩固之间有一种有力的历史联系，但这无须意味着契约主义在概念层面上排除了世界主义视角。与此同时，很难避免这样一种怀疑：契约主义观点鼓励了这种概念上的封闭。

这种封闭性的一个迹象是，与作为交换关系的普通契约性协议结为一体的排他性要素。契约性协议的条款通常被认为只适用于当事人。成为一个契约的一方不仅取决于自己交换的意愿，也同样取决于其他人与自己交换的意愿。因此，会员资格不是无条件的：一个人必须能够提供别人可能想要的东西。这种作为一种交换关系的社会契约的经典形式具有反世界主义含义，其中一些含义在霍布斯的如下建议中被指出：如果没有别的东西，那么一个共同的政治共同体的臣民就会在一个共同的敌人的思想中团结起来，将这个敌人排除在社会契约之外就构成了充分的动机，以便那些被包括在该契约中的人的相互交换能够得到相互保证。当代霍布斯主义者通常诉诸更普遍的互利考虑。与对自己的利益不构成威胁的人或者其合作不能给自己带来任何切实好处的人建立有约束力的义务，将是不明智的，也是愚蠢的：你将放弃一些东西，却一无所获。[42]

---

[42]　例如，参见 David Gauthier, *Morals by Agreement*（Oxford, Clarendon Press, 1986）。对"互利"进路的一个批评，见 Brian Barry, *Theories of Justice*, 66—76。

然而，甚至审慎推理的这种更一般的形式也被许多当代契约论者所拒斥，因为它误解了作为**一种特殊契约**的社会契约的本质。社会契约不是对互利的许诺，而是作为政治合法性的一个条件的政治共识的要求。契约性协议的观念表达了一种道德信念，即任何人都不应该受制于自己不会同意或本来就不能同意的法律。[43]对社会契约的这种解释表达政治共识的要求，可能不太容易受到排他性指控的影响。认为社会契约是一种交换关系的观点，被那种认为社会契约是用来达成合情合理的协议的一种论坛的观点所取代：成员资格的一个充分条件是愿意就合情合理的条款达成协议。但是，如果合情合理的协议就是目标，那为什么它必须采取一种相互保证的契约的形式呢？[44]

171

按照共识的观念来解释社会契约有一些模糊不清的地方，这是交换模型所没有的。后者将政治义务的根据规定为双方相互交换义务的结果。社会契约确立了在契约之前不具备的政治义务。在共识模型的情形中，如下这一点就不太清楚了：契约在多大程度上确立了政治义务，在多大程度上只是确立了关于公共立法制度（这种制度是为了尊重其有效性不依赖于任何契约性协议的义务而采纳的）的共识。采纳共识观念的大多数当代契约主义者倾向于前一种观点，即正义义务建立在共识的基础上。对合情合理的协议的道德渴望取代了交换模型对审慎的自我利益的假定。采纳共识观念的理论家经常倡导这样一个主张：取得合情合理的协议的假定欲望是一种达成协议的康德式动机。然而，可以表明的是，《法权论》中采用的社会契约观念更应该被解释为

---

[43]　按照共识观念对契约主义的最精致的捍卫是：Thomas Scanlon, *What We Owe to Each Other*（Cambridge, MA, Belknap Press of Harvard University Press, 1998），especially chapter 5, 189—247。

[44]　托马斯·内格尔提出了这个问题，参见Thomas Nagel, 'Rawls on Justice'；亦可参见Ronald Dworkin, 'The Original Position', both in Norman Daniels, ed., *Reading Rawls*（Oxford, Basil Blackwell, 1975），1—15 and 16—52。

一个在公民社会**内部**引导公共立法过程的理性的观念，而不是一种为**进入**公民社会的义务奠定基础的设施。⑤

认为社会契约是政治义务的来源的那种更强的解释不符合康德的财产论证，这往往为反对这种解释提供了支持。就这个论证而言，契约主义解释的一些困难可以通过参考两篇最近讨论这个主题的文章来说明，一篇是肯尼斯·贝恩斯的，⑥另一篇是凯文·多德森的。⑦贝恩斯和多德森都认为，康德的财产论证和他对政治义务的所谓契约论论述之间存在一种内在联系。他们都认为康德混淆了自然法理论与契约主义，而且都以一种支持契约主义的方式来解决这一已被证实的混淆。他们都倡导对社会契约的这样一种解释（尽管是在不同的版本上）：社会契约取决于各方所能达成的共识，而且能够为义务提供基础。然而，值得回顾的是，社会契约的观念并没有出现在康德讨论财产的相关段落中，而只是在更后面的从**私人法权**到**公共法权**的过渡中才出现。⑧因此，贝恩斯和多德森依靠的是一个成问题的等式，即把普遍统一意志的观念与社会契约的观念等同起来。考虑到普遍意志与原初共有的关系，这个等式的成功取决于对原初共有提出一种可靠的契约主义解释。然而，在我看来，这两位作者似乎都未能成功地完成这项任务。

172

---

⑤　参见 Herb and Ludwig, 'Naturzustand und Staat'; Daniel Weinstock, 'Natural Law and Public Reason'。在各个一般的意义上，亦可参见 Ernest Weinrib, 'Law as Idea of Reason' in Howard Williams, ed., *Kant's Political Philosophy*, 15—49。

⑥　Kenneth Baynes, 'Kant on Property Rights and the Social Contract'.

⑦　Kevin Dodson, 'Autonomy and Authority in Kant's *Rechtslehre*', *Political Theory*, 25 (1997), 93—111.

⑧　当然，这样说并不完全准确，因为康德确实在讨论私人法权的第19节提到了契约的观念 (*RL*, 6: 272—273)。然而，这里讨论的契约不是社会契约，而是双方之间的商业交易。康德在这里的讨论关系到权利持有者之间合法交换其既得权利的可能形式——这与原初获取问题无关，或者更一般地说，与政治义务的根据无关。他所讨论的那种契约交换关系因此预设了公民社会。

多德森的主要论点是,康德认为理知性占有指的是一种主体之间的关系,这使他决定按照"双方同意"的观点来解释财产的合法化,**因此**这种解释也是一种契约主义解释:"财产**只有**在公民社会中才有可能。"⑲对多德森来说,这个主张不仅仅是在说公共承认和强制执行的财产权需要一个公共立法系统。在他看来,财产权的双方同意的基础表明,康德对自然条件下的暂时法权和公民条件下的绝对法权的区分是难以理解的。对多德森来说,财产权**要么**是生而具有的和自然赋予的,**要么**是双方同意的和社会确立的。就财产权取决于对理知性占有的某种构想而论,它们必须是双方同意的。如果它们是双方同意的,那么它们就预设了公民社会。如果它们预设了公民社会,那么在前公民状态下就不可能有暂时的财产权。因此,暂时权利与绝对权利的区分就对财产的合法化提出了两种相互排斥的备选方案,而这表明康德自己思想混乱。⑳经过适当修正,多德森将康德的论证重构如下:理知性占有建立在双方同意的基础上;这种同意需要一个统一的普遍意志;一个统一的普遍意志来自各个单方面意志的自愿的契约联合;因此,财产权 173 是通过契约而变得合法的。然而,多德森的结论建立在对原初共有的一种自相矛盾的解释之上。他是这样说的:

> 我们对财产的权利基于我们对土地的生而具有的共同占有以及相应的允许私人占有的普遍意志。我们只有一种生而具有的权利,对外在事物的任何权利都是基于成文法的既得权利。……在公民社会的法律框架之外取得任何财产都是武断的篡夺。㉑

---

⑲　Dodson, 'Autonomy and Authority', 102.

⑳　同上, 105。

㉑　同上, 104。

首先，多德森将原初共有描述为**先天的**，这与康德的一个明确提醒相冲突，即这个观念**不是**用这种方式来解释的。更重要的是，多德森接受康德的主张——我们只有一种生而具有的权利，即生而具有的自由权，而所有对外在事物的权利都是既得权利。但是，这样一来，谈论对土地的**先天的**共同占有，对他来说就是不一致的。既然这种共有属于既得权利的范畴，那么，对土地的占有，不管是不是共同的，都不可能是生而具有的。一方面，多德森被迫假定生而具有的共同占有，因为他拒斥了暂时合法的单方面占有的可能性。另一方面，先天论解释削弱而不是支持了他的论点，即个人财产权**完全地**立足于通过契约而取得的共识。如果土地是**先天地**共同拥有的，那么某种形式的财产权显然就必须先于在成文法下通过双方同意和契约对财产的个别分配。如果多德森想要坚持认为财产权完全来源于成文法，那么他就应该否认在前公民社会中任何人拥有任何东西。但后者显然不是康德的立场，因为康德认为，原初获取，以及暂时法权，在前公民状态下是不可避免的。

就像多德森一样，肯尼斯·贝恩斯也相信"财产权需要所有人的联合同意，因为这体现在社会契约的观念中"。[52]财产权建立在协议的基础上，而不是建立在承认其必要性的基础上。但贝恩斯对社会契约作为理性的一个观念的地位更为敏感。多德森认为财产权完全立足于通过契约确立的成文法，而贝恩斯承认"原初契约在性质上不同于所有其他协议"。正如康德所说，原初契约绝不是自愿的，而是"所有人都**应当分享的**"一个目的。[53]但贝恩斯将他从康德那里引用的这句话从它在文本中原来的地方转移到了财产论证上。因此，他也将普遍意志等同于社会契约。这样一来，他就必须说明原初共有的作用：

---

[52]　Baynes, 'Property Rights and Social Contract', 444.

[53]　同上。（亦可参见 *RL*, 6: 315。）

　　共同所有权的概念是社会契约的一个预设或条件,它本身必须被视为所有人只是因为出生在地球上而具有的原初权利或者说生而具有的权利的一部分。[54]

　　这里又有了一种滑动,即从作为一种既得权利的外在对象滑向作为一种生而具有的权利的对土地的共同占有,尽管与多德森相反,贝恩斯在解释如下预设时更接近康德,即预设共有是人们进入世界的结果。但是,如果原初的共同所有权是个人可能拥有财产权的一个必要预设,那么充当这种权利的最终根据的就不是契约,而是共有。如果契约是所有人都**应当**分享的一个目的,那么我们就不清楚,这究竟是指对个人财产权的承认要求所有人同意,还是指所有人都需要同意这种承认。在后一种情况下,根本不谈契约可能更不易引起误解。

　　与多德森相比,贝恩斯意识到与如下观念紧密相关的模糊性,即社会契约是所有人都应当分享的一个目的。如下建议彻底取消了义务通过契约而产生的想法:社会契约的观念是一个**先于**任何实际的契约性协议而具有约束力的道德要求。甚至在把社会契约的观念的功能解释为是要应用于公民社会**内部**的公共立法,而不是作为**进入**公民社会的政治义务的根据时,这个观念作为一个无条件的道德要求仍然是模糊的。在这里我无法详细考虑如下想法:社会契约是立法者和臣民之间的一种关系。感兴趣的读者可以参考丹尼尔·温斯托克对这个问题的深刻讨论。我想考虑的是,尽管康德自己在讨论财产论证时略去了社会契约,但为什么这么多的解释者觉得有必要将它塞进去。在这个关键时刻,转向社会契约对康德的分离共有的独特观念产生了不利影响。虽然上述作者都没有表明一种契约主义解释必然会排除包含在原初共有概念中的世界主义观点,但他们确实阻止了这种观点受到关注。在

175

---

[54]　Baynes, 'Property Rights and Social Contract', 441.

我看来,忽视世界主义观点是那种强调双方同意的契约主义的两个相关特征的结果。第一个特征涉及将社会契约视为一个单一的确立行为的普遍倾向,这种行为建立在自愿协议的基础上,其目的是要标志从一种状态向另一种状态的明确转变。社会契约划定了无法律的状态和法律许可的状态之间的界限。甚至在社会契约被视为一个假设的思想实验,而不是一个实际的历史事件时,认为公民社会来自一个单一的确立行为的观点仍然存在。我在这里提出的保留意见并不涉及社会契约的观念的抽象性质,以及它对将社会看作一种有机整体的想法的所谓腐蚀作用。我的反对意见更符合赫伯和路德维格提出的反对意见。按照他们的观点,在《法权论》中,我们之所以见不到从自然状态到公民状态的转变的确切点,恰好是因为世界主义观点已经包含在分离的原初共有的观念中。正是因为原初获取是不可避免的,在自然状态下才确实存在对这种占有的暂时权利;正是因为这种权利只是暂时的,进入公民状态对人们来说就是义不容辞的。但是,进入(世界主义)社会是不可能通过一个单一的确立行为发生的。只要主体在自然状态下的单方面获取行为**预期**了公民状态,"自然状态"和"公民状态"之间的严格二分法就消失了,取而代之的是暂时法权和绝对法权之间的区别。康德并没有对暂时法权和绝对法权进行严格的划界,而是提出了这样一种设想:随着一种最终会把地球表面作为一个整体囊括在内的改革进程,暂时法权会逐步稳定地转化为绝对法权。当人们在分离共有的观念中走到一起时,这样一种展望就出现了,即阻碍主体之间法权关系的发展的界限会被逐渐拆除:

> 在康德的解释下,这样一种想法就开始失去其重要性,即个别国家是公民社会和绝对的"我的-你的"关系的范例。对康德来说,个别国家构成了向全球法权关系发展的一个过渡阶段。虽然从狭隘的地方视角来看,个别国家似乎是一种文明状态,但从

176

经过扩大的全球视角来看，它仍然只是一种暂时的"我的和你的"状态。⑤

　　如下想法在契约主义解释中往往被忽视，即法权关系是一种发展和改革的过程，而不是一个单一的确立行为。契约主义的第二个特征是，它将主体间共识作为政治协议的唯一重要条件，而这可能会削弱全球视角的重要性。至少在契约主义立足于这样一个信念（即任何人都不应该受制于他们本来就不会同意的法律）的情况下，对一致同意的关注往往会鼓励这样一种观点：任何政治安排，只要臣民同意其可取性，原则上都是可以实现的。从全球视角来看，对不可避免的经验约束的这种忽视是一种很少有人负担得起的奢侈品。个人不应该受制于他们**本来就不会**同意的法律，这是一项合法的政治关切，但也有一些约束是任何具有物理身体的有限的理性存在者都无法避免的（除非以牺牲他人为代价），而且，这种约束对能够被合情合理地要求或同意的东西施加了限制，而这是政治生活的一个同样重要的事实。然而，对共识的探求往往会掩盖对不可避免的约束的关注。给予共识以某种特权，忽视其他同样重要的考虑，这可能是当代分配理论在扩展到全球范围时相对失败的一个原因。就《法权论》而言，契约主义者对不可避免的约束条件的忽视在一种显而易见的失败中体现出来，即未能将在康德那里反复出现的一个强有力的形象——地球的球形表面是共识的一个限制性条件——作为研究的主题。

六　结　语

　　关于对普遍统一意志的自然法解释和契约主义解释，当然还可以

---

⑤　Herb and Ludwig, 'Naturzustand und Staat', 313—314.

说得更多,但现在是结束这个篇幅较长的章节的时候了。我自己对《法权论》的契约主义解读持保留意见,这些意见主要集中在它们对康德的世界主义观点的忽视上。不过,前一节中提出的任何考虑都没有表明对康德的契约主义解读原则上是不可能的,或者社会契约的观念在康德的文本中根本就不起作用。我希望自己已经表明的是,在康德的财产论证中,契约主义者用社会契约的观念来取代普遍统一意志的尝试是相对失败的。契约主义者发现自己被迫尝试这一举动,这一事实首先证明了财产论证在为政治义务奠定基础方面的重要性。这些举动并未在总体上取得成功,这一事实让这样一些解释者获得了一点可信度:他们认为,在《法权论》中,社会契约的作用不在于建立政治社会,而在于规范其中的立法过程。更一般地说,本章试图通过关注原初共有这一桥梁般的观念来说明那个公设和普遍统一意志之间的关系。我已经论证说,认为原初获取既包含(无须个人意志的)占有又包含(出于个人意志的)宣言的想法尽管有点模糊,但却是独特的,而正是这个想法导致了对传统自然法解释的逆转,即从生而具有的共同占有转向对财产的个别分配。作为反思性实践理性的一个观念,分离共有表达了在一个认识下的团结一致,即必须为了实现世界公民法权而努力。这里的本质主张是,主体有能力在地球球面的不可避免的约束下承认法权义务并履行这些义务,他们因此而处于这种义务下。

第六章

康德的世界主义的形而上学

既然地球表面不是无限的，而是封闭的，国家法权和民族法权的概念就不可避免地引向所有民族的法权（*ius gentium*）或者说世界公民法权（*ius cosmopoliticum*）的观念。因此，如果受到法律限制的外在自由原则在合法条件的这三种可能的形式中都缺乏，那么所有其他形式的框架都会不可避免地受到破坏，最终必然会崩溃。

——《法权论》,6：311

但是，这个[世界主义]宪政的规则，作为一个为其他人提出的规范，不能从迄今为止觉得它对自己最有利的那些人的经验中得出……它肯定需要一种形而上学。甚至那些嘲笑形而上学的人也承认形而上学的必要性，尽管他们是不经意地这样做的，例如当他们经常这样说时："最好的政体是其中权力属于法律，而不是属于人的政体。"因为还有什么比这个观念更能在形而上学上得到升华呢？

——《法权论》,6：355

一 引 言

在前两章的进程中，我已经论证说，对个人财产权的辩护以及对个人随之而来的正义义务的解释都是康德从一种世界主义视角开拓的，这个视角将所有人作为法权的主体包括进来，因为他们无法避免占据地球上的一个地方，要求对这样一个地方的权利。第四章强调，康德提出的一个形象，即地球的球形表面，是自然的不可避免的约束，有限的理性存在者必须在这个约束的限制内来解决外在自由与正义的冲突。这个公设对单方面获取行为的特别授权导致行动者反思性地承认如下事实：对外在自由的任何行使都会产生义务。只要单方面的行为是在"预期和准备"①绝对法权的一个条件的情况下采取的，它们就算是暂时合法的。因此，作为许可法则的公设与普遍统一意志的关系，就如同一个初步判断与一个确定判断一样。它的暂时授权的正当性取决于一个普遍统一意志的可能性。

第五章考虑并拒斥了对普遍统一意志的契约主义解读和自然法解释。契约主义解释通常将普遍统一意志视为在受到影响的主体之间所确立的一种契约性协议的产物。自然法解释则倾向于将普遍统一意志看作一种事先给定的立法的来源，其权威在主体反思人性的过程中逐渐得到承认。我论证说，在确定政治思想史中习以为常的正当化策略时，这两种探讨都错过了康德世界主义视角中最独特的东西，即作为理性的一个观念的原初共有的功能。按照这两种传统观点，转变是从原始共有到财产的个别分配，以及与此相关，从前文明状态到将地球球面划分为有领土定义和政治主权的不同单位。但是，康德明确强调，**原初共有**不应与**生而具有**的共同占有相混淆——"生而具有的共同占有是

---

① *RL*, 6: 257.

暂时的,依赖于经验条件"。[2]按照康德的论述,转变是从单方面获取到原初共有的**观念**,以及与所有民族和个人建立法权关系的义务,不管他们碰巧生活在地球球形表面上的什么地方。作为理性的一个观念,对地球球形表面的原初共有,或者更确切地说,**分离**共有,表达了我们应该接近的世界公民法权的一个条件,而不是我们决定抛弃的一种前文明状态。

这种对财产权和政治义务的传统思想的颠倒反映了康德独特的形而上学视角。在这最后一章,我想回到政治思想中的形而上学问题。在此过程中,我将再次触及前几章中提出的一些主题,特别是第二章中讨论的人类有限性和实践自由之间的关系,以及第三章中考虑的道德上的经济欲望的可能性。但是,我想把地球球面的形象作为这最后一章的重点。在《法权论》中,这是一个引人注目和反复出现的形象,但很容易被忽视。这似乎有悖于直觉:如果它引人注目,它就不应被轻易忽视。然而,这在很大程度上取决于人们如何解释这个形象。我们可以将它理解为,只不过是对"地球的形状是球形的"这一事实的正确陈述,而这是一个平淡无奇的陈述。按照这种对字面意义的解释,康德的文本只是不断提醒我们地球是球形的,但这根本就没有告诉我们任何特别重要的东西:它们很容易被忽视。然而,这个形象吸引人的不是其事实内容,而是它在事实内容之外设法传达的东西。当然,这样的主张是有争议的。指出"这个形象在其事实内容之外所传达的东西"并不是在表达任何很精确的说法。我在第一章中承认,形而上学意义有一些无法挽救地难以捉摸的东西。在从内在形而上学转向超验形而上学的某个点上,也就是说,当辩护一个人的内在视角的任务事实上需要承诺一种超验视角时,这种难以捉摸的现象就表现得最为突出。正是在这个阶段,当形而上学家诉诸"终极预设"、"不可言说的知识"或者

180

---

② *RL*, 6: 262.

"处于实在另一边的东西"时,形而上学的批评者会失去耐心,指责形而上学家犯了类似于智力欺诈的错误。

批评者的怀疑并非毫无根据。只要一个人的超验视角超出了理性论证和一般可理解性要求的限制,就很难看出它对普遍有效性的主张可以合理地建立在什么基础上。然而,如下说法并不明显:每一个缺乏明确的命题内容的陈述**因此**都是无意义的,或者完全是虚幻的。在人类经验的某些维度中,一个判断或命题的意义可能无法被清晰地表达出来,但这正是使得它具有意义而且实际上可以被分享的东西。[3]一个特定的形象或命题的意义和重要性,通常正是通过其难以捉摸而被传达给我们的。

181 康德的地球球面的形象难以捉摸的特征就是一个很好的例子。人们并不**需要**将任何形而上学含义赋予它。人们可以把它看作一个关于地球形状的不起眼的事实陈述。但是,一旦人们**确实**把一种超越该形象的事实内容的形而上学共鸣归于它,康德的财产论证和他对政治义务的论述就获得了一个维度,其含义仍然在根本上难以表达。这个论证不再**只是**关系到分配可用的空间和资源的最公平、最有效或最合理的方式——这是对分配正义的许多当前讨论的基本内容。它超越了这些具体的分配问题,指向一些更抽象、更普遍的东西——指向对"人类条件"的某种理解,而之所以使用"人类条件"这个说法,是因为我们缺乏一个更好的措辞来构想这些更具体的分配问题及其答案。在接下来

---

③ 审美体验就是一个可能的例子。有些人不明白一个审美判断的非命题形式,因此缺乏审美判断,但他们希望别人确切地告诉他们:为何要用这么多的话来说一件艺术品能不能成功地**作为**一件艺术品。当然,这并不是说审美判断在如下意义上是无理的判断:无法向一个人提供任何理由,他由此就能判断一件艺术品是否成功。但在某种意义上说,审美判断超越了提出来支持它的理由。在欣赏一件艺术品时,一个人要么把握了其审美属性,要么没有把握。这可能会使审美判断令人泄气地难以捉摸,但这并没有使得它们本身是无意义的。类似的说法也适用于康德关于地球球面的形而上学形象,其形而上学共鸣超出了人们可能为其提供的解释性理由。

的论述中,我将提出这样一个建议:康德的地球球形表面的形象的形而上学含义,就在于它明确地阐述了关于主体对未来的历史责任和政治责任的一种特殊理解,这种理解源于他对自由的阐释,即自由是纯粹实践理性的一个共同观念。在开始这项任务之前,我想谈谈目前对康德的世界主义的接受。

二　当今康德的世界主义

正如我在本书一开始所说,过去二十年见证了对康德作为一位政治哲学家的兴趣的惊人复兴。这一趋势可以压倒性地追溯到罗尔斯和哈贝马斯各自对康德的哲学忠诚。正如罗尔斯在《正义论》中所说,康德作为一位政治哲学家的内涵远不止我们所看到的。自那时起,康德就成为当代政治哲学家喻户晓的人物。同时,认为自由主义哲学家向康德的回归标志着向康德**政治**哲学的一种回归,从严格意义上说,是不正确的。罗尔斯和哈贝马斯最初都致力于改编康德伦理学来适应其自由主义的正义理论:罗尔斯是为了表述他对自由人的理想构想,哈贝马斯则是为了按照其话语伦理学所开创的语言转向来重新设想康德的可普遍化要求。《法权论》并未出现在这些早期的哲学同化策略中。此外,哈贝马斯的《事实与价值》带有作者对康德晚期著作的日益浓厚的兴趣的印记,与此相比,罗尔斯则表现出对康德政治哲学缺乏持久的关注。对于康德的世界主义来说尤其如此。在《万民法》(罗尔斯对国际正义问题的唯一直接贡献)中,④ 罗尔斯明确地将他的立场与康德的立场划清界限,转而决定对现有国际法进行有条件的认可。尽管这一举

182

---

④　John Rawls, 'The Law of Peoples' in Stephen Shute and Susan Hurley, eds., *On Human Rights*(New York, Basic Books, 1993), 41—81.

动让他的许多支持者感到沮丧,⑤但这意味着：甚至在倡导全球正义的罗尔斯主义者当中,对康德的兴趣都是间接的。总的来说,当代全球分配正义的自由主义理论的倡导者集中精力将国内自由主义原则扩展到全球背景下,无论是以一种国际化的差别原则的形式,还是通过构想替代性的原则。正是罗尔斯式的自由主义正义观,而不是康德的正义观,启发和塑造了他们在这方面的努力。⑥

即便是在那些**的确**对康德的世界主义感兴趣的人当中,他们所关注的文本也不是《法权论》,而是《论永久和平》这篇更著名的文章。因此,《法权论》一直是康德学者的领地。这并不令人惊讶,因为该文本中有许多令人痛苦的模糊和扭曲。但这也令人遗憾。尽管《法权论》晦涩难懂,但与康德更早期的任何政治论文（包括《论永久和平》）相比,183 它更系统地阐述了康德的立场。尽管如此,目前对康德的世界主义的接受比以前更有同情心、更加系统。如果说国际关系理论家曾经将他们所谓的康德的"政治理想主义"与当时占主导地位的政治现实主义

---

⑤ 最为显著的是 Thomas Pogge, *Realising Rawls* (Ithaca, Cornell University Press, 1989), Part III；以及他最近发表的一篇文章：'An Egalitarian Law of Peoples', *Philosophy and Public Affairs*, 23 (1994), 195—224。亦可参见 Barry, *Theories of Justice*, 183—212；Thomas McCarthy, 'On the Idea of a Reasonable Law of Peoples' in Bohman and Lutz-Bachmann, eds., *Perpetual Peace*, 201—218。与罗尔斯相比,哈贝马斯已经开始将其话语伦理理论和法哲学更系统地扩展到全球领域。例如,参见 Habermas, 'Staatsbürgerschaft und Nationale Identität' in *Faktizität und Geltung* (Appendix), 632—660；'Kant's Idea of Perpetual Peace with the Benefit of Two Hundred Years' Hindsight' in Bohman and Lutz-Bachmann, eds., *Perpetual Peace*, 113—155；*Die Postnationale Konstellation. Politische Essays* (Frankfurt, Suhrkamp, 1998)。然而,哈贝马斯对全球正义的探讨仍然只是集中于欧洲整合的问题。

⑥ 例如,参见 Barry, *Justice as Impartiality*；Charles Beitz, *Political Theory and International Relations* (Princeton University Press, 1979), Part III；Thomas Pogge, 'Is Kant's *Rechtslehre* Comprehensive？', *The Southern Journal of Philosophy* (Supplement), 36 (1997), 161—188。

的信条进行不利的对比，那么当前的评估则明确地偏向康德。这在一定程度上是由于国际关系实践的变化，特别是冷战的结束以及与此相关的全球化进程的加速，全球化所带来的新问题和机遇是以国家为中心的政治现实主义观点无力应对的。⑦但这也要归功于对康德的世界主义的一种更细致入微的探讨。正如本章开头的引文所指出的，康德认识到法权关系的三个不同但又相关的层次："国家法权"规定了国家内部个人之间的法权关系；"民族法权"是指国家之间的法权关系；而"所有民族的法权"或"世界公民法权"则涉及个人与外国之间的法权关系。传统上，国际关系理论家倾向于将康德的世界主义（即他的"世界公民"［Weltbürger］的观念）与对一个世界国家的呼吁联系起来——作为政治现实主义者，他们对这一提议极为谨慎，尤其是因为这意味着国家主权的丧失。

诚然，在康德的一些文章中，他确实持有一个世界国家或世界共和国的观念。事实上，奥特弗里德·赫费已经表明，即便是在《论永久和平》中，康德也在他所谓的"一个世界共和国的正面观念"与其"负面的替代物"（即由各个共和国结成的自由联邦）之间摇摆不定。⑧如果他最终满足于一个联邦制协会而不是一个世界国家，那么按照赫费的说法，他这样做是出于实用的考虑，而不是出于原则上的理由：国家根本不准备放弃自己的主权。⑨不过，康德的首选仍然是一个世界国家的观念。

赫费的结论来自他对这部文本的一种可信的分析，但它并未排除

---

⑦　肯尼斯·布斯在剑桥大学的演讲，对当前国际关系理论中视角的变化进行了翔实的概述：Kenneth Booth, 'Dare Not to Know: International Relations Theory versus 2045' (University of Cambridge, Global Security Programme, March 1993)。

⑧　*Perpetual Peace*, 8：357.

⑨　Otfried Höffe, 'Völkerbund oder Weltrepublik？' in Höffe, ed., *Zum Ewigen Frieden*, 109—132.

其他可能的解读。例如，赫费论证说，康德错误地认为一个世界国家的概念是自相矛盾的。既然康德在作为两种道德人格的个人和国家之间做出了一个明确的类比，那么，要求国家为了服从更高的权威而放弃其（部分）主权，并不比要求个人在进入公民社会的时候放弃其不受法律约束的自由更自相矛盾。对赫费来说，康德的"形式论证"并不成功，康德转而诉诸有关世界国家并不具有可行性的实用考虑。然而，康德的自相矛盾的异议与其说适用于国家主权的丧失，倒不如说适用于它们作为自由共和国的地位的丧失。按照这种解读，一个世界国家的观念与确立它的理由相矛盾，因为一个世界国家的强制性权力削弱了国家之间**自由**联合的可能性。在一个世界国家下统一起来的做法将建立在胁迫威胁的基础上，而这与康德的主张相对立，即**持久的**全球和平必须以原则上拒斥国家之间的武力威胁或武力使用为前提。⑩

康德究竟是在原则上拒斥了一个世界国家的观念，还是只是出于实用的理由而推迟了它的实现，这无疑将会成为一个争论焦点。⑪无

⑩　对这条论证路线的一个可能的反驳是，国家层面上的胁迫威胁也削弱了个人自由地表达同意的可能性。这样一来，康德准备在国家内部的层面上支持的东西和他在国家之间的层面上拒斥的东西就存在矛盾。对这一反驳有两种可能的回答。第一个回答是说，自由共和国的联邦并不排除建立一种法律和制度结构，这种结构能够以制裁的形式对不服从的成员施加**一些**压力，即使它并不等同于完全强制性的国家权力。反对一个世界国家的论证是，鉴于一个世界国家将把地球的球面囊括在内，它就使得各个国家别无选择，只能被纳入其中。相比之下，一个国家可以不加入自由共和国的联邦，也可以放弃其成员资格。个人也是如此，他们可以拒绝加入公民社会，也可以由于某些不法行为而丧失其公民身份。第二个回答将表明，尽管作为道德人格的个人和国家之间存在相似之处，但也有不相似之处。自由共和国在自由方面比前文明状态下的个人更为成熟。因此，自由共和国能够在个人尚不能达到的程度上进行非强制性联合。按照这条解释路线，法权的三个层面呈现出更高的或更复杂的自由联合水平。因此，世界公民法权——不同国家的个别公民之间的自由联合——构成了最成熟的法权关系形式。

⑪　一些全球思想家批评康德放弃了一个世界国家的观念。例如，参见 David Held, *Democracy and the Global Order: From the Modern State to Cosmopolitan Government* (Cambridge, Polity Press, 1995)。哈贝马斯提出了一个类似的理由来支持（转下页）

论是哪一种情况,个别国家的分裂,一些国家之间半联邦性的区域协
会,以及非国家性的全球机构数量的大幅增加,都使得当前的全球政　
治具有某种流动性,而这意味着康德的三个层次的法权如今正在吸引
相当大的实践兴趣。在目前的语境中,特别令人关切的是世界公民法
权的地位。一旦康德不再被解释为毫不含糊地认同了一个世界国家的
观念,世界公民的地位也必须发生变化。一个世界国家内的全球公民
身份可能会取代公民身份在个别国家内的目前的功能。世界国家将
构成我们目前的个别国家概念的一个极大的扩展版本。但是,在没有
一个世界国家的情况下,世界公民身份就无法履行传统上被赋予国家
公民的那种角色。相反,全球公民是保留了与自己所属的个别国家相
关的公民身份,却没有一个世界国家的公民。世界公民是**没有**一个世
界国家的公民,这个观念在全球正义的讨论者当中变得越来越流行,
不管是在欧盟的情境中,还是在国际人权辩论的情境中,抑或在一般
的国际法的情境中。⑫这已经鼓励人们扩展康德本人对世界公民法权
的内容所采取的那种更加有限的看法。《法权论》将世界公民法权(即
个人面对外国而具有的权利)定义为"受到款待的权利"。⑬个人在

(接上页)如下主张:我们应该超越他所说的民族认同和民主之间的历史上偶然的联系,
参见 Habermas, 'Staatsbürgerschaft und Nationale Identität'。如下作者捍卫了康德反对
一个世界国家的论证:Thomas Mertens, 'Cosmopolitanism and Citizenship: Kant Against
Habermas', *The European Journal of Philosophy*, 4(1996), 328—347。

　⑫　参见 Habermas, 'Staatsbürgerschaft und Nationale Identität'; Axel Honneth,
'Is Universalism a Moral Trap? The Presuppositions and Limits of a Politics of Human
Rights', and James Bohman, 'The Public Spheres of the World Citizen', both in Bohmann
and Lutz-Bachmann, eds., *Perpetual Peace*, 155—178 and 179—200。如下文章很好地
讨论了康德的世界公民法权观对传统国际法的冲击:Daniele Archibugi, 'Models of
International Organization in Perpetual Peace Projects', *Review of International Studies*,
18(1992), 295—317。亦可参见 Reinhard Brandt, 'Vom Weltbürgerrecht' in Höffe, ed.,
Zum Ewigen Frieden, 133—149。

　⑬　*RL*, 6: 352。

外国领土上有权不受虐待或者其财产不受干扰。更一般地说，他们有权"主动提出与他人进行商业往来"，有权"**尝试**与所有人建立社区，并为了这一目的而造访地球上任何地方"。^⑭然而，受到款待的权利不是客人愿意住多久就住多久的权利，也不是获得该国公民身份的权利。受到款待的权利严格限于临时居留权和逗留期间得到公正待遇的权利。

186　　尽管康德的世界主义法权概念在其内容和经济取向上都受到了限制，但它不应被解释为对一个新兴的企业家阶级的自由市场野心的道歉。^⑮这种解释将错过世界公民法权作为一种"严格权利"（即一种可以外在地强制执行的权利，它因此受到了制度化的约束，并要求权利持有者负有某些义务）的地位。试图与他人建立商业关系的权利会产生这样一个必然结果：不得违反其他人的选择的形式条件——任何人都无权在他人不愿意建立商业关系的情况下**强迫**他人建立这种关系。同样，不受外国臣民或政府虐待的权利也要求相应的义务，即尊重当地法律，不攻击那个国家或社会的臣民或政府。比如说，康德对殖民主义的谴责，^⑯就是他肯定世界公民法权的结果：受到款待的权利不是以传播文明为借口入侵和统治外国土地和人民的权利。如果个人的受到款待的世界公民权利被接受为一项严格权利，那么其相应的义务以及对制度化的法律强制的要求就会对国际机构施加约束，而这种约束比世界公民法权的贫乏内容起初所暗示的要严格得多。^⑰

---

⑭　*RL*, 6: 353.

⑮　这是如下作者提出的一条批评路线：Richard Saage, 'Besitzindividualistische Perspektiven der Politischen Theorie Kants', *Neue Politische Literatur*, 2 (1972), 168—193。

⑯　*RL*, 6: 354.

⑰　奥尼尔按照不欺骗和不强迫的相应的完全义务，对康德的世界公民法权提出了进一步的论述：Onora O'Neill, 'Transnational Justice' in David Held, ed., *Political Theory Today* (Cambridge, Polity Press, 1991), 276—304。

这不是要否认康德对世界公民法权的构想在当前的全球化条件下需要**一点**扩展。如前所述，如今，这种扩展往往是通过将康德的世界公民法权与当前的人权规定相联系来实现的。不过，让世界公民法权在内容上负担过重，会影响康德所设想的全球正义的结构。在这里，是按照一个世界国家的观念来设想世界公民法权，还是按照一种自由共和国的联邦来设想世界公民法权，确实会有所分别。如果世界公民法权构成了个人面对外国政府而具有的权利，那么，与将它视为规定了一个世界国家内的世界公民的权利相比，当前的人权清单中就会有更少的人权被归入世界公民法权的范畴。按照联邦解释，难民权，包括庇护权和不被收容国监禁和虐待的权利，将属于世界公民法权。另一方面，联邦解释不能支持一个国家为了其公民的人权（比如政治与宗教自由）而干涉另一个国家的内政。相反，国家之间就所谓国家内部的人权的和平协商，必须在各国法权的层面上进行。按照世界国家解释，显然没有必要区分适用于国家内部层面的人权和适用于世界性层面的人权。因此，如何解释康德的世界主义对当前全球政治的影响，取决于如何解释康德所设想的法权关系的结构。[18]

关于在当前对全球正义的讨论中回归康德，我想提出两点一般看法。第一点与这些讨论压倒性的经验主义导向有关。我指的是这样一种倾向：它将康德在《论永久和平》中的和平条款视为（比如说）与当前国际法中的规定形成有利的或不利的比较（究竟是有利的还是不利的取决于具体情况）的直接政策建议。这种做法在很大程度上是合理的。毕竟，《论永久和平》的风格模仿的是一份法律文件的形式，这种文件列出了对各国之间的实际关系进行渐进改革的建议。评估康德的世

187

---

⑱ 例如，比较如下作者的观点：Charles Covell, *Kant and the Law of Peace*, 168—187; Otfried Höffe, 'Die Vereinten Nationen im Lichte Kants' in Höffe, ed., *Zum Ewigen Frieden*, 245—272; Mulholland, *Kant's System of Rights*, 348—372。

界主义与当前问题的相关性的一个测试，是将他的建议与现行国际法和国际实践中的规定进行比较。问题是，是否应该**只是**在政策建议的层面上解读康德。在很大程度上，《论永久和平》的最有趣的部分是正文的两个补编，处理的是政治能动性中自然与道德的关系。既然康德的自然目的论在许多读者看来是迟钝的，这些部分就往往被误认为是难以理解的或历史上过时的，从实践者的角度来看是无关的。然而，正是在这两个补编中，康德提出了影响其政治改革建议的哲学观点。既然康德认为他自己的探讨与传统国际法的"遗憾安慰者"的观点有很大不同，[19]忽视他独特的哲学观点就可能促成这样一个结果：将他的世界主义目标和意图与传统国际法或当前国际改革建议中表面上相似但基础不同的政策建议混为一谈。

188

第二点关系到世界公民法权的内容。很奇怪，人们会发现世界公民法权的那个很少得到讨论的方面是其经济内容，即个人试图与他人建立商业关系的权利。这一遗漏很可能又要归于如下事实：这个方面似乎如此明显地受到了限制——当代全球化问题包含了比个人之间的经济关系要多得多的东西。此外，对经济关系的关注对于现代的自由主义情绪来说似乎是道德上可疑的：完全按照**经济**权利和机会来确定世界公民法权的内容，似乎是一件在道德上应受谴责的事情。另一方面，这种保留鼓励人们忽视康德的三种形式的法权之间的系统联系。"为什么要关注与世界公民法权相关的经济权利"这一问题的答案是，经济权利是由国家**内部**个人之间的"我的-你的"关系构成的。在前面的章节中，我们看到，法权概念只涉及行动者之间在每个人的选

---

⑲ *Perpetual Peace*, 8：355（康德提到了格劳秀斯、普芬多夫和瓦泰勒的名字）。[康德之所以如此称呼这些自然法理论家并对他们加以批评，是因为他认为他们提出的法规实际上并没有法律效力。对这一点的一个相关讨论，参见 Howard Williams, *Kant and the End of War: A Critique of Just War Theory*（London: Palgrave Macmillan, 2012），especially chapters 2—3。——译者注]

择方面的外在关系的形式：外在的"我的–你的"关系被限制到**既得**权利的范畴。这意味着将世界公民法权限制到全球的"我的–你的"关系的做法，反映了国家内部在个人之间的"我的–你的"关系的层面上做出的类似限制。在进一步阐述这两个一般评论时，下一节将在世界公民法权的背景下来考察康德对自由的形而上学构想。第四节将考虑这些形而上学预设的一些实践含义，特别是对全球经济能动性问题的含义。

三　康德的世界主义中的自由和有限性

在康德看来，"如果受到法律限制的外在自由原则在合法条件的这三种可能的形式中都缺乏，那么所有其他形式的框架都会不可避免地受到破坏，最终必然会崩溃"。[20]地球的球形在将其表面上所有地方联系在一起时，就确保了所有其他人都能感受到一个人的选择和行动的影响，无论大自然把这些影响放在地球上什么地方。现在，正如我们可以把康德的地球球面形象解读为一个真实但平庸的事实陈述一样，我们也可以在纯粹字面的意义上将它解释为对其中所包含的行动者责任（agent responsibility）的提及。然而，在这种情况下，一种字面解释的含义就相当具有戏剧性。从字面上看，声称我们的每一个选择和行动都会影响到其他人的选择和行动，这是一种炫耀的夸张。它相当于声称一种远远超出了任何个人的实际道德能力的行动者责任。从字面上解读地球球形表面的所谓道德含义，这种做法导致了拉尔夫·沃克针对康德对自由的形而上学构想所提出的那种抱怨。沃克认为，康德的本体因果关系（即独立于自然的因果关系的行为因果关系）概念意味着："我应该因第一次世界大战和令伏尔泰震惊的里斯本地震而受责备。

189

---

⑳　*RL*, 6: 311.

甘地就像阿明一样，要对乌干达独裁者的暴行负有罪责。"㉑这种异议把康德对本体因果关系的论述等同于第三个二律背反中正题对无原因的第一原因的设想。它将自由行动者描述为具有（本体）能力的人，可以站在时间和空间的条件**之外**，从那里启动他们在时间和空间**之中**做出的选择的任何因果链。只要这样一个无原因的第一原因能够启动其选择的任何时空因果链，只要所有随后的因果链都可以追溯到初始原因，本体因果关系就需要对由于那个初始的、无时间性的选择而在时间和空间中产生的所有结果负责。按照沃克的解释，我的本体自由要求我对人类行动的整个历史负责。

有人可能会怀疑类似的东西也出现在康德对主体的选择和行动的全球性影响的评论中。如果我的选择和行动确实影响了地球上任何其他人的可能选择和行动，这就意味着我可以被认为是要对我的行动的所有后果负责，不管它们是有意的还是无意的，是可预测的还是不可预测的。但如下这一点是可疑的：对本体因果关系或行动者责任的一种字面解释，是否能够为我们了解康德对自由的形而上学构想提供有益见识。我在第二章中说过，康德关注的是**调和**自然的因果关系与自由的观念，而不是将其中的一个置于另一个之上，就像沃克对本体因果关系的解释所暗示的那样。而且，虽然第三个二律背反是通过与正题的一个观念（即在空间和时间之外的一个无原因的第一原因）**进行类比**来设想本体因果关系，但康德并未将二者等同起来：事实上，他在这方面拒斥了正题的立场。有限的理性行动者在时间和空间**之中**开始一个因果链的能力，建立在其慎思自发性和反思性判断能力的基础上。本体因果关系指的是意志的慎思自发性，而不是一个自由的存在者的超感性因果能力。对本体因果关系的字面解释将其等同于一个无原因的第一

㉑ Ralph Walker, *Kant: The Arguments of the Philosophers* (London, Routledge, 1979), 149.

原因的理性主义概念，因此无助于将自由理解为**理性**的一个观念。同样，仅仅指出如下这一点也不会有什么启发性：我们要对自己的选择和行动的所有影响负有全球责任的想法是如此荒谬，因此康德所说的不可能是他想要表达的意思。字面解释当然会导致荒谬的结论。但是，如果他不可能是指他字面上所说的，那么他究竟要表达什么意思呢？

　　一条线索在于康德的自由概念，即自由是实践理性的一个共同观念，实际上是实践理性的一项**任务**。㉒从比喻的意义上说，在提出如下主张时，康德想要表达的意思确实就是他所说的，即：作为我们的行动（在时间和空间**之中**）的"起始原因"，我们对它们的许多迥然不同的结果负责，其中包括我们不能立即预测到的结果和我们永远都无法知道的结果。只要它们可以被追溯到作为其发起者的我们自己，我们就间接地成为它们所引起的所有结果的发起者。㉓就此而论，沃克正确地指出，在康德那里，自由的观念和历史责任的概念之间具有紧密联系。然而，即使作为我的行动的发起者，我要对它们所产生的所有结果负责，但这本身并不意味着我能做些什么来阻止或操控所有这些结果。我可能要对引发了我的行动的一切结果这件事情以及我的行动负责。但这无须意味着，如果我选择这样做，我就可以控制或阻止所有这些结果的发生。因此，就所有这些结果而言，我也未必该受责备。当康德认为我们要对我们的行动的所有结果负责时，这个提议之所以看似荒谬，是因为我们倾向于从对行动的责任直接跳到与结果相关的罪责。然而，在对行动的责任和与结果相关的罪责之间往往存在中间步骤。其中一个中间步骤是其他人的行动以及**它们**所产生的影响。在我的行动的影响和其他人的行动的影响相互交织的地方，不只是我自己要对结果及其

191

　　㉒　参见本书第二章。

　　㉓　在这里，"所有结果"不仅要包括一个人的行动的**直接**结果，而且也要包括那些结果的结果，等等。

所产生的进一步影响负责。而是,我们每个人都对这些结果负有部分责任。然而,我们当中谁要对某个既定结果的哪一部分负责是很难确定的,尽管不是不可能确定的。

行动者责任和行动者罪责之间的第二个中间变量是自然的约束。有可能的是,只要我对我的行动负责,我也对它们所产生的影响负责。但是,如果我是在某些环境条件下发起我的行动,而那些条件在一定程度上促成了我的行动的结果,那么我未必要对那些条件负责。我的行动的环境条件可能超出了我的控制;它们可能是残酷的外部条件,我只能在其中尽力而为。第四章讨论的单方面获取问题说明了这一点。我可能意识到,在不可避免的经验约束下,我的单方面选择会影响其他人的可能选择。但是,这并不意味着我可以通过完全停止行动来避免这些后果,也不意味着我可以改变我在其中被迫选择和行动的所有环境条件。例如,我不能对地球的球形负责,我也不能做任何事情来改变它。

不过,如果因为我对我的行动的所有后果无能为力,就认为我不需要承认与我的一切行动相伴随的行动者责任的一般原则,那将是错误的。尽管我意识到我自己对此无能为力,但这并不妨碍我考虑**我们**是否不能一起为此做点什么。沃克对本体因果关系的抱怨未能考虑到康德的自由概念,即自由是实践理性的一个**共同**观念。在沃克看来,不仅192 "**我**"对整个人类历史负有责任,伏尔泰和甘地也负有责任,还有你和你们每个人也都负有责任。我们每个人个别地都对整个人类历史进程负有个人责任。这**真**是荒谬。然而,沃克从来没有想到,我们可能对人类历史进程负有共同的责任。这就是为什么他觉得自己比康德更难持有我们的历史责任的思想。如果康德对自由作为理性的一个共同观念的论述相当于一种集体主义的自由概念,比如卢梭所说的公意(*volonté générale*),或者如果他确实认为历史责任的概念相当于个人对其他人过去的行动的个人责任,那么沃克的怀疑会更有道理。然而,我在第五章中强调说,康德按照我们对**未来**的贡献来设想我们的历史责任。在他早期撰写的一些将历史责任的概念与道德进步的希望联系起来的文章中,这种面向未来的态度尤为明显。㉔但这种态度也隐含在《法权论》对三种形式的法权的解释中,即它们是全球法权关系的**渐进**制度化。同样,共同责任并不意味着集体责任,共同的历史责任无须在于对一个特定的政治纲领的集体执行,或者对想象的或假设的人类历史命运的描绘。与集体主义的自由和责任概念相比,康德对我们共同的历史责任的论述在许多方面使得个人责任的概念**不太**令人气馁,**更加**切实可行。众所周知,康德更倾向于政治改革而不是革命,这表明他将人类可能的历史进步设想为一种持续的、相对开放的过程,这一过程是由几代人随着时间的推移而做出的个人贡献构成的,他们为其他人树立了榜样。㉕正是因此,康德关于共同的历史责任的观点在马丁·路德·金、特蕾莎修女或国际特赦组织的个人贡献者等人物身上得到了最好的体现,他们都承认自己对人类的责任,但他们对历史进步的个人贡献采取了不同的形式,体现了不同层次和不同程度的参与。

193

但是,如果康德对共同责任的理解仍然是个人主义的,而不是集体主义的,如果他的历史进步观是开放式的,而不是预先确定的,那么,又有什么能保证个人贡献者**将会**把他们的个人贡献视为一项共同的任务或事业的一部分? 这就是康德的地球球面的形象变得重要的地方。前面我说过,地球表面的形象将其表面上所有地方连为一体,因此表达了对人类条件的一种形而上学见识。一种不太难以捉摸的说法是,这种形象构成了康德在法权问题上对范畴框架的一种形式表述。回想一下第一章中概述的柯尔纳的范畴框架的一般概念的一些特征。除了经验

㉔ 特别参见 Kant, 'An Answer to the Question: What is Enlightenment?', and 'On the Common Saying, "This may be true in Theory but it does not apply in Practice"', both in Hans Reiss, ed., *Kant's Political Writings* (Cambridge University Press, 1970)。

㉕ 康德对个人能够为人类道德进步做出贡献的捍卫,在他对摩西·门德尔松的回答中最为明确。参见 *Theory and Practice*, 8:307—313。

相关性和主体间有效性外, 一个范畴框架还需要将一个人理论上的最高原则与其实践上的最高原则整合起来。第二章将这一总体图式应用于康德对自由的形而上学构想, 将因果关系概念指定为他的理论上的最高原则, 将自由的观念指定为他的实践上的最高原则。第三个二律背反的任务是要通过调和实践视角和理论视角来整合这两个原则。因果关系原则和自由的观念共同构成了柯尔纳所说的康德的内在形而上学的基石。但任何拟定的范畴框架本身都受制于辩护的要求: 内在形而上学尝试实现超验形而上学。

我说过, 康德将本体领域的观念限制到一个负面观念——它为我们提供了一个形而上学视角, 对这一视角的反思对我们来说是不可避免的, 但我们无权对它提出任何知识主张。作为一个负面观念, 超验视角既否认内在层面上提出的真理主张可以被看成是绝对的, 本身又避免发布这种绝对的真理主张。因此, 康德的超验视角构成了对人类有限性的一种承认。超验视角标志着人类知识的限度: 它 "否定知识, 以便为信仰留出空间"。㉖

在超验形而上学思想中, 提到人类的有限性是很常见的。从历史上看, 这种提及往往带有负面内涵, 特别是在它们与一个完全理性的、至高无上的存在者的概念形成对比的地方。人类的有限性被理解为一种匮乏, 我们对这种匮乏的压倒性经历是对一种我们无能为力的东西的经历: 我们的命运最终掌握在某个更高、更强大的国王手中。㉗有趣

194

㉖ *CPR*, Bxxx.

㉗ 艾德里安·摩尔在其近著中将有限性理解为一个形而上学概念: Adrian Moore, *Points of View*(Oxford University Press, 1997), 253—279。摩尔列出了他所说的 "三个 [形而上学]原则": 第一, "我们是有限的"; 第二, "我们意识到自己是有限的"; 第三, "我们渴望无限"。对变得无限的渴望意味着将有限性判断为一种匮乏。摩尔接着区分了对无限的渴望和对变得无限的渴望。**对无限的渴望**是自然的和不可消除的, 也就是说, 它是人类条件的一部分。相比较而论, **对变得无限的渴望**则是 "糟糕的", 甚至是 "邪恶的": 它产生了一种努力, 即试图说出一些我们什么也不能说出的东西。(转下页)

的是,康德并未将人类的有限性描述为一种匮乏,而是将它描述为一种赋能(enabling)。在《纯粹理性批判》中,对人类知识的限度的认识和承认导向了他的实践理性的首要性论点:提到信仰并不是默许宗教信念或者对来世的沉思,而是将实践信仰作为可能的能动性的一个要求。㉓在康德于第三个二律背反中做出的一个承认(即我们不可能对先验自由提出任何理论上的证明)中,这一点表现得尤为明显。既然人类知识是有限的,我们就无法**知道**我们是否自由。但这不是失望的原因。我们在理论层面上缺乏对自由的知识,这使我们有理由相信实践层面的自由。如果我们知道自己不是自由的,那么行动就毫无意义了,也就是说,对行动进行慎思、决定某个特定的行动方案、采取必要步骤来达到行动的目的等等就会变得毫无意义。相反,我们应该简单地让自然的因果关系沿着其不可避免的途径通过我们而继续前进。一切发生了的事情都必定要发生,无论我们做了什么,我们都必定要去做。另一方面,如果我们知道自己是自由的,我们的行动在我们看来就会显得武断。我们将能够像我们最初采取行动那样轻而易举地撤销我们的行动。既然我们的行动可以像它们被做出那样被轻易撤销,它们就不要求我们对其后果做出承诺了——事实上,我们的任何行动都不会对我们有多大的重要性。如果我们知道自己是自由的,或者是不自由的,那么就不会有实践信仰的空间了。我们要么面临这样一种确定性,即我们所做的每一件事都是必定要做的,要么就不得不对付行动的任意性,

195

(接上页)对变得无限的渴望相当于一种智识上的傲慢,并导致胡言乱语。摩尔把**对变得无限的渴望**赋予康德的先验观念论。在这里我无法深究缘由,但我认为这是错误的,尽管摩尔可能是因为忽视了康德关于实践理性的首要地位的论点而得出了这个结论。摩尔认为他的前两个形而上学原则在广泛的意义上是康德式的,这是正确的。但我们应该用"我们有能力承认自己的有限性"来取代他的第三个原则。

㉓　对于康德所说的希望和有限性之间的关系的一个很好的论述,参见 Philip Stratton-Lake, 'Reason, Appropriateness and Hope: Sketch of a Kantian Account of Finite Rationality', *International Journal of Philosophical Studies*, 1(1993), 61—80。

即我们既可以自由地做，也可以自由地不做，而不论是做还是不做，我们都不会受到任何约束。然而，行动是自我承诺，是一个人自愿做出的承诺。而一旦我们知道自己是自由或不自由的，这种自由地意愿的承诺就会变得不可能。对实践自由的信仰并不是一种次于对先验自由的理论知识的东西。我们缺乏理论层面上的知识，而这使得实践层面上的自由观念成为可能，也就是说，使得我们有可能承诺一个我们无法确定其后果的行动方案，但承诺使我们能够对后果承担责任。

在前面的章节中，我将康德在《法权论》中对法权概念的建构解释为纯粹实践理性"构建其自身的观念秩序"的能力的例证。法权的二律背反最初向我们呈现一种不允许从理论上来解决的状况。我们不能说为什么地球碰巧是球形的，或者为什么具有自由主张的存在者碰巧在地球表面上共存："法权的理论原则迷失在理知性的东西（*verlieren sich im Intelligiblen*）中。"[29] 面对这种无知，许可法则，作为纯粹**实践**理性的一个公设，向黑暗深处迈出了激进的一步，从而解决了冲突：它向显然相当于违背了法权的普遍原则的单方面获取行为予以授权。但是，一旦采取了这个初步步骤，我们就必须采取进一步的步骤来寻求可能的永久解决办法。那个公设的特殊授权，连同这种授权所产生的结果，使我们能够形成一个普遍统一意志的观念，并由此出发确立法权的公共关系。最后，我们仍然不知道为什么地球是球形的并栖息着具有自由主张的存在者。然而，我们已经发现了法权问题的一个实践解决方案，并从一种不受法律约束的自由状态过渡到一种法权状态。正是康德的思想的系统统一性使其政治观具有了规范吸引力。地球球形表面的形象是按照两个高度抽象的形而上学范畴来解释的，即因果关系的概念和自由的观念，而如下观念则使得它们之间的和解成为可能：人类的有限性是人类生存的一个实践的赋能条件。这个高度抽象和高度焕

---

[29] *RL*, 6: 252.

发情感的形而上学框架说明了康德的世界主义思想如今所具有的规范吸引力。

不过，人们可能会觉得，我一方面声称康德的世界主义的规范吸引力就在于其根本的形而上学框架，另一方面又在第二节中认为当前的全球正义理论对康德政治哲学采取了一种压倒性的经验主义探讨，因此我是不一致的。与我在此处的论点相反，目前的趋势似乎是要避免康德的世界主义的形而上学，而把重点放在他的思想对于制定全球政策所具有的更切实可行的含义上。尽管如此，我相信我的主张可以得到维护。康德的地球球面的形象之所以吸引人，其中一个原因是其构想显然简明易懂。因此，它为思考全球正义提供了一个基本框架，这个框架既易于识别，又能在复杂的经验细节面前保持灵活。有三个特点特别值得强调。第一个涉及地球球形表面的形象的直接视觉冲击力。每个人都有能力向自己展现地球的球形和它上面世界人口的分布状况。即使每个人可以有不同的具体描述，那个形象本身也具有普遍的可信度：它与经验的关联使得它可以得到广泛理解。第二个特点与康德对人类历史的前瞻性和开放性构想有关。地球球形表面的形象有两个主要组成部分，即自然的约束和对自由的主张，因此它就为思考全球正义的前景提供了指导，而这种前景不是由具体的内容来过度决定的。这个形象为理论探索设定了参数，但又没有直接规定任何具体的实践解决方案。例如，上述第二节中简要讨论的对三种形式的法权之间的关系的不同的可能解释就证明了该框架的灵活性。与此密切相关的第三个特点是共同的但非集体主义的历史和政治责任的概念。地球球形表面的形象尽管是抽象的，却可以得到广泛理解，因此它就提供了一个理论背景，使得不同的贡献者能够从一个共同的角度来探索和讨论全球化与全球正义问题，但又不必在这样做的时候确定一个预定的政策制定议程。因此，广泛的可理解性、灵活性和论述性就构成了康德的地球球面形象的三个方面，这样一来，即使有些人未必熟悉康德的形而上

197

学框架的细节，而且是从一种主要以经验和实践为导向的角度来看待他的著作，他们也会被那个形象所吸引。

四　世界主义与经济能动性

我刚才提到，康德的形而上学框架对当今全球思维的主要吸引力，就在于它为思想和行动所确定的一般参数，在这些参数的约束下，有可能整合全球正义的那些要不然就无法比较的方面。这些参数的重要性不应被低估：与国内政治理论相比，缺乏共同的概念和规范框架经常被认为是建立有凝聚力的全球理论的障碍。[30]不过，批评者可能会提出这样一个反对意见：不管康德的地球球形形象作为全球思维的一般指导可能有什么价值，这个形象以及他的个人的共同历史责任的概念仍然过于抽象，无法在特定的全球政策问题方面提供真正的实践建议。不管当今的全球背景具有什么形而上学内涵，它都过于复杂，以至于任何共同的个人责任概念都无法牢固地把握实际的全球实践。

当前的世界主义者往往支持一种制度进路，而不是一种以行动者为中心的进路。例如，托马斯·博格在其《世界主义与主权》一文中，区分了他所说的"制度上的世界主义"和"道德上的世界主义"。博格并不认为道德上的世界主义的那种以行动者为中心的视角与制度进路不相容，但他仍然相信，若要避免让个人承担不切实际的全球义务，就必须优先考虑制度进路。[31]就像沃克一样，博格也倾向于在一种字面的意义上来解释个人的全球责任的概念，即要求个人直接参与解

198

---

[30]　John Dunn, 'The Future of Political Philosophy in the West' in *Rethinking Modern Political Theory*(Cambridge University Press, 1985), 171—190；亦可参见 Dunn, 'Reconceiving the Content and Character of Modern Political Community' in *Interpreting Political Responsibility*(Cambridge University Press, 1990), 193—215。

[31]　Thomas Pogge, 'Cosmopolitanism and Sovereignty', *Ethics*, 103(1992), 48—75.

决一系列既定的全球问题。反过来说，博格希望公正的全球制度能够以预期的方式来规范和约束个人行为：制度设计的公正性保证了个人行为的公正性。因此，博格就遵循罗尔斯将正义描述为"社会制度的美德"。[32]

就全球**经济**制度而言，制度进路的可取之处是最为明显的。个人行动的意图在面对这种行动所产生的意外的系统效应时无能为力，而全球经济关系就构成了这方面的一个范例。因此，不足为奇的是，许多关心当前的全球经济关系结构特有的深度不平等的人都会转向罗尔斯的差别原则，将其作为制度化的全球分配正义的一个可能模型。差别原则不仅在设计上是制度性的，它还结合了对社会正义和经济效率的考虑。罗尔斯提倡的不是一种激进的平等主义，而是一种旨在让社会的贫困成员和富裕成员都受益的适度的经济不平等方案。除非经济收益有利于贫困者的利益，否则富裕者就不会获得（进一步的）经济收益，这一原则确保了向贫困者提供必要的社会保障，同时又不会危及经济激励的结构，而后者对于鼓励更有才能、更富裕的人提高经济生产率来说是必要的。因此，罗尔斯的差别原则并没有直接诉诸行动者责任，而是试图操控经济关系的**结构**及其对个人的影响。理论家们后来改编罗尔斯的差异原则以将它用于全球范围，这种改编采取了很多形式，从相对直接地将其基本原理扩展至全球背景，到按照一种全球所得税或全球资源税来提出其修改版本。[33]

在实施层面，任何实际上可行的全球分配正义理论无疑都必须包括一个政治和经济制度理论。在这个层面上，制度上的世界主义很可能优先于道德上的世界主义。然而，这并不意味着以行动者

---

[32]　认为自由主义的正义所要关心的是社会基本结构，因此正义就是社会制度的一个美德，这个现在被广泛接受的观点最初是由罗尔斯在《正义论》中提出的。

[33]　参见本章注释⑤和注释⑥中列举的一些文献。

199 为中心的进路在理论构想和制度设计层面上没有做出贡献。社会制度确实调节和协调个人之间的政治与经济关系。但正是那些其行动需要受到调节和约束的个人建立了这些制度。因此，社会制度往往反映了建立它们的人的规范假设和期望。因此，正如制度确实可以调节和约束那些承认其权威和合法性的人的行动一样，制度——即便是公正的制度——也可能会被那些出于这样或那样的缘由而不承认其权威或合法性的行动者所滥用。这样一来，情况就不是这样了：个体行动者的意图和期望，或者他们的实际行为，并不会对全球经济与政治关系的结构产生影响。全球环境的复杂性以及对全球制度的确定无疑的需要，不应减损对行动者责任的相关且同样重要的考虑。

在经济环境中，行动者对其作为行动者的责任的认识具有特殊的重要性，因为在这种环境中，市场只遵循自身规律这一众所周知的格言几乎导致了对行动者责任的放弃。从以行动者为中心的视角来看，经济制度的适当性既可以按照它们所反映的关于个人能动性的规范假设和期望来评估，也可以按照它们在其中运作的经验环境来评估。换句话说，一个人如何构想个人的经济能动性的道德属性，以及这种能动性的经验环境，会对他把什么看作适当的经济制度和分配方案产生影响。例如，如果一个人要从一种以行动者为中心的视角来评估差别原则，那么他就会专注于该原则对"标准的［自由主义］经济理论"的动机假设的明确依赖。[34] 按照这些假设，个人试图理性地最大化自己的自我利益，他们偏爱更多而不是更少的社会基本善，他们在社会冒险中相互合

---

[34] Rawls, *A Theory of Justice*, 142—160. 正如我们已经看到的，尽管晚期的罗尔斯已经实质性地修改了他先前对道德人的构想，但他最初关于差别原则的描述似乎保留了下来。事实上，自从罗尔斯在《正义论》中阐述差别原则以来，他就很少对差别原则发表意见。

作的意愿取决于他们期望从中得到多少。[35] 此外，差别原则所反映的标 200
准的经济假设不仅关系到个人的动机激励，而且也关系到经济能动性
的背景。因此就很难避免这样一种怀疑：一种良序的经济不平等的分
配方案，即那种每个人都将从中获益的方案，至少不言而喻地依赖于一
个假定，即经济增长可能是无限的。那些理性地最大化自己的自我利
益的人，只有在**继续**从合作计划中获得某些东西的情况下，才会参与合
作，而且，在罗尔斯看来，他们希望从中获得更多而不是更少的社会基
本善。这意味着社会产品必须随着时间的推移而不断增长。[36] 差别原
则假设了一个经验背景，后者在洛克著名的"整个世界都是美国"[37]的说
法中最能唤起人们共鸣，那里有大片未开垦的土地，其中大部分无人居
住，因此就给每个人留下了"足够多同样好的东西"，不管每个人为自

---

[35] "标准的自由主义经济理论"是否等同于"古典自由主义理论"是一个未决
问题。对后者的经典捍卫是如下文章：Lionel Robbins, 'The Nature and Significance of
Economic Science'（缩减版重印于如下文集中：Daniel Hausman, ed., *The Philosophy of
Economics*, Cambridge University Press, second edition 1994, 83—110）。在罗宾斯看来，与
将经济主体描述为在其欲望方面最大化自我利益的人相关的心理主义假设，并不是古典
经济学的特征，而是福利经济学的特征。这种心理主义假设在罗宾斯对作为一门科学的
经济学的阐述中没有地位，因为在这种经济学中，经济理性仅仅在于在有限的时间和适
度稀缺的条件下，在相同手段的不同使用之间做出最有效的选择。

[36] 这个主张是有争议的：差别原则无须要求无限的经济增长的条件。虽然罗尔斯
将差别原则设想为帕累托改进，这种改进确保每个人的状况都会得到改善，但他也暗示
说，当进一步改善处于最不利地位的人们的状况变得不可能时，一个良序社会也会是完
全公正的，这意味着在那时就达到了经济增长的极限。然而，在我看来，不论是从罗尔斯
的动机假设的逻辑来看，还是从经验证据来看，我们都不清楚这一点有多大的说服力。
如果个人是其自身利益的理性最大化者，他们想要更多而不是更少的社会基本善，那么
经济停滞可能就会产生破坏社会与政治稳定的效应。正是出于这个原因，西方自由民主
国家发现自己处于这样一种压力下：要保持国内经济稳定增长，往往就要牺牲那些生活
在其领土边界外的人的利益。布莱恩·巴里针对差别原则对罗尔斯的动机假设提出了
一个坚持不懈的、有说服力的批评：Brian Barry, *Theories of Justice*, 213—254。

[37] John Locke, *Second Treatise of Government*, chapter 5.

已获得了多少。

从一种以行动者为中心的视角来看,差别原则根本的动机假设和
经验预设在应用于当前的全球背景时是有争议的。世界上有很多地
区,在那里,由于生态原因,或者社会与政治原因,抑或二者,哪怕是适
度的经济增长的前景也令人怀疑,甚至根本就不存在。此外,越来越多
的少数派经济学家和非经济学家都认识到全球经济前景不平衡的问题
及其对标准经济理论的含义。从目前的角度来看,对经济理性和经济
欲望的标准概念提出的修订是最有趣的。关于个人能动性的标准经济
模型以其过度节俭而著称,对这种节俭持谨慎态度的批评者长期以来
就对这种理论节俭所鼓励的道德上贫乏的"理性经济人"概念持保留
意见。㊳在这些批评者中有一种常见的做法,即把行动者的关涉他人
的利益以及关涉自我的非经济利益纳入经济计算,试图以此扩展行动
者合理性和经济能动性的动机基础。这种建议通常(至少在一定程度
上)接受了标准经济理论对经济欲望的形成和追求的看法:他们建议
将**额外的**道德考虑和道德激励包括在内,而这些考虑和激励充当了对
经济欲望的外来约束。㊴最近,对欲望形成的经济构想本身受到了仔细

㊳　例如,参见 James Griffin, 'Against the Taste Model' in Jon Elster and John Roemer,
eds., *Interpersonal Comparisons of Well-Being*(Cambridge University Press, 1991), 45—
69; Albert Hirschman, 'Against Parsimony', *Economics and Philosophy*, 1(1985), 7—
21; Jennifer Roback Morse, 'Who is Rational Economic Man?' in Ellen Frankel Paul, Fred
Miller Jr., and Jeffrey Paul, eds., *Self-Interest*(Cambridge University Press, 1997), 179—
206; Amartya Sen, *On Ethics and Economics*(Oxford, Basil Blackwell, 1987); Hamish
Stuart, 'A Critique of Instrumental Reason in Economics', *Economics and Philosophy*, 11
(1995), 57—83。

㊴　这指的是,对欲望的形成和追求来说是外来的,尽管对行动者自己来说不是外来
的。这是呼吁要更包容地设想行动者的动机激励,而这种呼吁让人想起休谟的抗衡激情
模型。这个模型所说的是,行动者的冷静激情抵消了其激烈的激情的作用,从而维持二
者之间的平衡。同样,之所以将额外的道德激励和非经济激励包含在行动者的动机集合
中,是为了中断对经济欲望的那种要不然就会是肆无忌惮的追求。

审视,最引人注目的是托马斯·斯坎伦的著作《我们彼此亏欠什么》。[40]在这本书中,斯坎伦抛弃了他以前对欲望形成的心理主义论述的依赖,转而支持一种强调欲望形成的认知成分的论述。按照斯坎伦的说法,"在哲学讨论中,欲望通常被理解为一种发挥两个基本作用的心理状态:一方面,它们被认为具有动机效力,另一方面,它们被认为具有规范意义"。[41]斯坎伦对这种观点的反驳是,欲望不是动机的**来源**,而是行动的理由的**结果**:"拥有通常被称为欲望的那种东西涉及一种倾向,即把某些东西视为[行动的]理由的倾向。"[42]这是因为"我们的实践思想是在准则的框架内发生的,涉及采用、解释和修改这些原则,以及在它们所提供的框架内来决定我们是否有充分的理由以特定方式行动"。[43]

　　我之所以提到斯坎伦的经过修正的论述,是因为它与我在第三章中赋予康德的那个有理由的经济欲望的概念有部分重叠。我在那里强调了康德对欲望形成和欲望追求的认知阐述的两个方面。第一个方面是理性存在者在欲望形成方面的想象能力,其中不仅包括创造以前不存在的新欲望的能力,还包括为经济稀缺和经济选择约束问题想出解决办法的能力,或者至少是想出处理这些问题的策略的能力。在目前的语境中,第二个更相关的方面涉及经济欲望的道德属性。按照康德的说法,理性存在者对自身作为欲望主体的反思意识,预设了主体对欲望形成进行认知和评估的能力。有理由的经济欲望是这样一种欲望:其内容考虑到了行动者对这些欲望的追求对他人可能产生的影响。就此而论,道德约束的概念是自我立法的经济欲望的形成和追求本身所固有的。

　　康德对自我立法的经济欲望的构想之所以与当前全球经济状况

202

---

[40]　Thomas Scanlon, *What We Owe to Each Other*, especially Part I, 17—146.

[41]　同上,37。

[42]　同上,39。

[43]　同上,52。

有关，是因为这一构想将个人的选择自由与不可避免的经验约束结合在一起。一方面，经济欲望，即个人对自己选择的物质对象的欲望和追求，具有初步的合法性，哪怕只是因为它既然存在了就不可避免。另一方面，这并不允许无限制地最大化欲望和选择。具有认知能力的欲望主体应当认识到其选择和行动不可避免地会对其他人施加成本，因此他们就应当约束其欲望的形成和追求。就个体行动者**应当**认识到这些约束而言，他们被假定有能力这样做，因此有能力调整自己的行为。

那个形而上学框架从地球的球形表面及其表面上所有地方的统一这一形象入手，因此它的（经济）能动性的含义就显著地不同于从如下观点入手的框架：整个世界都是美国，并为个人提供了几乎无限的空间和机会，让他们可以相互独立地选择和行动，不受共同的经验选择条件的约束。这不是要否认，在不经过进一步的探索和修改的情况下，康德对经济欲望的阐述，以及更一般地说，对全球政治能动性的阐述，不可能从《法权论》被搬运到当前的全球背景。《法权论》确实在非常抽象和一般的层面上发挥作用，康德对（经济）能动性的评论仍然是粗略的和暗示性的，而不是结论性的。尽管如此，人们越来越认识到，在迅速变化的全球环境下，关于经济能动性和政治能动性的传统假设是不适当的。这一事实表明，《法权论》可能不是开始探索解决这些问题的其他方法的最糟糕的地方。

五　结　语

在当代政治哲学家当中，有一种广泛的反形而上学推定，在他们看来，政治思想的实践意义取决于在哲学上停留于表面。在本书中，我一直试图反驳这种推定。在最后一章中，我实际上指出了形而上学思想能够为我们理解全球政治和全球正义问题做出贡献的两个层面。在一个更抽象和一般的层面上，形而上学可以提供一个概念性和规范性的框架（即我所说的范畴框架），它为一个问题提供了一个指导性观念，即人们正在试图把自己想成什么样子，不管这个观念是在一个世界国家的观念中成形的，还是在一种国家联邦的观念中成形的，抑或是在某个其他的观念中成形的。一个形而上学框架安排并整合了全球化和全球正义的看似不相干的方面，使它们成为一个有凝聚力的道德与政治规划。除了这个抽象功能外，形而上学还在更直接的实践层面上影响我们的思考。我以经济能动性为例，部分原因是在我看来，它是当今全球思维中最紧迫的哲学问题之一，部分原因是康德在这方面的见解或许是最不受期待的。康德对经济欲望和经济能动性的阐述是尝试性的和探索性的，需要在理论上发展和完善。尽管如此，明显的是，对康德的论述产生影响的形而上学假设显著地不同于古典自由主义思想和当代自由主义思想的假设。倘若如此，就很难否认形而上学在政治思想中的合法地位。

　　更一般地说，本书追求两个目标。首先，我已经试图表明，尽管《法权论》有许多文本上的困难和哲学上的晦涩，但它提供了一个本身令人兴奋、值得耐心审视和解释的持续的政治论证。其次，我已经试图表明，《法权论》与当今政治思想的实践相关性就在于，与其说它接近当代自由主义的基本假设和期望，不如说它远离这些假设和期望。我认为这有些令人遗憾，但这不是因为当代自由主义的成就微不足道。自由主义传统如今正处于一个历史关头，它可以转向内部，继续遵循既定的观念和信念，也可以转向外部，重新审视其中一些信念在迅速变化的全球条件下是否仍然适当。后一种进路确实要求人们**停止**在哲学上停留于表面。我认为，康德愿意这样做，这在很大程度上说明了他与当代自由主义思想的差异。

204

205

部分参考文献

Allison, Henry, *Kant's Transcendental Idealism*, New Haven, Yale University Press, 1983.

Kant's Theory of Freedom, Cambridge University Press, 1990.

Idealism and Freedom, Cambridge University Press, 1996.

Arendt, Hannah, *Lectures on Kant's Political Philosophy*, Ronald Beiner, ed., University of Chicago Press, 1982.

Ayer, A. J., *Language, Truth, and Logic*, Harmondsworth, Penguin Books, 1971.

Baron, Marcia, 'Freedom, Frailty, and Impurity', *Inquiry*, 36 (1993), 431—441.

Barry, Brian, *Theories of Justice*, volume 1, London, Harvester and Wheatsheaf, 1989.

Justice as Impartiality, Oxford University Press, 1995.

Baumgarten, Peter, 'Zwei Seiten der Kantschen Begründung von Eigentum und Staat', *Kantstudien*, 85 (1994), 147—159.

Baynes, Kenneth, 'Kant on Property Rights and the Social Contract', *The Monist*, 72 (1989), 433—453.

The Normative Grounds of Social Criticism: Kant, Rawls, and Habermas, New York, State University of New York Press, 1992.

Baynes, Kenneth, James Bohman, and Thomas McCarthy, eds., *Philosophy: End or Transformation?*, Chicago, MIT Press, 1987.

Beck, Lewis White, *Studies in the Philosophy of Kant*, New York, Bobbs Merrill, 1965.

Kant Studies Today, Illinois, La Salle, 1969.

Essays on Kant and Hume, New Haven, Yale University Press, 1978.

Beitz, Charles, *Political Theory and International Relations*, Princeton University Press, 1979.

Bennett, Jonathan, *Kant's Dialectic*, Cambridge University Press, 1974.

Blum, Lawrence, *Friendship, Altruism, and Morality*, London, Routledge & Kegan Paul, 1980.

Böckerstette, Heinrich, *Aporien der Freiheit und ihre Aufklärung durch Kant*, Stuttgart, Frommann-Holzboog, 1984.

Bohman, James and Matthias Lutz-Bachmann, eds., *Perpetual Peace: Essays on Kant's Cosmopolitan Ideal*, Cambridge, MA, MIT Press, 1997.

Booth, Kenneth, 'Dare Not to Know: International Relations Theory versus 2045', Public Lecture, Global Security Programme, University of Cambridge, UK, March 1993.

Brandt, R. B., *A Theory of the Right and the Good*, Oxford, Clarendon Press, 1979.

Brandt, Reinhardt, *Eigentumstheorien von Grotius bis Kant*, Stuttgart, Frommann-Holzboog, 1974.

'Das Erlaubnisgesetz, oder: Vernunft und Geschichte in Kants Rechtslehre' in Brandt, ed., *Rechtsphilosophie der Aufklärung*, Berlin, de Gruyter, 1982, 233—275.

'Die Politische Institution bei Kant' in Gerhard Göhler, ed., *Politische Institutionen im Gesellschaftlichem Umbruch*, Opladen, Westdeutscher Verlag, 1990, 335—357.

'Zum Weltbürgerrecht' in Otfried Höffe, ed., *Zum Ewigen Frieden*, Berlin, Akademie Verlag, 1995, 133—149.

Bubner, Rüdiger, 'Metaphysik und Erfahrung' in *Antike Themen und Ihre Verwandlung*, Frankfurt, Suhrkamp, 1992, 134—151.

Buchda, Gerhard, 'Das Privatrecht Immanuel Kants. Ein Beitrag zur Geschichte und zum System des Naturrechts', unpublished dissertation, Jena, 1929.

Buchdahl, Gerd, 'The Kantian "Dynamic of Reason" with Special Reference to the Place of Causality in Kant's System' in Lewis White Beck, ed., *Kant Studies Today*, Illinois, La Salle, 1969.

Buckle, Steven, *Natural Law and the Theory of Property: Grotius to Hume*,

Oxford, Clarendon Press, 1991.

Carnap, Rudolf, 'The Elimination of Metaphysics through Logical Analysis of Language' in A. J. Ayer, ed., *Logical Positivism*, New York, Free Press, 1959, 60—80.

Christman, John, *The Myth of Property: Towards an Egalitarian Theory of Ownership*, Oxford University Press, 1994.

Collingwood, R. G., *An Essay on Metaphysics*, Oxford, 1940.

Covell, Charles, *Kant and the Law of Peace*, London, Macmillan, 1998.

Davidson, Donald, *Essays on Truth and Interpretation*, Oxford, Clarendon Press, 1984.

Deggau, Hans-Georg, *Die Aporien der Rechtslehre Kants*, Stuttgart, Frommann-Holzboog, 1983.

Dews, Peter, 'Modernity, Self-Consciousness, and the Scope of Philosophy: Jürgen Habermas and Dieter Henrich in Debate' in *The Limits of Disenchantment*, London, Verso Press, 1996, 169—193.

Dodson, Kevin, 'Autonomy and Authority in Kants Rechtslehre', *Political Theory*, 25 (1997), 93—111.

Dreier, Ralf, 'Zur Einheit der Praktischen Philosophie Kants', *Perspektiven der Philosophie*, 5 (1979), 5—37.

Dunn, John, *Rethinking Modern Political Theory*, Cambridge University Press, 1985.
Interpreting Political Responsibility, Cambridge University Press, 1990.

Dunn, John, ed., *The Economic Limits to Modern Politics*, Cambridge University Press, 1992.

Dworkin, Ronald, 'The Original Position' in Norman Daniels, ed., *Reading Rawls*, Oxford, Basil Blackwell, 1975, 16—52.

Engstrom, Stephen, 'Allison on Rational Agency', *Inquiry*, 36 (1993), 410—418.
'Kant's Conception of Practical Wisdom', *Kantstudien*, 88 (1997), 16—43.

Feinberg, Joel, 'Rawls and Intuitionism' in Norman Daniels, ed., *Reading Rawls*, Oxford, Basil Blackwell, 1975, 108—123.

Flikschuh, Katrin, 'On Kant's Rechtslehre', *The European Journal of Philosophy*, 5 (1997), 50—73.
'Freedom and Constraint in Kant's Metaphysical Elements of Justice', *History*

of Political Thought, 20 (1999), 250—271.

'Kantian Desires: Freedom of Choice and Action in Kant's *Rechtslehre*' in Mark Timmons, ed., *New Essays on Kant's Metaphysics of Morals*, Oxford University Press, forthcoming.

Forster, Michael, 'On the Very Idea of Denying the Existence of Radically Different Conceptual Schemes', *Inquiry*, 41 (1998), 133—186.

Friedman, Michael, 'Causal Laws and the Foundations of Natural Science' in Paul Guyer, ed., *The Cambridge Companion to Kant*, Cambridge University Press, 1992, 161—199.

Gaus, Gerald, *Justificatory Liberalism*, Oxford University Press, 1996.

Gauthier, David, *Morals by Agreement*, Oxford, Clarendon Press, 1986.

Gregor, Mary, *The Laws of Freedom*, Oxford, Basil Blackwell, 1963.

'Kant's Theory of Property', *The Review of Metaphysics*, 41 (1988), 757—787.

'Kant on "Natural Rights"' in Ronald Beiner and William James Booth, eds., *Kant and Political Philosophy: The Contemporary Legacy*, New Haven, Yale University Press, 1993, 50—75.

Griffin, James, 'Against the Taste Model' in Jon Elster and John Roemer, eds., *Interpersonal Comparisons of Well-Being*, Cambridge University Press, 1991, 45—69.

Grotius, Hugo, *The Rights of War and Peace* trans. Francis Kelsey, Oxford, Clarendon Press, 1925.

Guyer, Paul, *Kant and the Claims of Knowledge*, Cambridge University Press, 1987.

'Justice and Morality', *The Southern Journal of Philosophy* (Supplement), 36 (1997), 21—28.

Habermas, Jürgen, *Faktizität und Geltung*, Frankfurt, Suhrkamp, 1992.

Nachmetaphysisches Denken, Frankfurt, Suhrkamp, 1992.

'Kant's Idea of Perpetual Peace with the Benefit of Two Hundred Years' Hindsight' in James Bohman and Matthias Lutz-Bachmann, eds., *Perpetual Peace: Essays on Kant's Cosmopolitan Ideal*, Cambridge, MA, MIT Press, 1997, 113—155.

Die Postnationale Konstellation. Politische Essays, Frankfurt, Suhrkamp, 1998.

Hampton, Jean, 'Should Political Philosophy be done without Metaphysics?',

Ethics, 99 (1989), 794—814.

Harper, William and Ralph Meerbote, eds., *Kant on Causality, Freedom and Objectivity*, Minnesota University Press, 1984.

Hausman, Daniel, ed., *The Philosophy of Economics*, Cambridge University Press, 1994.

Heimsoeth, Heinz, 'Zum Kosmologischen Ursprung der Kantischen Freiheitsantinomie', *Kantstudien*, 57 (1966), 206—229.

Held, David, *Democracy and the Global Order: From the Modern State to Cosmopolitan Government*, Cambridge, Polity Press, 1995.

Henrich, Dieter, 'Die Grundstruktur der Modernen Philosophie' in *Selbstverhältnisse*, Stuttgart, Reclam, 1982.

   'Was ist Metaphysik — was Moderne? Zwölf Thesen Gegen Habermas' in *Konzepte*, Frankfurt, Suhrkamp, 1987, 11—39.

   'The Origins of the Theory of the Subject' in Axel Honneth, ed., *Philosophical Interventions in the Unfinished Project of Modernity*, Cambridge, MA, MIT Press, 1992.

Henrich, Dieter and Rolf-Peter Horstmann, eds., *Metaphysik nach Kant?*, Stuttgart, Klett, 1987.

Herb, Karlfriedrich and Bernd Ludwig, 'Naturzustand, Eigentum und Staat', *Kantstudien*, 83 (1994), 283—316.

Herman, Barbara, *The Practice of Moral Judgment*, Cambridge, MA, Harvard University Press, 1993.

Hill, Thomas, 'Kant's Argument for the Rationality of Moral Conduct', *Pacific Philosophical Quarterly*, 66 (1985), 3—23.

   Dignity and Practical Reason in Kant's Moral Theory, Ithaca, Cornell University Press, 1992.

Hirschman, Albert, *The Passions and the Interests*, Princeton University Press, 1977.

   'Against Parsimony', *Economics and Philosophy*, 1 (1985), 7—21.

Hobbes, Thomas, *Leviathan* (1651), the Penguin English Library, Harmondsworth, 1982.

Höffe, Otfried, 'Kant's Principle of Justice as Categorical Imperative of Law' in Y. Yovel, ed., *Kant's Practical Philosophy Reconsidered*, Amsterdam, Kluwer

Academic Publishers, 1989, 149—167.

‘ "Even a Nation of Devils Needs a State" : The Dilemma of Natural Justice ’ in Howard Williams, ed., *Kant's Political Philosophy*, Cardiff, University of Wales Press, 1992, 120—142.

Kategorische Rechtsprinzipien, Frankfurt, Suhrkamp, 1994.

Höffe, Otfried, ed., *Zum Ewigen Frieden*, Berlin, Akademie Verlag, 1995.

Honneth, Axel, ‘Is Universalism a Moral Trap? ’ in James Bohman and Matthias Lutz-Bachmann, eds., *Perpetual Peace: Essays on Kant's Cosmopolitan Ideal*, Cambridge, MA, MIT Press, 1997, 155—178.

Hont, Istvan, ‘Free Trade and the Economic Limits to National Politics: Neo-Machiavellian Political Economy Reconsidered’ in John Dunn, ed., *The Economic Limits to Modern Politics*, Cambridge University Press, 1992, 14—120.

Hume, David, *An Enquiry Concerning Human Understanding*, ed. L. A. Selby Bigge, 3rd revised edition, Oxford, Clarendon Press, 1975.

Kersting, Wolfgang, ‘Freiheit und Intelligibler Besitz: Kants Lehre vom Synthetischen Rechtssatz a priori’ , *Zeitschrift für Philosophie*, 6 (1981), 31—51.

Wohlgeordnete Freiheit (revised paperback edition), Frankfurt, Suhrkamp, 1993. Originally published in hardback in 1984.

Körner, Stephan, *Metaphysics: Its Structure and Function*, Cambridge University Press, 1984.

Korsgaard, Christine, *Creating the Kingdom of Ends*, Cambridge University Press, 1996.

‘Taking the Law into Our Own Hands: Kant on the Right to Revolution’ in Andrews Reath, Barbara Herman and Christine Korsgaard, eds., *Reclaiming the History of Ethics: Essays for John Rawls*, Cambridge University Press, 1997, 297—328.

Küsters, Gerd-Walter, *Kants Rechtsphilosophie. Erträge der Forschung*, Darmstadt, Wissenschaftliche Buchgesellschaft Darmstadt, 1988.

Langton, Rae, *Kantian Humility: Our Ignorance of Things in Themselves*, Oxford University Press, 1998.

Larmore, Charles, *Patterns of Moral Complexity*, Cambridge University Press,

1987.

Loux, Michael, *Metaphysics: A Contemporary Introduction*, London, Routledge, 1998.

Ludwig, Bernd, 'Der Platz des rechtlichen Postulats der praktischen Vernunft innerhalb der Paragraphen 1—6 der Kantischen Rechtslehre' in Reinhard Brandt, ed., *Rechtsphilosophie der Aufklärung*, Berlin, de Gruyter, 1982, 218—232.

Kants Rechtslehre. Ein Analytischer Kommentar, Hamburg, Felix Meiner Verlag, 1988.

'Will die Nature unwiderstehlich die Republik?', *Kantstudien*, 88 (1997), 218—236.

Ludwig, Bernd and Karlfriedrich Herb, 'Naturzustand, Eigentum und Staat', *Kantstudien*, 83 (1994), 283—316.

MacIntyre, Alasdair, *After Virtue*, London, Duckworth, 1981.

Mandt, Hella, 'Historisch-politische Traditionselemente im politischen Denken Kants' in Zwi Batscha, ed., *Materialien zu Kants Rechtsphilosophie*, Frankfurt, Suhrkamp, 1976, 292—330.

Mauss, Ingeborg, 'Zur Theorie der Institutionalisierung bei Kant' in Gerhard Göhler, ed., *Politische Institutionen im Gesellschaftlichem Umbruch*, Opladen, Westdeutscher Verlag, 1990, 358—385.

Mautner, Thomas, 'Kant's Metaphysics of Morals: A Note on the Text', *Kantstudien*, 73 (1981), 356—359.

McCarthy, Thomas, 'On the Idea of a Reasonable Law of Peoples' in James Bohman and Matthias Lutz-Bachmann, eds., *Perpetual Peace: Essays on Kant's Cosmopolitan Ideal*, Cambridge, MA, MIT Press, 1997, 201—218.

Meerbote, Ralf, 'Kant on the Nondeterminate Character of Human Actions' in William Harper and Ralf Meerbote, eds., *Kant on Causality, Freedom and Objectivity*, Minnesota University Press, 1984, 138—163.

Mendus, Susan, 'The Practical and the Pathological', *The Journal of Value Inquiry*, 19 (1985), 235—243.

Mertens, Thomas, 'Cosmopolitanism and Citizenship: Kant Against Habermas', *The European Journal of Philosophy*, 4 (1996), 328—347.

Moore, Adrian, *Points of View*, Oxford University Press, 1997.

Mulhall, Stephen and Adam Swift, *Liberals and Communitarians*, Oxford, Basil Blackwell, 1992.

Mulholland, Leslie, *Kant's System of Rights*, New York, Columbia University Press, 1990.

Münzer, Stephen, *A Theory of Property*, Cambridge University Press, 1990.

Murphy, Jeffrie, *Kant: The Philosophy of Right*, London, Macmillan, 1970.

Nagel, Thomas, 'Rawls on Justice' in Norman Daniels, ed., *Reading Rawls*, Oxford, Basil Blackwell, 1975, 1—15.

The View from Nowhere, Oxford University Press, 1986.

'Moral Conflict and Political Legitimacy', *Philosophy and Public Affairs*, 16 (1987), 215—240.

Nozick, Robert, *Anarchy, State and Utopia*, Oxford, Basil Blackwell, 1974.

Nussbaum, Martha, 'Kant and Cosmopolitanism' in James Bohman and Matthias Lutz-Bachmann, eds., *Perpetual Peace: Essays on Kant's Cosmopolitan Ideal*, Cambridge, MA, MIT Press, 1997, 25—58.

Oberer, Hariolf, 'Zur Frühgeschichte der Kantischen Rechtslehre', *Kantstudien*, 64 (1973), 88—101.

O'Neill, Onora, 'Abstraction, Idealization, and Ideology' in J. D. G. Evans, ed., *Moral Philosophy and Contemporary Problems*, Cambridge University Press, 1988, 55—69.

Constructions of Reason, Cambridge University Press, 1989.

'Transnational Justice' in David Held, ed., *Political Theory Today*, Cambridge, Polity Press, 1991, 276—304.

'Vindicating Reason' in Paul Guyer, ed., *The Cambridge Companion to Kant*, Cambridge University Press, 1992, 280—308.

Towards Justice and Virtue, Cambridge University Press, 1996.

'Political Liberalism and Public Reason: A Critical Notice of John Rawls, *Political Liberalism*', *The Philosophical Review*, 106 (1997), 411—428.

Bounds of Justice, Cambridge University Press, 2000.

Pocock, J. G. A., *The Machiavellian Moment*, Princeton University Press, 1975.

Pogge, Thomas, *Realising Rawls*, Ithaca, Cornell University Press, 1989.

'Cosmopolitanism and Sovereignty', *Ethics*, 103 (1992), 48—75.

'An Egalitarian Law of Peoples', *Philosophy and Public Affairs*, 23 (1994),

195—224.

'Is Kant's *Rechtslehre* Comprehensive?', *The Southern Journal of Philosophy* (Supplement), 36 (1997), 161—188.

Potter, Nelson, 'Does Kant have Two Concepts of Freedom?' in G. Funke and I. Kopper, eds., *Akten des Vierten Internationalen Kant Kongresses*, Berlin, de Gruyter, 1974, 590—596.

Prauss, Gerald, *Kant über Freiheit als Autonomie*, Frankfurt, Vittorio Klostermann, 1983.

Rawls, John, *A Theory of Justice*, Oxford University Press, 1973.

'Kantian Constructivism in Moral Theory', *The Journal of Philosophy*, 77 (1980), 515—572.

'Justice as Fairness, Political not Metaphysical', *Philosophy and Public Affairs*, 14 (1985), 223—251.

'The Idea of an Overlapping Consensus', *Oxford Journal of Legal Studies*, 7 (1987), 1—25.

Political Liberalism, New York, Columbia University Press, 1993.

'The Law of Peoples' in Stephen Shute and Susan Hurley, eds., *On Human Rights*, New York, Basic Books, 1993, 41—81.

Raz, Joseph, *The Morality of Freedom*, Oxford, Clarendon Press, 1986.

'Facing Diversity: The Idea of Epistemic Abstinence', *Philosophy and Public Affairs*, 19 (1990), 3—46.

Reath, Andrews, 'Intelligible Character and the Reciprocity Thesis', *Inquiry*, 36 (1993), 419—431.

'Hedonism, Heteronomy, and Kant's Principle of Happiness', *Pacific Philosophical Quarterly*, 70 (1989), 42—72.

'Kant's Theory of Moral Sensibility', *Kantstudien*, 80 (1989), 284—301.

Riley, Patrick, 'On Kant as the Most Adequate of the Social Contract Theorists', *Political Theory*, 1 (1973), 450—471.

Ritter, Christian, *Der Rechtsgedanke Kants nach den frühen Quellen*, Frankfurt, 1971.

Roback Morse, Jennifer, 'Who is Rational Economic Man?' in Ellen Frankel, Fred Miller Jr., and Jeffrey Paul, eds., *Self-Interest*, Cambridge University Press, 1997, 179—206.

Rosen, Allen, *Kant's Theory of Justice*, Ithaca, Cornell University Press, 1993.

Rosen, Michael, 'Kant's Anti-Determinism', *Proceedings of the Aristotelian Society*, 89 (1989), 125—141.

Röttges, Heinz, 'Kants Auflösung der Freiheitsantinomie', *Kantstudien*, 65 (1974), 33—49.

Saage, Richard, 'Besitzindividualistische Perspektiven der Politischen Theorie Kants', *Neue Politische Literatur*, 2 (1972), 168—193.

Sandel, Michael, *Liberalism and the Limits of Justice*, Cambridge University Press, 1982.

Scanlon, Thomas, *What We Owe to Each Other*, Cambridge, MA, Belknap Press of Harvard University Press, 1998.

Seidler, Victor, *Kant, Respect, and Injustice: The Limits of Liberal Moral Theory*, London, Routledge & Kegan Paul, 1986.

Sen, Amartya, *On Ethics and Economics*, Oxford, Basil Blackwell, 1987.

Shell, Susan, 'Kant's Theory of Property', *Political Theory*, 6 (1978), 75—90.

Sprigge, T. L. S., 'Has Speculative Metaphysics a Future?', *The Monist*, 81 (1998), 513—533.

Steiner, Hillel, *An Essay on Rights*, Oxford, Basil Blackwell, 1994.

Stekeler-Weithofer, Pirmin, 'Wille und Willkür bei Kant', *Kantstudien*, 81 (1990), 304—319.

Stratton-Lake, Philip, 'Reason, Appropriateness, and Hope: Sketch of a Kantian Account of Finite Rationality', *International Journal of Philosophical Studies*, 1 (1993), 61—80.

Strawson, P. F., *Individuals*, London, Routledge, 1959.

The Bounds of Sense, London, Routledge, 1966.

Freedom and Resentment and Other Essays, London, Methuen Publishers, 1974.

Stuart, Hamish, 'A Critique of Instrumental Reason in Economics', *Economics and Philosophy*, 11 (1995), 57—83.

Sullivan, Roger, 'The Influence of Kant's Anthropology on His Moral Theory', *Review of Metaphysics*, 49 (1995), 77—94.

Taylor, Charles, *Philosophy and the Human Sciences. Philosophical Papers*, vol. 2, Cambridge University Press, 1985.

Sources of the Self, Cambridge, MA, Harvard University Press, 1989.

Tenbruck, Friedrich, 'Über eine notwendige Textkorrektur in Kant's "Metaphysik der Sitten"', *Archiv für Philosophie*, 3 (1949), 216—220.

Tuck, Richard, *Natural Rights Theories*, Cambridge University Press, 1979.

Vossenkuhl, Wilhelm, 'Von der aüßersten Grenze aller praktischen Philosophie' in Otfried Höffe, ed., *Grundlegung zur Metaphysik der Sitten. Ein Kooperativer Kommentar*, Frankfurt, Vittorio Klostermann, 1993, 299—313.

Waldron, Jeremy, *The Right to Private Property*, Oxford, Clarendon Press, 1988.

Walker, Ralph, *Kant: The Arguments of Philosophers*, London, Routledge, 1979.

Walsh, W. H., *Metaphysics*, New York, Harbinger Books, 1963.

Kant's Criticism of Metaphysics, Edinburgh University Press, 1975.

Walzer, Michael, *Spheres of Justice: A Defence of Pluralism and Equality*, Oxford, Basil Blackwell, 1983.

Thick and Thin: Moral Argument at Home and Abroad, Notre Dame, Indiana, University of Notre Dame Press, 1994.

Weinstock, Daniel, 'Natural Law and Public Reason in Kant's Political Philosophy', *Canadian Journal of Philosophy*, 26 (1996), 389—411.

Westphal, 'Do Kant's Principles of Justice Justify Property or Usufruct?', *Jahrbuch für Recht und Ethik*, 5 (1997), 142—194.

Wheeler, Samuel, 'Natural Body Rights as Property Rights', *Nous*, 14 (1980), 171—193.

Williams, Howard, *Kant's Political Philosophy*, Oxford University Press, 1983.

Wood, Allen, 'Kant's Compatibilism' in Wood, ed., *Self and Nature in the Philosophy of Kant*, Ithaca, Cornell University Press, 1984, 73—101.

'The Final Form of Kant's Practical Philosophy', *The Southern Journal of Philosophy* (Supplement), 36 (1997), 1—20.

Yaffe, Gideon, 'Freedom, Natural Necessity and the Categorical Imperative', *Kantstudien*, 86 (1995), 446—458.

索　引

（条目后的数字为原书页码，见本书边码）

人文与社会译丛

14.《临床医学的诞生》,[法]M.福柯著,刘北成译　　　55.00元

15.《农民的道义经济学》,[美]J.C.斯科特著,程立显等译　42.00元

16.《俄国思想家》,[英]I.伯林著,彭淮栋译　　　35.00元

17.《自我的根源:现代认同的形成》,[加]C.泰勒著,韩震等译

128.00元

18.《霍布斯的政治哲学》,[美]L.施特劳斯著,申彤译　49.00元

19.《现代性与大屠杀》,[英]Z.鲍曼著,杨渝东等译　　59.00元

第三批书目

20.《新功能主义及其后》,[美]J.C.亚历山大著,彭牧等译　15.80元

21.《自由史论》,[英]J.阿克顿著,胡传胜等译　　89.00元

22.《伯林谈话录》,[伊朗]R.贾汉贝格鲁等著,杨祯钦译　48.00元

23.《阶级斗争》,[法]R.阿隆著,周以光译　　13.50元

24.《正义诸领域:为多元主义与平等一辩》,[美]M.沃尔泽著,
　　褚松燕等译　　　24.80元

25.《大萧条的孩子们》,[美]G.H.埃尔德著,田禾等译　27.30元

26.《黑格尔》,[加]C.泰勒著,张国清等译　　135.00元

27.《反潮流》,[英]I.伯林著,冯克利译　　48.00元

28.《统治阶级》,[意]G.莫斯卡著,贾鹤鹏译　　98.00元

29.《现代性的哲学话语》,[德]J.哈贝马斯著,曹卫东等译　78.00元

第四批书目

30.《自由论》(修订版),[英]I.伯林著,胡传胜译　　69.00元

31.《保守主义》,[德]K.曼海姆著,李朝晖、牟建君译　　58.00元

32.《科学的反革命》(修订版),[英]F.哈耶克著,冯克利译　68.00元

33.《实践感》，[法]P.布迪厄著，蒋梓骅译   75.00 元

34.《风险社会：新的现代性之路》，[德]U.贝克著，张文杰等译 58.00 元

35.《社会行动的结构》，[美]T.帕森斯著，彭刚等译 80.00 元

36.《个体的社会》，[德]N.埃利亚斯著，翟三江、陆兴华译 15.30 元

37.《传统的发明》，[英]E.霍布斯鲍姆等著，顾杭、庞冠群译 68.00 元

38.《关于马基雅维里的思考》，[美]L.施特劳斯著，申彤译 78.00 元

39.《追寻美德》，[美]A.麦金太尔著，宋继杰译   68.00 元

第五批书目

40.《现实感》，[英]I.伯林著，潘荣荣、林茂、魏钊凌译 78.00 元

41.《启蒙的时代》，[英]I.伯林著，孙尚扬、杨深译 35.00 元

42.《元史学》，[美]H.怀特著，陈新译   89.00 元

43.《意识形态与现代文化》，[英]J.B.汤普森著，高铦等译 68.00 元

44.《美国大城市的死与生》，[加]J.雅各布斯著，金衡山译 78.00 元

45.《社会理论和社会结构》，[美]R.K.默顿著，唐少杰等译 128.00 元

46.《黑皮肤，白面具》，[法]F.法农著，万冰译   58.00 元

47.《德国的历史观》，[美]G.伊格尔斯著，彭刚、顾杭译 58.00 元

48.《全世界受苦的人》，[法]F.法农著，万冰译   17.80 元

49.《知识分子的鸦片》，[法]R.阿隆著，吕一民、顾杭译 59.00 元

第六批书目

50.《驯化君主》，[美]H.C.曼斯菲尔德著，冯克利译 88.00 元

51.《黑格尔导读》，[法]A.科耶夫著，姜志辉译   98.00 元

52.《象征交换与死亡》，[法]J.波德里亚著，车槿山译 68.00 元

53.《自由及其背叛》，[英]I.伯林著，赵国新译   48.00 元

54.《启蒙的三个批评者》,[英]I.伯林著,马寅卯、郑想译　　　48.00元

55.《运动中的力量》,[美]S.塔罗著,吴庆宏译　　　23.50元

56.《斗争的动力》,[美]D.麦克亚当、S.塔罗、C.蒂利著,

李义中等译　　　31.50元

57.《善的脆弱性》,[美]M.纳斯鲍姆著,徐向东、陆萌译　　　55.00元

58.《弱者的武器》,[美]J.C.斯科特著,郑广怀等译　　　82.00元

59.《图绘》,[美]S.弗里德曼著,陈丽译　　　49.00元

第七批书目

60.《现代悲剧》,[英]R.威廉斯著,丁尔苏译　　　45.00元

61.《论革命》,[美]H.阿伦特著,陈周旺译　　　59.00元

62.《美国精神的封闭》,[美]A.布卢姆著,战旭英译,冯克利校　89.00元

63.《浪漫主义的根源》,[英]I.伯林著,吕梁等译　　　49.00元

64.《扭曲的人性之材》,[英]I.伯林著,岳秀坤译　　　69.00元

65.《民族主义思想与殖民地世界》,[美]P.查特吉著,

范慕尤、杨曦译　　　18.00元

66.《现代性社会学》,[法]D.马尔图切利著,姜志辉译　　　32.00元

67.《社会政治理论的重构》,[美]R.J.伯恩斯坦著,黄瑞祺译 72.00元

68.《以色列与启示》,[美]E.沃格林著,霍伟岸、叶颖译　　128.00元

69.《城邦的世界》,[美]E.沃格林著,陈周旺译　　　85.00元

70.《历史主义的兴起》,[德]F.梅尼克著,陆月宏译　　　48.00元

第八批书目

71.《环境与历史》,[英]W.贝纳特、P.科茨著,包茂红译　　　25.00元

72.《人类与自然世界》,[英]K.托马斯著,宋丽丽译　　　35.00元

73.《卢梭问题》,[德]E.卡西勒著,王春华译 39.00 元

74.《男性气概》,[美]H.C.曼斯菲尔德著,刘玮译 28.00 元

75.《战争与和平的权利》,[美]R.塔克著,罗炯等译 25.00 元

76.《谁统治美国》,[美]W.多姆霍夫著,吕鹏、闻翔译 35.00 元

77.《健康与社会》,[法]M.德吕勒著,王鲲译 35.00 元

78.《读柏拉图》,[德]T.A.斯勒扎克著,程炜译 68.00 元

79.《苏联的心灵》,[英]I.伯林著,潘永强、刘北成译 59.00 元

80.《个人印象》,[英]I.伯林著,覃学岚译 88.00 元

第九批书目

81.《技术与时间:2.迷失方向》,[法]B.斯蒂格勒著,
赵和平、印螺译 59.00 元

82.《抗争政治》,[美]C.蒂利、S.塔罗著,李义中译 28.00 元

83.《亚当·斯密的政治学》,[英]D.温奇著,褚平译 21.00 元

84.《怀旧的未来》,[美]S.博伊姆著,杨德友译 85.00 元

85.《妇女在经济发展中的角色》,[丹]E.博斯拉普著,陈慧平译 30.00 元

86.《风景与认同》,[美]W.J.达比著,张箭飞、赵红英译 68.00 元

87.《过去与未来之间》,[美]H.阿伦特著,王寅丽、张立立译 58.00 元

88.《大西洋的跨越》,[美]D.T.罗杰斯著,吴万伟译 108.00 元

89.《资本主义的新精神》,[法]L.博尔坦斯基、E.希亚佩洛著,
高铦译 58.00 元

90.《比较的幽灵》,[美]B.安德森著,甘会斌译 79.00 元

第十批书目

91.《灾异手记》,[美]E.科尔伯特著,何恬译 25.00 元

92.《技术与时间:3.电影的时间与存在之痛的问题》，

　　[法]B.斯蒂格勒著，方尔平译　　　　　　　　65.00元

93.《马克思主义与历史学》，[英]S.H.里格比著，吴英译　78.00元

94.《学做工》，[英]P.威利斯著，秘舒、凌旻华译　　　68.00元

95.《哲学与治术:1572—1651》，[美]R.塔克著，韩潮译　45.00元

96.《认同伦理学》，[美]K.A.阿皮亚著，张容南译　　　45.00元

97.《风景与记忆》，[英]S.沙玛著，胡淑陈、冯樨译　　　78.00元

98.《马基雅维里时刻》，[英]J.G.A.波考克著，冯克利、傅乾译108.00元

99.《未完的对话》，[英]I.伯林、[波]B.P.-塞古尔斯卡著，

　　杨德友译　　　　　　　　　　　　　　　　　65.00元

100.《后殖民理性批判》，[印]G.C.斯皮瓦克著，严蓓雯译　79.00元

第十一批书目

101.《现代社会想象》，[加]C.泰勒著，林曼红译　　　　45.00元

102.《柏拉图与亚里士多德》，[美]E.沃格林著，刘曙辉译　78.00元

103.《论个体主义》，[法]L.迪蒙著，桂裕芳译　　　　　30.00元

104.《根本恶》，[美]R.J.伯恩斯坦著，王钦、朱康译　　　78.00元

105.《这受难的国度》，[美]D.G.福斯特著，孙宏哲、张聚国译　39.00元

106.《公民的激情》，[美]S.克劳斯著，谭安奎译　　　　49.00元

107.《美国生活中的同化》，[美]M.M.戈登著，马戎译　　58.00元

108.《风景与权力》，[美]W.J.T.米切尔著，杨丽、万信琼译　78.00元

109.《第二人称观点》，[美]S.达沃尔著，章晟译　　　　69.00元

110.《性的起源》，[英]F.达伯霍瓦拉著，杨朗译　　　　85.00元

第十二批书目

111. 《希腊民主的问题》，[法] J. 罗米伊著，高煜译　　　　　48.00 元
112. 《论人权》，[英] J. 格里芬著，徐向东、刘明译　　　　　75.00 元
113. 《柏拉图的伦理学》，[英] T. 埃尔文著，陈玮、刘玮译　118.00 元
114. 《自由主义与荣誉》，[美] S. 克劳斯著，林垚译　　　　　62.00 元
115. 《法国大革命的文化起源》，[法] R. 夏蒂埃著，洪庆明译　38.00 元
116. 《对知识的恐惧》，[美] P. 博格西昂著，刘鹏博译　　　　38.00 元
117. 《修辞术的诞生》，[英] R. 沃迪著，何博超译　　　　　48.00 元
118. 《历史表现中的真理、意义和指称》，[荷] F. 安克斯密特著，
　　　周建漳译　　　　　　　　　　　　　　　　　　　58.00 元
119. 《天下时代》，[美] E. 沃格林著，叶颖译　　　　　　　78.00 元
120. 《求索秩序》，[美] E. 沃格林著，徐志跃译　　　　　　48.00 元

第十三批书目

121. 《美德伦理学》，[新西兰] R. 赫斯特豪斯著，李义天译　　68.00 元
122. 《同情的启蒙》，[美] M. 弗雷泽著，胡靖译　　　　　　48.00 元
123. 《图绘暹罗》，[美] T. 威尼差恭著，袁剑译　　　　　　58.00 元
124. 《道德的演化》，[新西兰] R. 乔伊斯著，刘鹏博、黄素珍译　65.00 元
125. 《大屠杀与集体记忆》，[美] P. 诺维克著，王志华译　　　78.00 元
126. 《帝国之眼》，[美] M. L. 普拉特著，方杰、方宸译　　　68.00 元
127. 《帝国之河》，[美] D. 沃斯特著，侯深译　　　　　　　76.00 元
128. 《从道德到美德》，[美] M. 斯洛特著，周亮译　　　　　58.00 元
129. 《源自动机的道德》，[美] M. 斯洛特著，韩辰锴译　　　　58.00 元
130. 《理解海德格尔：范式的转变》，[美] T. 希恩著，
　　　邓定译　　　　　　　　　　　　　　　　　　　　89.00 元

第十四批书目

131.《城邦与灵魂:费拉里〈理想国〉论集》,[美]G.R.F.
   费拉里著,刘玮编译   58.00 元

132.《人民主权与德国宪法危机》,[美]P.C.考威尔著,曹
   晗蓉、虞维华译   58.00 元

133.《16 和 17 世纪英格兰大众信仰研究》,[英]K.托马斯著,
   芮传明、梅剑华译   168.00 元

134.《民族认同》,[英]A.D.史密斯著,王娟译   55.00 元

135.《世俗主义之乐:我们当下如何生活》,[英]G.莱文编,
   赵元译   58.00 元

136.《国王或人民》,[美]R.本迪克斯著,褚平译(即出)

137.《自由意志、能动性与生命的意义》,[美]D.佩里布姆著,
   张可译   68.00 元

138.《自由与多元论:以赛亚·伯林思想研究》,
   [英]G.克劳德著,应奇等译   58.00 元

139.《暴力:思无所限》,[美]R.J.伯恩斯坦著,李元来译   59.00 元

140.《中心与边缘:宏观社会学论集》,[美]E.希尔斯著,
   甘会斌、余昕译   88.00 元

第十五批书目

141.《自足的世俗社会》,[美]P.朱克曼著,杨靖译   58.00 元

142.《历史与记忆》,[英]G.丘比特著,王晨凤译   59.00 元

143.《媒体、国家与民族》,[英]P.施莱辛格著,林玮译   68.00 元

144.《道德错误论:历史、批判、辩护》,

第十六批书目

159. 《理想的暴政：多元社会中的正义》，[美]G. 高斯著，范震亚译（即出）

160. 《荒原：一部历史》，[美]V. D. 帕尔马著，梅雪芹译（即出）

第十七批书目

161. 《浪漫派为什么重要》，[美]P. 盖伊著，王燕秋译　　49.00 元

162. 《欧美思想中的自治》，[美]J. T. 克洛彭伯格著，褚平译（即出）

163. 《冲突中的族群》，[美]D. 霍洛维茨著，魏英杰、段海燕译（即出）

164. 《八个欧洲中心主义历史学家》，[美]J. M. 布劳特著，杨卫东译（即出）

165. 《记忆之地，悼念之地》，[美]J. 温特著，王红利译（即出）

166. 《20 世纪的战争与纪念》，[美]J. 温特著，吴霞译（即出）

167. 《病态社会》，[美]R. B. 埃杰顿著，杨靖、杨依依译（即出）

168. 《种族与文化的少数群体》，[美]G. E. 辛普森、J. M. 英格尔著，马戎、王凡妹等译（即出）

169. 《美国城市新主张》，R. H. 普拉特著，周允程译（即出）

170. 《五种官能》，[美]M. 塞尔著，徐明译（即出）